Kohlhammer

Wissenschaft
+soziale Praxis

Alfred Bellebaum

Soziologische Grundbegriffe

Eine Einführung für Soziale Berufe

Verlag W. Kohlhammer
Stuttgart Berlin Köln Mainz

Stuttgart Berlin Köln Mainz
Verlagsort: Stuttgart
Umschlag: hace
Gesamtherstellung: W. Kohlhammer GmbH
Grafischer Großbetrieb Stuttgart
Printed in Germany
ISBN 3-17-210041-3

Vorwort

Trotz anhaltender Auseinandersetzungen über den Wert der Soziologie nimmt ihr Einfluß vorerst noch zu. Das verwundert gar nicht in einer Zeit, zu deren Verständnis auch sozialwissenschaftliche Untersuchungen erforderlich sind, für die recht verstandenes soziologisches Denken sicherlich zentral ist. Ein wichtiges Indiz ist die weitreichende Orientierung an soziologischen Erkenntnissen in zahlreichen anderen wissenschaftlichen Disziplinen. Hinzu kommt die Überzeugung vieler Praktiker, daß die soziologischen Erkenntnisse zur Lösung individueller und sozialer Probleme notwendig sind. Dem entspricht ein wachsender Einfluß dieser Wissenschaft nicht nur an herkömmlichen Universitäten und Hochschulen, sondern auch an Fachhochschulen und anderen praxisnäheren Ausbildungsstätten.

In dem Maße, wie die Soziologie zum Lehrfach wird, sieht sie sich in Teilen auch gezwungen, auf Praxis einschließlich beruflicher Ausbildung stärker Bezug zu nehmen. Dazu paßt, daß im Lehrbetrieb die Behandlung des erreichten Wissensstandes losgelöst von seiner möglichen praktischen Verwertung schon kaum noch gefragt ist, und daß die Begründung von Forschungsprojekten primär mit dem Hinweis auf einen möglichen Erkenntnisfortschritt oft auf Ablehnung stößt. Man kann diesen Zustand kritisieren — und es dennoch für sinnvoll halten, soziologische Erkenntnisse mit Blick auf Erwartungen und Bedürfnisse einzelner Praxisbereiche zu vermitteln.

So ist es gegenwärtig besonders schwierig, sich zurecht zu finden. Viele Menschen scheitern jedenfalls — und das nicht unbedingt durch eigenes Verschulden. Soziologen verweisen in diesem Zusammenhang auf die eigentümliche Struktur und Kultur der modernen, sich fortwährend wandelnden, komplexen und konfliktreichen Gesellschaft. Genauere Kenntnisse über die gesellschaftlichen Lebensbedingungen in hochindustrialisierten Gesellschaften sind nun gerade für jene Praktiker unerläßlich, die spezielle Hilfen leisten sollen — sei es um Gefährdungen vorzubeugen, sei es um abweichendes Handeln bis hin zu psychischen Erkrankungen wenn möglich zu korrigieren. Das ist die Aufgabe der vielen Sozialen Berufe im öffentlichen und privaten Bereich. Ihre — sicherlich noch wachsende — Bedeutung in der modernen Gesellschaft kann gar nicht hoch genug eingeschätzt werden, und es ist auch absehbar, daß sich hier vielfältige berufliche Möglichkeiten für Soziologen und andere Sozialwissenschaftler eröffnen. Die Fülle der Berufs- und Tätigkeitsbezeichnungen vermittelt zugleich ein Bild von der Komplexität dieses Praxisbereichs: Sozialarbeiter, Sozialpädagoge, Kindergärtnerin, Jugendleiter, Heimerzieher, Bewährungshelfer, Heilpädagoge, Psychagoge,

Ehe- und Familienberater, Altenpfleger, Freizeitberater, Beschäftigungstherapeut, Erziehungsberater, Sonderschullehrer.
Bei einer solchen Ausrichtung der Soziologie ist natürlich zu beachten, daß die soziologischen Erkenntnisse nicht nur für die erwähnten Praktiker bedeutsam sind. Es wäre deshalb vielleicht sinnvoller, eine Einführung zu schreiben, die sich ausdrücklich etwa an Fürsorger richtet und dabei das Schwergewicht legt auf die unerläßliche Ausbildung am Einzelfall. Solch ein Buch wäre zweifellos wichtig, Sozialen Berufen allein ist damit aber nicht gedient. Unter Umständen bleiben nämlich die größeren Zusammenhänge unberücksichtigt, von denen her gesehen der Einzelfall allererst verständlich wird. Im übrigen läßt sich die Soziologie gar nicht auf Einzelfälle zugespitzt ohne weiteres praktisch verwerten. Dafür sind viele ihrer Aussagen notgedrungen zu abstrakt, zu weit vom einzelnen Fall entfernt — ohne indessen für die praktische Arbeit am einzelnen Fall unwichtig zu sein. Eine Einführung, die all das berücksichtigt, wird deshalb die praktische Bedeutung der vermittels Grundbegriffen zu erläuternden soziologischen Denkweise allenfalls beispielhaft aufzeigen können. So auch im vorliegenden Buch: auf konkrete Zustände und Vorgänge in der modernen Gesellschaft wird zwar immer wieder verwiesen, aber doch nur beiläufig, eben nicht in ausführlicher und systematischer Weise. Das bleibt anderen Abhandlungen über Wissenschaft und Soziale Praxis in einzelnen Tätigkeitsbereichen wie beispielsweise Familie, Jugend und Alter vorbehalten.
Das Buch ist — für Studierende des Fachs Soziologie und angrenzender Wissenschaften sowie für Praktiker und berufliche Fortbildung — zwar als Lehrbuch konzipiert, der Text ist dennoch durchweg einfach gehalten und weitgehend frei von Zitaten. Die Arbeit ist übrigens so angelegt, daß Interessenten mit unterschiedlichen Vorkenntnissen und Ansprüchen das Buch ganz oder nur teilweise lesen können. Das ist für den Lehrbetrieb in den unterschiedlich strukturierten Ausbildungsstätten nicht unwichtig. Im allgemeinen werden in einleitenden Kapitelteilen die — hier behandelten — Grundbegriffe definiert und weiterführend beispielhaft kommentiert; wer sich für zusätzliche Probleme interessiert, kann auch die folgenden Kapitelteile lesen. Weiterführende, auch bibliographische Hinweise finden sich in einem besonderen Anhang, der aus wenigen längeren Anmerkungen besteht, die Erläuterungen für ein vertieftes Studium verschiedener Themen enthalten. Der Grundtext kann natürlich auch ohne den Anhang gelesen und verstanden werden.

Im Februar 1972 *A. Bellebaum*

Gliederung

1. Soziologie und Soziale Berufe

1.1 Sozialwissenschaftliches Zeitalter. Die moderne Gesellschaft wird auf vielfache Weise gekennzeichnet. Sie heißt unter anderem industrielle, komplexe, differenzierte oder pluralistische, spätkapitalistische, Mittelstands- oder mobile Gesellschaft, bürokratische, verwaltete und geplante, säkularisierte, vaterlose, Massen-, Freizeit- und Konsumgesellschaft. Diese auf den ersten Blick vielleicht verwirrend erscheinende Vielfalt der Bezeichnungen kommt nicht von ungefähr, denn charakteristisch für die Gegenwart sind zahlreiche neuartige Zustände und Vorgänge, die zusammen nur schwer ein einheitliches Bild ergeben. Es ist schwierig und im übrigen auch problematisch, einzelnen dieser Begriffe eine Vorrangstellung einzuräumen, so als sei das entscheidende Kennzeichen der modernen Gesellschaft nur dies oder jenes. Vor allem in der Öffentlichkeit gibt es oft solche vereinfachenden Betrachtungsweisen, und selbst Soziologen neigen gelegentlich dazu, einzelne Aspekte überzubetonen, um von daher die Gegenwart in ihrer Gesamtheit zu sehen und zu deuten. Wer jedoch die zahlreichen Untersuchungsergebnisse und Forschungsansätze berücksichtigt, wird sich vor solch vorschnellen verallgemeinernden Aussagen hüten.

1.1.1 Diskussionen über die charakteristischen Merkmale der modernen Gesellschaft interessieren nicht nur wissenschaftliche Spezialisten. Die Wirklichkeit erscheint nämlich vielen Menschen als unübersichtlich, unverständlich, unbegreiflich, da und dort sogar sinnlos. Überall fragt man deshalb die Wissenschaftler beispielsweise: Wie sieht die Wirklichkeit eigentlich aus? Wie lassen sich bestimmte Ziele erreichen? Welche Ziele sind unter gegebenen Umständen mit welchen Folgen realisierbar? Welche Einrichtungen können wie beseitigt werden? Welche Zielvorstellungen sind künftig überhaupt zu erwarten? Angesichts dieser Aktualität von Wissenschaften verwundert es nicht, daß die moderne Gesellschaft auch *verwissenschaftlichte Gesellschaft* genannt wird. Und tatsächlich ist die große, weitreichende, menschliches Handeln bis tief in die Gefühls- und Erlebniswelt hinein prägende Bedeutung wissenschaftlicher Erkenntnisse unverkennbar.

Dazu paßt die These von der *verwissenschaftlichten Praxis.* Daß sich so viele Praktiker an Wissenschaften orientieren, erscheint nur natürlich angesichts der komplexen und weithin ja doch als komplex erlebten Wirklichkeit. Dem wiederum entspricht sehr oft eine Unsicherheit des Handelns. Fehlende oder unzureichende Kenntnisse über Wirklichkeit beschränken jedenfalls jene Menschen besonders stark, die als

Praktiker etwa angesichts möglicher Handlungsalternativen entscheiden müssen. Werden die Handlungsmöglichkeiten ernsthaft erwogen, dann muß man vor den praktischen Entscheidungen die Erfolgsaussichten nebst erwünschter und unerwünschter Nebenwirkungen untersuchen. Dazu ist es erforderlich, sich über Tatsachen zu informieren, also Sachverstand zu besitzen. Und Sachverstand ist heutzutage weithin wissenschaftlich bedingt. Von daher gesehen wird klar, daß man allenthalben um Professionalisierung, d. h. ja nicht zuletzt Verwissenschaftlichung praktischen Handelns, bemüht ist. Davon sind Soziale Berufe nicht ausgeschlossen. Bei dem gerade auch von ihnen zunehmend geforderten Sachverstand geht es vor allem um wissenschaftliche Denkweise und Methodik, wissenschaftlich ermittelte Tatsachen, wissenschaftlich begründbare Aussagen.

1.1.2 Soweit es Soziale Berufe mit eindeutig gesellschaftlich bedingten Zuständen und Vorgängen zu tun haben, sind sie auf die Erkenntnisse der *Sozialwissenschaften* verwiesen. Diese sind ja darum bemüht, die soziale Wirklichkeit systematisch — theoretisch und empirisch — zu untersuchen. Man beansprucht, zumindest ansatzweise, zu wissen, wie die soziale Wirklichkeit wirklich ist, und warum sie so ist wie sie ist. Entsprechend hoch sind die Erwartungen an die Sozialwissenschaften. Man spricht gelegentlich schon von einem Zeitalter der Sozialwissenschaften. Dabei wird der *Soziologie* wegen ihres breiten Forschungsgegenstandes – der mit dem Wort Gesellschaft nur unzulänglich umschrieben ist – oft eine besondere Rolle zugeschrieben. Nicht als ob andere sozialwissenschaftliche Disziplinen deshalb keine Existenzberechtigung hätten. Sie haben sie in dem Maße, wie der komplexe Forschungsgegenstand ›Mensch und Gesellschaft‹ differenzierte Betrachtungweisen einzelner Aspekte des Gesamtbereichs innerhalb relativ selbständiger Disziplinen erfordert. Dabei kann es für einzelne sozialwissenschaftliche Disziplinen manchmal durchaus sinnvoll, ja sogar unerläßlich sein, von wesentlichen Ergebnissen soziologischer Forschung einfach auszugehen und über diese nicht eigens nachzudenken. Schon von daher gesehen erscheint die Soziologie als eine Grundlagenwissenschaft – bedenkt man vor allem ihre umfassende Ausrichtung auf die für menschliches Handeln wesentliche soziale Dimension und deren in historisch-kulturvergleichender Sicht bemerkenswert unterschiedliche Ausprägung. Es ist jedenfalls unverkennbar, daß viele Praktiker und Wissenschaftler zentrale soziologische Fragestellungen und Forschungsergebnisse immer mehr zur Kenntnis nehmen und sie eigenen Studien zugrunde legen. Nach sozialen, gesellschaftlichen Bedingungen auf soziologische Weise zu fragen, erscheint weithin als selbstverständlich – wenngleich das auch gelegentlich höchst unterschiedlich interpretiert und bewertet wird.

1.2 Problemorientierte soziologische Forschung. Derart allgemein angesetzt wird aber noch nicht deutlich genug, warum Soziologie vielfach so fasziniert. Das gilt gerade auch für viele Vertreter Sozialer Berufe, die unter Hinweis auf soziologische Erkenntnisse glauben und hoffen, die Gesellschaft im Griff zu haben und sie grundlegend ändern zu können, um so alle Übel zu beseitigen.

1.2.1 Solcher Glaube und solche Hoffnung begleiten die Soziologie eigentlich schon seit ihren Anfängen. Bedeutende Vorläufer und Begründer der Soziologie erlebten ihre Gegenwart als eine krisengeladene Zeit, insbesondere durch den sich expansiv entfaltenden Kapitalismus/Industrialismus. Viele Begleiterscheinungen verdichten sich zu einem Problembündel – der *sozialen Frage*. Sie war damals, teilweise unter anderen Bezeichnungen, ein zentrales Thema wissenschaftlicher Forschung. Allerdings begnügte man sich nicht mit Krisenanalyse. Die einschlägigen Wissenschaften sollten zugleich neubegründet, das heißt auf ein bestimmtes Ziel verpflichtet werden. Abgelehnt werden allzu abstrakt bleibende wissenschaftliche Konstruktionen — gefordert wird eine sehr eingehende Analyse wirklicher sozialökonomischer Verhältnisse. Gewarnt wird vor einer Wissenschaft, die durch die Art und Weise der Forschung und Deutung der Daten zur Rechtfertigung überlieferter politischer und sozialer Ordnungen beiträgt – gefordert wird eine Wissenschaft, die sich bewußt in den Dienst einer evolutionären oder revolutionären Veränderung der Gesellschaft stellt (5.2).

Krisenwissenschaft und Neubegründung der Wissenschaft sind somit also eng verwoben mit mehr oder weniger klaren Vorstellungen von einer Neuorganisation der Gesellschaft. Wenn *R. König* etwa darauf hinweist, daß Soziologie und Sozialismus ursprünglich in Personalunion entstanden sind, wenn *H. Schelsky* anmerkt, daß die Theorie der bürgerlichen Gesellschaft und *Hegel* die beiden Hauptwurzeln zumindest der deutschen Soziologie sind, dann werden die Ursprünge, Hintergründe und bewegenden Kräfte sichtbar.

1.2.2 In der weiteren Entwicklung der Soziologie wurden die damals üblichen (und später in anderem Zusammenhang noch zu skizzierenden) enzyklopädischen Entwürfe und geschichtsphilosophischen Deutungen weitgehend aufgegeben. Diese Entwicklung war der Entstehung der Soziologie als Einzelwissenschaft durchaus förderlich. Andererseits ist diese Verselbständigung der Soziologie und die nicht selten anzutreffende Distanz gegenüber den sie ursprünglich tragenden evolutionären und revolutionären Vorstellungen nicht kritiklos geblieben. Das zeigt insbesondere die gegenwärtige Auseinandersetzung. Es geht dabei nach wie vor um die Frage, ob es gerechtfertigt ist, daß man sich als Wissenschaftler auf die Untersuchung von Tatsachen beschränkt, oder ob man nicht die Forschung direkt an dem Ziel einer humanen Gesellschaft ausrichten sollte. Die verschiedenen Positionen werden gelegentlich – übertrieben vereinfacht – ›positivistische Soziologie‹ und ›kritische Soziologie‹ genannt.

Hier braucht über das Für und Wider dieser Positionen nicht diskutiert zu werden. Es genügt, darauf hinzuweisen, daß keineswegs alle Soziologen an *gesellschaftlichen Problemen* uninteressiert sind. Solche Probleme betreffen etwa vom Wohlstand vergessene Bevölkerungsgruppen; materielle Existenznot von Kleinstrentnern, Witwen und Kranken; teilweise infolge (›sozial‹-)marktwirtschaftlich betriebenen Wohnungsbaus obdachlos gewordene Menschen; das Arbeitstempo nicht verkraftende alternde Arbeitnehmer; die Anonymität in der Arbeitswelt nicht ertragende Berufstätige; zahlreiche exogen bedingte psychische Erkrankungen; verfemte, wenn auch gelegentlich auf mehr subtile Weise verfolgte Minderheiten. Nimmt man Probleme des Städtebaus, der Wohnungssanierung, der Umweltverschmutzung, der Sicherung der Arbeitsplätze, des zunehmenden Verkehrs, der Lärmbelästigung, der sich ausbreitenden Süchte, den Mangel an schulischen Ausbildungsplätzen, die ungleiche Vermögensverteilung, die mangelhafte fürsorgerische Betreuung, die Not geistig behinderter Menschen und vieles andere hinzu, – dann zeichnet sich das Ausmaß problematischer Zustände und Vorgänge ab. Und immer wieder beauftragt man vor allem auch Soziologen, die Ursachen dieser Verhältnisse zu untersuchen, Maßnahmen zur Abhilfe vorzuschlagen und deren Erfolgsaussichten abzuschätzen.

Wenn sich Soziologen auf solche Untersuchungen einlassen, dann ist dieser Teil soziologischer Forschung in besonderer Weise problemorientiert – und das ist vielleicht nur eine Variante der früher verkündeten Soziologie als Krisenwissenschaft. Es gibt eben eine zumindest zweifach bedingte Zuneigung zur Soziologie und ihrer starken Ausrichtung auf gesellschaftliche Probleme. Zum einen kann die Untersuchung bestimmter Forschungsgegenstände bei den Forschern die Einsicht in Widersprüche, Diskrepanzen und notwendige Veränderungen zur Folge haben. Zum anderen können es die gesellschaftlichen Probleme in der Weise sein, daß ihretwegen der Soziologie die erwähnte Funktion wesentlich zugeschrieben wird. Beides, eng zusammenhängend, zeichnet die Soziologie seit ihren Anfängen aus und ist auch gegenwärtig keineswegs bedeutungslos[1].

1.3 Problemorientierte Soziale Berufe. Die Ergebnisse direkt problemorientierter soziologischer Forschung sind für Soziale Berufe natürlich wichtig – wenngleich es kurzsichtig wäre, nur solche Erkenntnisse zu berücksichtigen. Eine allgemeinverbindliche Definition des Begriffs Soziale Berufe gibt es nicht, auch keine verbindliche Umschreibung ihrer Aufgaben und der Berufszweige. Die moderne Gesellschaft birgt jedenfalls viele Probleme in sich, weshalb »besondere Eingliederungshilfen notwendig sind, (die) gleichsam an den Konfliktstellen dieser Gesellschaft entstehen« (*K. Mollenhauer*). Zur Hilfe ist Sachverstand nötig. Ihn erlangt man wohl nicht nur durch Wissenschaften, aber man kommt ohne sie doch nicht aus[2].

1.3.1 In diesem Zusammenhang spielt die Soziologie eine besondere, wenngleich keineswegs exklusive Rolle. Das betrifft zunächst einmal die Ergebnisse bewußt *problemorientierter Detailforschung*, also Entstehungsbedingungen beispielsweise von Obdachlosigkeit, Vorurteilen gegenüber Randgruppen, Jugendkriminalität, Süchten, Prostitution, Lern- und Sprachbarrieren, Sozialisationsschäden.

Solche Forschung erbringt im allgemeinen nur dann sinnvolle und brauchbare Ergebnisse, wenn sie sich nicht im Detail verliert. Es mag Detailprobleme geben, die sich als solche untersuchen und vielleicht sogar lösen lassen. Oft muß man aber doch grundsätzlicher vorgehen. Viele Probleme sind nämlich Ausdruck allgemein geltender und durchgängig wirksamer gesellschaftlicher Zustände. Damit ist man auf sogenannte *gesamtgesellschaftliche Verhältnisse* verwiesen. Diese systematisch im einzelnen zu erfassen und auf ihre Auswirkungen hin zu untersuchen, ist sehr schwierig. Dennoch kommt man vielfach ohne solche weiterreichenden Fragen nicht aus. Speziell Soziale Berufe, die es häufig mit einzelnen Menschen oder kleineren Gruppen zu tun haben, sollten nicht nur deren spezielle Probleme kennen, sondern auch ausreichend über umfassende gesellschaftliche Strukturen informiert sein, von denen her gesehen das Handeln und die Einstellungen der betroffenen Menschen oft ja allererst verständlich werden. Damit wird die Soziologie auf einer zweiten Ebene für Soziale Berufe insofern bedeutsam, als diese Wissenschaft sich vielfach nicht auf die Analyse einzelner Fälle beschränkt, sondern übergreifende Gemeinsamkeiten in der modernen Gesellschaft aufzudecken und zu erklären versucht.

Wer etwa von moderner, industrieller, komplexer Gesellschaft spricht, meint damit einen bestimmten Gesellschaftstyp, der sich von anderen Gesellschaften unterscheidet (9.2.1). So spricht man beispielsweise von vor-industrieller Gesellschaft, von Agrargesellschaft, von Hochkultur, von primitiver Gesellschaft, von einfacher Gesellschaft, von Entwicklungsländern. Es gibt Soziologen, die sich nicht primär für die Verhältnisse in der modernen Gesellschaft interessieren. Manche beschäftigen sich vor allem mit einfachen Gesellschaften oder mit vor-industriellen Agrargesellschaften. Wiederum andere Soziologen sind vornehmlich daran interessiert, die Grundbedingungen menschlichen Lebens vor allem hinsichtlich der sozialen Dimension systematisch zu untersuchen. Sie meinen, daß dazu *soziologische Grundbegriffe* nötig sind. Mit solchen Begriffen werden soziologisch bedeutsame Objekt- bzw. Forschungsbereiche erfaßt. Das betrifft etwa soziale Beziehungen, soziale Gruppen, soziale Normen, soziale Rollen, Sozialisierung, soziale Kontrolle und sozialen Wandel. So gesehen wird die Soziologie für Soziale Berufe noch auf einer dritten Ebene bedeutsam. Zum Verständnis und zur Erklärung gesellschaftlicher Probleme benötigt man Kenntnisse über soziologische Grundbegriffe.

1.3.2 Die vorliegende Arbeit ist eine *Einführung in wichtige soziologische Grundbegriffe*. Diese werden einzeln und in ihren sachlichen Zusammenhängen unter Verwendung von Beispielen vorgeführt, dabei zugleich problematisiert und (einige) Grenzen ihrer Anwendungsmöglichkeiten aufgewiesen. Ausgegangen wird von der Tatsache, daß Vertreter Sozialer Berufe es oftmals mit einzelnen Menschen oder kleineren Gruppen zu tun haben. Dagegen beschränkt sich die Soziologie nicht auf Aussagen über einzelne Fälle, sondern sie hält nach Regelmäßigkeiten Ausschau, die in verschiedenen sozialen Beziehungen erkennbar sind (2). – Um die Besonderheiten von tierischem Verhalten und menschlichem Handeln zu erkennen, werden wichtige Ergebnisse vergleichender Verhaltensforschung vorgelegt, auf die in späteren Kapiteln mehrfach zurückgegriffen wird (3). – Soziale Regelmäßigkeiten erweisen sich oft als Bestandteile sozialer Gruppen, mit denen es Soziale Berufe vielfach zu tun haben (4). - Soziale Regelmäßigkeiten in gruppenspezifischen sozialen Beziehungen werden verständlich, wenn man die Bedeutung sozialer Normen für menschliches Handeln erkennt, mit deren Einfluß und Widersprüchlichkeit Soziale Berufe tagtäglich konfrontiert sind (5). - Gruppenspezifische Soziale Normen schreiben Handeln vor, womit die sozialen Rollen bestimmt sind. Vertreter Sozialer Berufe haben es zusammen mit Normenkonflikten nicht nur mit vielfältigen Rollenkonflikten, sondern auch mit Möglichkeiten und Grenzen von sozial gebilligter und nicht gebilligter Rollendistanz zu tun (6). – Gruppenspezifische soziale Normen und soziale Rollen werden im Prozeß der Sozialisierung eingeübt, wobei zu beachten ist, daß Vertreter Sozialer Berufe nicht selten als Agenten von Sozialisierungsinstanzen und im Hinblick auf mögliche Sozialisationsschäden vorbeugend und/oder korrigierend tätig sind (7). - Zugleich sind manche Vertreter Sozialer Berufe im Auftrag von Instanzen sozialer Kontrolle damit beschäftigt, Abweichungen vorzubeugen oder abweichendes Handeln zu korrigieren, wobei die Skala der Maßnahmen reicht von sozialer Ausgliederung bis hin zur Resozialisierung (8). – Aufs Ganze gesehen sind weder soziale Normen noch soziale Rollen noch Sozialisierungsziele unabänderlich gegeben, sondern vielmehr dem sozialen Wandel unterworfen, wobei Soziale Berufe auch als Agenten sozialer Innovation wirken können (9).

2. Soziale Beziehung

2.1 Soziale Regelmäßigkeiten. Die Soziologie ist zwar auf die Kenntnis einzelner Tatsachen angewiesen, ihre Hypothesen und Theorien reichen jedoch über den individuellen Fall hinaus. Der Soziologie geht es vorwiegend gar nicht um den einzelnen Fall, sondern um eine Vielzahl gleichgelagerter Fälle.

2.1.1 Schon die tägliche Erfahrung zeigt *typische Handlungsabläufe*, denn vielfach denken und handeln die Menschen nicht einzeln für sich und beliebig. Viele gehen morgens zur Arbeit, zeugen nur als Verheiratete, erstreben ein hohes Gehalt, danken Gott für geschäftlichen Erfolg, spenden steuerbegünstigt für Verarmte, halten sich für auserwählt. Tag für Tag tut man zahlreiche Dinge nicht allein, sondern zusammen mit anderen Menschen und wie andere Menschen. Über vieles wird nicht eigens nachgedacht, es erscheint selbstverständlich, es geschieht routinemäßig. In anderen Fällen sind die Verhältnisse undurchsichtiger, werden Regelmäßigkeiten erst durch Forschung entdeckt. Dies betrifft beispielsweise menschliches Handeln im Betrieb, genauer das Geflecht gegenseitiger Zu- und Abneigungen. Daß regelmäßig irgendwelche Menschen Selbstmord begehen und die Selbstmordhäufigkeit in bestimmten Ländern zugenommen hat, ist zwar schon als solches bemerkenswert. Der Soziologe will aber herausfinden, ob sich diese Tatsachen nicht in einen größeren Zusammenhang einfügen. Vielleicht hat er genügend Anzeichen dafür, daß Selbstmord mit der Intensität zwischenmenschlicher Beziehungen zusammenhängt. Er entdeckt somit eine soziale Regelmäßigkeit im Handeln von Menschen, die sich in einer gleichen Situation befinden.

Soziale Regelmäßigkeiten sind nach Zeit und Ort verschieden. Mitglieder einfacher Gesellschaften handeln vielfach anders als Angehörige einer industriellen Gesellschaft. Das zeigt sich etwa in der Einstellung zu überirdischen Mächten und dem ihnen zugeschriebenen Einfluß. Auch innerhalb einer bestimmten Gesellschaft gibt es bemerkenswerte Unterschiede. So handeln bei uns viele Jugendliche anders als ältere Menschen, sind die Lebenseinstellungen verschieden etwa nach sozialen Schichten, Beruf, Bildungsstand und Konfession. Solche Unterschiede ändern jedoch nichts daran, daß es unabhängig von Zeit und Ort überall irgendwelche sozialen Regelmäßigkeiten gibt. Menschen, die sich in gleichen Situationen befinden, handeln gleich oder doch annähernd gleich. Die Soziologie interessiert sich vorwiegend für solche Handlungsmuster und deren Ursachen.

2.1.2 Für die Praxis ist Soziologie nicht zuletzt deshalb fruchtbar, weil sie *soziale Regelmäßigkeiten* im menschlichen Handeln entdeckt und erklärt. Praktiker können ja in vielen Fällen nur dann tätig sein, wenn sie wissen, warum etwas so ist, wie es ist. Die Kenntnis der Bedingungen weitverbreiteter außerhäuslicher Erwerbstätigkeit von Frauen beispielsweise ermöglicht es Sozialen Berufen überhaupt erst, in diesem oder jenem Fall vorbeugend oder nachträglich helfend einzugreifen, wenn etwa erzieherische Probleme als Folge beruflicher Arbeit von Müttern auftauchen. Eine Konsequenz der Orientierung an soziologischen Erkenntnissen in dem hier vorwiegend interessierenden Praxisbereich ist also, daß viele einzelne Fälle zunächst aus ihrer vermeintlichen Individualität heraustreten. Die Untersuchung einzelner Fälle ist zugleich orientiert an allgemeineren Zuständen, in die sich der betreffende Fall einfügt. Das individuelle Problem wird als spezielle Ausprägung eines allgemeineren Problems erkannt.

Der so verallgemeinerte ›individuelle‹ Fall hat dennoch seine besonderen persongebundenen Aspekte. Schon deshalb können gleichgelagerte Fälle nicht einfach nach Schema F behandelt werden. Es ist allerdings oft schwierig, zwischen den verallgemeinerten wissenschaftlichen Aussagen und den Besonderheiten der Einzelfallhilfe zu vermitteln. Und dieses Problem verstärkt sich vermutlich mit zunehmender Verwissenschaftlichung der Praxis. So sinnvoll und notwendig es in soziologischer Sicht auch scheint, die Fälle X, Y und Z auf Gemeinsamkeiten hin zu untersuchen, so problematisch kann es doch sein, sie über einen Leisten zu schlagen und schematisch zu erledigen. Manche als ungerecht empfundene Behandlungen einzelner Fälle haben darin ihren Grund. Und manche Kritik von Wissenschaftlern etwa an Methoden der Sozialarbeit verkennt die Schwierigkeiten Sozialer Berufe im Spannungsfeld zwischen allgemeinen wissenschaftlichen Aussagen und personbezogender Hilfe.

Manche angehende und schon tätige Praktiker wiegen sich überdies in der trügerischen Hoffnung, also liefere die Soziologie, indem sie typische Handlungsmuster von Menschen in gleichen Situationen entdeckt und erklärt, fertige Handlungsanweisungen. Sie kann das zum einen schon deshalb nicht, weil ihre über den einzelnen Fall hinausreichenden Aussagen zwar wichtige, aber dennoch nur einzelne Aspekte mehrerer gleichgelagerter einzelner Fälle betreffen. Wo das übersehen wird, stößt eine vorschnelle verallgemeinernde praktische Anwendung soziologischer Erkenntnisse leicht ins Leere. Zum anderen ist den Klienten nicht unbedingt schon dadurch geholfen, daß ihnen die soziologisch erkannten Bedingungen ihrer als problematisch geltenden Lebenseinstellungen und Handlungsweisen einsichtig werden. Es kann vielmehr gerade dadurch der Eindruck entstehen, als befinde man sich zusammen mit ›Seinesgleichen‹ in einer ausweglosen Situation. Tatsächlich sind die abweichendes Handeln bedingenden Umstände (wenn überhaupt, dann jedenfalls) nicht von heute auf morgen zu ändern. Wer das verkennt, übersieht oder mißversteht andere zentrale soziologische Erkenntnisse. Kurzum: die Orientierung Sozialer Berufe an systematisch verfahrender Soziologie ist sicherlich notwendig, aber die Einsicht in soziale Regelmäßigkeiten und deren Ursachen löst nicht schon die praktischen Probleme.

2.2 *Soziale Beziehungen.* Soziologen begnügen sich nicht damit, Regelmäßigkeiten im menschlichen Verhalten zu beschreiben, sondern sie wollen diese erklären. Das tun sie in soziologischer Sicht – und nicht sachfremd. Wer etwa als Naturforscher bei uns auf den Gedanken käme, tödliche Schlangenbisse unter Hinweis auf den Befehl einer göttlichen Oberschlage zu deuten, die wegen des sündhaften Treibens der Menschen deren Ausrottung befohlen hätte, der würde (im günstigen Fall: nur) wissenschaftlich nicht ernst genommen werden. In ähnlicher Weise kommt es Soziologen nicht in den Sinn, die gesunkene Geburtenhäufigkeit in industriellen Gesellschaften dem Einfluß des Teufels zuzuschreiben, dem es gegenwärtig möglich sei, das für göttlichen Ursprungs gehaltene Gebot »Wachset und mehret Euch« zeitweise außer Kraft zu setzen. Man kann zwar die mögliche Richtigkeit dieser Behauptung nicht ausschließen, aber Soziologen können und müssen eine solche Vermutung unberücksichtigt lassen.

2.2.1 Sie gehen von der seit jeher bekannten Tatsache aus, daß Menschen nicht vereinzelt, ganz auf sich gestellt leben, sondern daß sie in sozialen Beziehungen stehen. Der Mensch ist auf dauerhafte zwischenmenschliche Kontakte angewiesen, um lebensfähig zu werden und lebensfähig zu bleiben. Deshalb hat man ihn schon immer ein *soziales Lebewesen* genannt. In diesem Zusammenhang bedeutet das Wort Gesellschaft in seiner allgemeinsten Verwendung das notwendige Aufeinander-Angewiesen-Sein der Menschen.

In der Soziologie geht man von der grundsätzlichen Bedeutung sozialer Beziehungen für menschliches Handeln aus. Diese werden in ihren unterschiedlichen Ausprägungen innerhalb einzelner Gesellschaften nach Regelmäßigkeiten des Handelns hin untersucht. Man geht davon aus, daß der zwischenmenschliche Bereich eine (relativ) eigenständige Wirklichkeit ist, aus der sich – wenn auch nicht alle, so doch immerhin viele – Regelmäßigkeiten im Handeln der Menschen erklären lassen. Nur von daher gesehen ist es überhaupt sinnvoll, von sozialen Bedingungen menschlichen Handelns zu sprechen, soziale Verhältnisse für bestimmte Zustände ›verantwortlich‹ zu machen, sozialpolitisch vorbeugend und korrigierend einzugreifen.

2.2.2 Wenn sich z. B. Sozialarbeiter verstärkt an soziologischen Erkenntnissen orientieren, dann hat das nicht nur wegen der Zielsetzung der Soziologie Auswirkungen auf das Verständnis einzelner Fälle im Sinne regelmäßig auftretender Vorfälle, sondern auch auf die Art und Weise ihrer Erklärung. Nicht körperlich und/oder seelische Ursachen interessieren primär, sondern soziale Umstände. Der Alkoholismusfall X z. B. ist deshalb zunächst einmal daraufhin zu untersuchen, inwieweit er mit ähnlichen Fällen übereinstimmt. Dabei geht es nicht um die vielfach ähnlichen physischen und/oder psychischen Symptome des Alkoholkranken. Soziologen bestehen darauf und müssen darauf bestehen, die vordringlich bedingenden Umstände in den *sozialen Beziehungen* der Klienten ausfindig zu machen. Eine mögliche Erklärung wäre die, daß ungenügende soziale Beziehungen zu anderen Menschen eine entscheidende Ursache sind. Die körperlichen und/oder seelischen Vorgänge und Zustände erscheinen oft als notwendige Folgen.

Daraus zu schließen, daß andere Wissenschaften vom Menschen uninteressant wären, hieße die ›Arroganz‹ von Soziologen mißverstehen. Weder läßt sich alles und alles soziologisch erklären, noch reicht die soziologische Betrachtung zur Aufhellung einzelner Fälle in sämtlichen Einzelheiten aus. Die verschiedenen Humanwissenschaften ergänzen sich. Die eine Disziplin erforscht diesen Aspekt genauer als die andere – und umgekehrt. Soziologen bestehen allerdings darauf, daß die Wirklichkeit der zwischenmenschlichen Beziehungen durchgängig wirksam ist. Dafür sprechen zahlreiche Untersuchungsergebnisse. So sind viele seelische und auch körperliche Erkrankungen längst als primär sozial bedingt erkannt worden. Deshalb entwickeln sich ja auch manche Psychologien zu Sozialpsychologien, weiten sich verschiedene medizinische Betrachtungsweisen etwa zur Sozialmedizin aus. Allerdings ist zuzugestehen, daß die komplizierten Zusammenhänge wissenschaftlich noch keineswegs ausreichend erforscht, und die verschiedenen Humanwissenschaften noch kaum zufriedenstellend integriert sind. Davon sind nicht zuletzt Soziale Berufe betroffen, denen oft zugemutet wird, über alles genügend Bescheid zu wissen. Sie müßten es eigentlich auch – angesichts der ihnen oft vorgeschriebenen Aufgabe, einzelne Fälle von allen Seiten zu untersuchen und/oder zu entscheiden, welche Spezialwissenschaften für eine nähere Beurteilung in Frage kommen. Die Wertschätzung des Berufs etwa der Sozialarbeiter scheint geradezu in einem umgekehrten Verhältnis zu stehen zu dem, was man von ihnen erwartet oder auf sie abschiebt.

2.3 Bedeutungen von ›sozial‹. Es gibt vielfältige soziale Beziehungen – gelegentlich auch soziale Interaktionen oder soziale Wechselwirkungen genannt. Hier soll vorerst nur auf die für viele Praktiker beachtenswerte und gegebenenfalls folgenreiche Tatsache hingewiesen werden, daß das Wort sozial in manchen Wissenschaften nichts mit menschenfreundlich – bzw. dem was darunter verstanden wird – zu tun hat. Orientiert man sich an soziologischer Denkweise und berücksichtigt man bei der Behandlung von Einzelfällen die zwischenmenschlichen Beziehungen sowie deren Auswirkungen auf menschliches Handeln, dann ist eben zu beachten, daß es um die *Gesamtheit des zwischenmenschlichen Geschehens* geht.

Das Wort sozial wurde und wird allerdings häufig im Sinne von gut, gerecht und human verwandt. Das trifft auch zu für Sozialpolitiker, Sozialpädagogen, Sozialarbeiter und ähnliche Berufe, von denen ja weithin erwartet wird, Menschen zu helfen, Gutes zu tun, eben sozial zu handeln. Es gibt viele sozialphilosophische und sozialethische Abhandlungen, in denen über erstrebenswerte, gute und gerechte Zustände nachgedacht wird. Ja, man hat sogar versucht, auch die soziologische Forschung wesentlich einzugrenzen auf die Untersuchung sogenannter positiver Beziehungen in Form friedlichen Zusammenlebens. Und in dem gegenwärtig erneut ausgefochtenen Streit über die Verantwortung der Soziologen für ›die‹ Gesellschaft wird unter anderem gefordert, daß die Soziologie durch ihre Forschung unmittelbar dazu beitragen sollte, gerechte und humane soziale Verhältnisse herzustellen. Solche Wortbedeutungen von sozial und sozialen Beziehungen sind verständlich. Es gibt eine weit in die Geschichte sozialphilosophischen Denkens hineinreichende entsprechende Sprachtradition. Überdies besteht ein enger Zusammenhang zwischen industrieller Revolution und Entstehung der Soziologie. Bedeutende Vorläufer und Begründer der Soziologie stellten ja ihre Forschung bewußt in den Dienst der Gestaltung sozialer Zustände.

2.3.1 Es ist aber nicht unproblematisch, die Begriffe sozial und soziale Beziehungen so einzuschränken. Die tägliche Erfahrung und die Geschichte lehren, wie häufig Menschen *gegeneinander handeln*, sich streiten, Kriege führen, sich gegenseitig oder einseitig drohen, einschüchtern, vergewaltigen, abschlachten, ausbeuten und versklaven. Angesichts dieses – wie es scheint – unaufhebbaren Bestandteils menschlichen Lebens verwundert es, wenn behauptet wird, Menschen seien aber eigentlich darauf angelegt, einander zu lieben, Gutes zu tun, friedfertig zu leben. Daß es immer wieder Menschen gibt, die das tun bzw. die darüber nachsinnen, wie schön es doch wäre, wenn man einander verstünde und achtete, ist zwar bemerkenswert, ändert jedoch – vorerst jedenfalls – nichts an dem erwähnten Zustand. Bei der Suche nach den Ursachen verfährt der Soziologe auch hier nicht sachfremd. Er behauptet nicht, Menschen seien eigentlich auf friedliche Beziehungen hin angelegt, jedoch von einer bösen Macht beeinflußt. Diese Möglichkeit kann zwar nicht geleugnet werden, aber sie zu beachten, gehört nicht zum soziologischen Geschäft. Der Soziologe sieht Menschen bei gegeneinander gerichtetem Handeln gleichfalls in Beziehungen zueinander. Aus der Art und Weise zwischenmenschlicher Beziehungen erklärt er auch Gewalt, Zwang, Feindschaft, Krieg und Ausbeutung. Der zwischenmenschliche Bereich ist ihm ja eine (relativ) eigenständige Wirklichkeit, und er sieht keinen Grund, nur einen Teil der menschlichen Beziehungen als gesellschaftlich bedingt anzusehen. Er verwendet die Worte zwischenmenschlich und sozial beispielsweise deshalb mit gleicher Bedeutung, um dem möglichen Mißverständnis vorzubeugen, als ergäbe sich aus der notwendigen Verbundenheit von Menschen eigentlich nur soziales Handeln im früher erwähnten engeren Sinne.

Noch etwas spricht für den weiten Begriff soziale Beziehungen. Bekanntlich gibt es *unterschiedliche Auffassungen* über gut, schön, gerecht, human und sozial. Setzten Soziologen die Ansichten einzelner Menschengruppen absolut, sähen sie diese also als verbindlich an, dann bestünde die Gefahr, die sozialen Bedingungen andersartiger Auffassungen und Verhaltensweisen gar nicht zu erkennen. So haben beispielsweise nationalsozialistische ›Soziologen‹ bestimmte für spezifisch jüdisch angesehene Handlungen vorschnell und ausschließlich einer rassischen Andersartigkeit zugeschrieben. Ähnliches gilt für manche tiefenpsychologische Aussagen. Viele Soziologen vermuten, daß es wenig einbringt, vorschnell etwa von Aggressionstrieb oder sonstigen körperlich und/oder seelisch angelegten menschlichen Handlungsweisen zu sprechen. Ihrer Ansicht nach kann man sich manche beschwerliche Erkundungsgänge ins Unbewußte ersparen, wenn die zwischenmenschlichen Beziehungen und deren Auswirkungen ernsthaft bedacht werden.

Der weiteren Fassung des Begriffes ›soziale Beziehungen‹ liegt also die Annahme zugrunde, daß sich mehr, als oft gemeinhin angenommen, aus dem zwischenmenschlichen Bereich erklären läßt. Soziologie wird damit keineswegs zur Superwissenschaft, deren Vertreter alles in sämtlichen Einzelheiten wissen. Soziologen können aber immerhin zeigen, wie sehr menschliches Handeln früher und gegenwärtig verschieden war bzw. ist. Zumindest diese Vielfalt läßt sich eigentlich nur soziologisch plausibel erklären – nämlich aus der nach Ort und Zeit unterschiedlichen Gestaltung sozialer Beziehungen.

2.3.2 Die *weitere Fassung* des Begriffes sozial ist in der Soziologie durchaus sinnvoll. Dagegen sollen beispielsweise Sozialarbeiter helfen, Not zu lindern, Fehlentwicklungen vorzubeugen, abweichendes Handeln zu korrigieren, Vorurteile auszuräumen. Dazu benötigen sie irgendwelche Vorstellungen von gut und böse, richtig und falsch, normal und anormal. Orientieren sie sich nun an soziologischen Erkenntnissen, dann bleibt vielfach nur Unsicherheit übrig. Das ist verständlich. So behaupten Soziologen beispielsweise, daß die zunehmenden Eigentumsdelikte unter Jugendlichen zusammenhingen mit der hohen Bewertung von Eigentum bei uns einerseits – und den großen Schwierigkeiten, selbst rasch Eigentum zu erlangen anderseits. Abweichendes Handeln in Form von Diebstahl erscheint dann als eine durchaus normale, eben weil durch die erwähnte Diskrepanz bedingte Erscheinung. Eigentumsdelikte sind danach also ebenfalls soziale Erscheinungen – auch wenn Diebe gegen gesetzliche Bestimmungen verstoßen. Wer Diebstahl primär als eine anti-soziale Handlung begreift, weil der Dieb gegen Normen verstößt, die das Eigentum schützen, und er

also Unrecht begeht, der hat gegebenenfalls einige Schwierigkeiten, dieses Handeln soziologisch zu verstehen.
Sicherlich bedeutet verstehen nicht notwendigerweise billigen. Die Grenze zwischen verstehen und billigen ist aber oft fließend. Dort, wo das soziologische Verständnis einer Handlung unmittelbar oder mittelbar übergeht in Billigung, können etwa Sozialarbeiter in erhebliche Schwierigkeiten geraten. Sie sind ja nicht zuletzt Agenten ihrer Organisation und über diese direkt oder indirekt Vertreter des Staates und der von ihm erlassenen Gesetze. Diese enthalten in aller Regel irgendwelche Vorstellungen über legitimes und illegitimes Handeln. Wird die Diskrepanz zwischen staatlicherseits erlassenen Handlungsanweisungen und dem, was zahlreiche Menschen tatsächlich tun, allzu groß – schießt Sozialarbeit dann ins Leere, wenn etwa das Selbstverständnis über sozial im Sinne von gut und gerecht weithin auf Unverständnis bei den Klientel stößt[3].

3. Instinktverhalten und soziales Handeln

3.1 Instinkt. Bevor die Regelmäßigkeiten in den zwischenmenschlichen Beziehungen vermittels anderer soziologischer Grundbegriffe weiterreichend erklärt werden, ist zu beachten, daß Pflanzen und Tiere ebenfalls in dauerhaftem Verbund leben. Die Bezeichnung Pflanzensoziologie ist früher gelegentlich verwandt, inzwischen aber weitgehend aufgegeben worden, weil sich die Verhältnisse im pflanzlichen Bereich grundsätzlich von den Beziehungen unter (vielen) Tieren und zwischen Menschen unterscheiden. Dagegen ist die Bezeichnung Tiersoziologie weithin üblich. Es sind allerdings nicht alle tierischen Lebewesen völlig einheitlich ausgestattet, denn immerhin findet man erhebliche Unterschiede etwa zwischen Einzellern wie Amöben und höher entwickelten Tieren wie Menschenaffen. So gesehen erscheint es auch nicht angebracht, ›die‹ Tiere einfach ›dem‹ Menschen gegenüberzustellen. Es gibt eben gewichtige Unterschiede unter Tieren und bemerkenswerte Übereinstimmungen zwischen Tieren und Menschen, vor allem was das Verhalten höher entwickelter tierischer Lebewesen, und dabei vor allem der Primaten, betrifft. Wegen dieser Übereinstimmungen kann man eigentlich das Wort sozial nicht ohne weiteres nur auf zwischenmenschliche Beziehungen anwenden. Aus Ergebnissen vergleichender Verhaltensforschung (Ethologie), Soziologie, Völkerkunde und anderen Sozialwissenschaften geht jedoch hervor, daß trotz zahlreicher Gleichartigkeiten, die hier primär nicht interessieren, erhebliche Unterschiede zwischen (auch höher entwickelten) Tieren und Menschen bestehen, auf welche es in diesen Überlegungen vor allem ankommt. Und diese Unterschiede rechtfertigen es durchaus, das Wort sozial in besonderer Weise zur Bezeichnung menschlichen Handelns zu reservieren. Die Soziologie lebt sozusagen von diesen – noch zu erläuternden – Unterschieden. Wenn es sie nicht gäbe, dann wäre diese Wissenschaft vom Menschen unnötig. Es ist klar, daß Soziologen sich davor hüten müssen, Unterschiede bloß zu behaupten oder vorhandene Unterschiede überstark zu betonen, nur um ihre Existenzberechtigung ›nachzuweisen‹.

3.1.1 Zur näheren Bestimmung von Unterschieden zwischen tierischem Verhalten und menschlichem Handeln wird meist der Begriff *Instinkt* verwandt. Tierisches Verhalten sei, so heißt es, durch Instinkte bedingt – nicht dagegen menschliches Handeln, wenngleich für dieses irgendwelche Instinkte bedeutsam wären. Beobachtet man Tiere, dann zeigt sich beispielsweise: beutesuchende Wanderfalken stürzen auf Enten, Katzen lassen das Mausen nicht, Störche ziehen auf Wanderschaft, Vögel bauen Nester, Schlangen schleichen an ihre Opfer heran. Solches Verhalten geschieht in bestimmten Situationen regelmäßig. Es sind geregelte Abläufe, die man mit Sicherheit voraussehen kann. Einer weitverbreiteten Auffassung gemäß handelt es sich um angeborenes Verhalten. Die Verhaltensabläufe sind Ausdruck körperlich angesiedelter Bedürfnisse, auch Triebe genannt. In entsprechen-Situationen geschieht ein bestimmtes Verhalten notwendig, weil organisch bedingt. Durch Instinkte geleitetes Verhalten ist demnach ein – für einzelne Tierarten typisches – angeborenes regelmäßiges Tun.

Die Verhaltensforscher beobachten tierisches Verhalten nicht nur, und sie behaupten nicht bloß, daß die fraglichen Verhaltensweisen durch Anlagen im Erbgut gesteuert seien. Wissenschaftliche Erklärungen müssen ja einsichtig sein. Das Wort einsichtig reicht jedoch vielleicht nicht aus. Einsichtig wären vielleicht auch die Vermutungen, daß tierisches Verhalten erlernt wird oder eine höhere Macht die artspezifischen Bewegungsfiguren veranlaßt. Läßt man die zuletzt genannte Vermutung, weil empirisch nicht nachprüfbar, außer acht, so gibt es doch Indizien für die mögliche Richtigkeit der anderen These. Katzen mausen nämlich dann nicht, wenn sie es nicht frühzeitig ›lernen‹.

Die Theorie vom Instinkthandeln ›der‹ Tiere wird dadurch jedoch nicht widerlegt (was nicht als Versuch ihrer Rechtfertigung um jeden Preis mißverstanden werden sollte). Beachtenswert ist vor allem, daß im Zentralnervensystem, dem Stammhirn, jene Energien erzeugt werden, die regelmäßig auftretendes Verhalten wie etwa Anschleichen, Rennen und Verteidigen verursachen. Man hat mit manchen Tieren experimentiert und durch elektrische Reizung einzelner Nervenzentren bestimmtes Verhalten wie etwa Angreifen und Töten künstlich erzeugt. Ebenfalls ins Gewicht fällt, daß bestimmte Verhaltensweisen auch dann geschehen, wenn die üblichen Gelegenheiten fehlen. So balzt ein eingesperrter Wellensittich vor seinem eigenen Spiegelbild, jagt ein Jagdhund Phantome und benutzt eine Katze Wollknäuel. Wenn die Zeit gekommen ist, werden Tiere organisch bedingt unruhig, angespannt, drängen sie auf Aktion und handeln sie. Das geschieht selbst dann, wenn – wie etwa im Falle des Rotkehlchens – keine wirklichen Rivalen, sondern nur Attrappen wie beispielsweise rostrote Federn vorhanden sind. Wem das Herz voll ist, dem geht der Mund über – so könnte man in übertragenem Sinne sagen. Neuro-hormonale Instanzen wie Drüsen und Nervensystem produzieren und setzen Kräfte frei, die Verhalten erzwingen. Man spricht von Instinkt-Energien, von artspezifischen organischen Grundbedürfnissen, die auf Befriedigung drängen.

3.1.2 Die Verhältnisse sind weitaus komplizierter, als hier dargestellt wurde. So muß unter anderem unterschieden werden zwischen Endhandlungen wie Töten und Zwischenhandlungen wie beispielsweise

Anschleichen und Jagen, die der Endhandlung Töten vorausgehen. Lachse laichen nicht irgendwo, sondern an einem bestimmten Ort, und Zugvögel fliegen gegebenenfalls tausende Kilometer weit zu ihren Nistplätzen. Man spricht von *Appetenzverhalten*. Gemeint sind etwa Laichwanderungen und Vogelzug, verstanden als ebenfalls angeborene zielstrebige Suche nach jenen Situationen, welche die Endhandlungen Laichen und Nisten ermöglichen. Tiere suchen so lange, bis sie die der jeweiligen Tierart gemäßen Schlüsselreize ausfindig gemacht haben. Dann geschehen die entsprechenden Endhandlungen. – Bei den Schlüsselreizen handelt es sich ebenfalls um komplizierte Zustände und Vorgänge. So wurde beobachtet, daß eine Henne auf beschützende Weise zwar dann reagiert, wenn das Küken Notschreie ausstößt, nicht aber, wenn es, obgleich der Henne sichtbar, verletzt keine Laute von sich gibt.

3.2 Instinktarmut. Vor allem im populären Schrifttum ist es beliebt, Tiere und Menschen auf Gemeinsames hin zu untersuchen. Hingewiesen wird etwa auf: das Tier im Menschen, den Menschen als nackten Affen, das Flanieren auf großstädtischen Boulevards d'Amour als dem Vogelflug vergleichbares Appetenzverhalten, Autos und Brüste als Signal- bzw. Schlüsselreize, regelmäßiges Kopfanheben während gemeinsamen Essens als Relikt tierischer Sicherung des erbeuteten Futters. Interessierte Soziologen fragen, was solche und andere Erklärungsversuche einbringen, wie weit sie reichen, welche Teile der Wirklichkeit durch sie verständlich werden und welche Tatsachen nicht so recht ins Bild passen.

3.2.1 Wer menschliches Handeln durch Instinkte gesteuert begreift, muß die *Fülle menschlicher Handlungsweisen* erklären. Ihr entspräche vielleicht eine große Zahl von Instinkten. In den zwanziger Jahren hat ein amerikanischer Forscher rund 400 Abhandlungen durchgesehen und dabei 5684 als Instinkte bezeichnete Handlungsweisen gezählt – darunter auch den Instinkt: mit dem Finger in schmale Ritze fahren und darin verborgene kleine Tiere verscheuchen. Eine so extrem zahlenmäßige Ausweitung des Instinktbegriffs ist wissenschaftlich unfruchtbar. Menschliches Handeln auch in seinen Regelmäßigkeiten war und ist nach Zeit und Ort so verschieden, daß der Hinweis auf Instinkte allein nicht ausreicht.

Dazu nur drei Beispiele. Die Zuni in Neu-Mexiko sind äußerst besonnene, verträgliche und friedfertige Menschen. Dagegen gelten für die Dobu auf Neu-Guinea Böswilligkeit und Hinterlist als höchste Tugenden. Mißgunst, Argwohn, Rachedurst, Griesgrämigkeit, Betrügen und Stehlen sind bei ihnen üblich, sie werden erwartet, gefördert und gebilligt. – Während bei uns eine gewisse Unausgeglichenheit bei heranwachsenden Menschen weit verbreitet ist und unter Hinweis auf körperliche Vorgänge als Pubertät bezeichnet wird, hat man etwas Vergleichbares bei jungen Mädchen auf Samoa nicht feststellen kön-

nen, obwohl dort die Geschlechtsdrüsen auch funktionieren. – Konnte das, was mit dem Wort Ödipus-Komplex gemeint ist, bei Bewohnern der Tobriand-Inseln beobachtet werden, so nicht bei den Zuni.
Wer angesichts solcher und vieler anderer Unterschiede dennoch darauf besteht, daß menschliches Handeln insgesamt oder doch zumindest weithin instinktiv geregelt sei, der müßte erklären können, warum es in einer bestimmten Gesellschaft etwas gibt, was in einer anderen Gesellschaft nicht vorkommt. Die mögliche Behauptung, daß es nach einzelnen Gesellschaften verschiedene organische Grundbedürfnisse gäbe, trüge nicht gerade zur Klärung der Situation bei – ganz abgesehen davon, daß die angenommene ›Tatsache‹ ihrerseits erklärungsbedürftig wäre.
3.2.2 Die meisten Wissenschaftler stimmen inzwischen weitgehend darin überein, daß menschliches Handeln nicht ausschließlich durch Instinkte bedingt ist. Es gibt jedoch unterschiedliche Auffassungen, was die Zahl und den Einfluß von Instinkten angeht.
Kaum jemand bestreitet noch, daß sich der Mensch – im Vergleich zu Tieren – durch *Instinktarmut* bzw. *Instinktreduktion* auszeichnet. Nach der Geburt ist er grundsätzlich und umfassend hilflos. Diese Hilflosigkeit ist schon organisch bedingt. Man hat von einer ›physiologischen Frühgeburt‹ gesprochen. Würde der Mensch mit einer den höheren Säugetieren vergleichbaren Ausstattung geboren, dann müßte die Tragzeit etwa ein Jahr länger dauern. Das Jahr nach der Geburt wurde deshalb ›extra-uterines Frühjahr‹ *(A. Portmann)* genannt. In ihm laufen Formungs- und Reifeprozesse ab, die bei neugeborenen Säugern schon abgeschlossen sind. Auch nach diesem Jahr ist die der menschlichen Art gemäße Ausgestaltung und Beherrschung des Körpers keineswegs beendet.
Die Hilflosigkeit hat noch einen anderen Aspekt. Bei der nach der Geburt beginnenden Phase der Menschwerdung geht es nicht nur um körperliche Vorgänge, sondern wesentlich auch um eine starke und in dem Ausmaß der menschlichen Art allein eigentümliche Einbindung in ein Geflecht sozialer Beziehungen. Wie fundamental das für menschliche Existenz ist, zeigt die Tatsache, daß bloß physische Aufzucht ohne jede gefühlsmäßige Zuwendung und Sprachanleitung letztlich scheitert. Falls überhaupt, blieben allenfalls Krüppel übrig. Die Ausstattung des Menschen ist jedenfalls zusätzlich insofern unvollkommen, als es besonderer langwieriger und komplizierter Einrichtungen und Maßnahmen – Sozialisierung bzw. Sozialisation genannt – bedarf, um ein neugeborenes menschliches Leben zu dem werden zu lassen, was seiner Art entspricht.
Die Unterschiede zwischen tierischem Verhalten und menschlichem Handeln werden noch deutlicher, wenn man bedenkt, daß innerhalb der sozialen Beziehungen wesentlich Einstellungen und Handlungsziele einzuüben sind. Darüber wird später noch ausführlicher zu spre-

chen sein. Es genügt an dieser Stelle, das zu sehen und darüber hinaus zu beachten, wie notwendig solche umfassenden und weitreichenden Lernprozesse als Folge einer ungenügenden Instinktausstattung sind. Dafür sprechen schon Ergebnisse neuro-physiologischer Untersuchungen. Bestimmte Regionen des Zwischenhirns sind sowohl bei niedrigeren als auch höheren Säugern viel stärker entwickelt und reicher durchgegliedert als beim Menschen – wobei bezeichnenderweise die Menschenaffen dem Menschen in dieser Hinsicht ähnlicher sind als sonstige Affen. Wegen dieses auffälligen Unterschiedes spricht man beim Menschen von einer »Verarmung des Machtbereiches der Instinkte« *(A. Portmann)*. Schon allein deshalb erscheint das, was unmittelbar nach der Geburt und über längere Zeit hinweg vom neugeborenen Menschen gelernt werden muß, nicht bzw. nicht eindeutig organisch vorgegeben, sondern weithin Ergebnis einer intensiven Einflußnahme durch Menschen in den sozialen Beziehungen zu sein. Wer das abstreitet, sieht sich einer nahezu unübersehbaren Fülle unterschiedlicher menschlicher Handlungsweisen gegenüber.

3.2.3 Natürlich hat auch der Mensch *organisch bedingte Bedürfnisse*. So sind beispielsweise die Wirkung der Hormondrüsen und die Notwendigkeit von Nahrungsaufnahme unverkennbar. Werden Menschen darin gehindert oder hindern sie sich sogar selbst, diesen Antriebsenergien gemäß zu handeln, dann entsteht wie bei den Tieren eine Art Anspannung, Gereiztheit und Nervosität. Neuro-hormonale Steuerungsinstanzen drängen auf »Konstanthaltung des inneren Milieus« *(C. Barnard)*. Fata morgana oder die Fixierung des Gesamtverhaltens etwa auf den sexuellen Bereich sind Indizien für die übermäßige Bedeutung eines unbefriedigten organischen Verlangens.

Es fragt sich aber, welche Bedeutung solchen und möglichen anderen dem psychischen und sozialen Geschehen ›vorgelagerten‹ Antriebssystem für menschliches Handeln zukommt. Die Antwort kann unterschiedlich ausfallen – je nach der Optik, je nach dem, was primär interessiert. Zum einen läßt sich zeigen, daß menschliches Handeln ebenfalls im organischen Bereich wurzelt. Das zu sehen und zu beachten, ist sicherlich wichtig genug, und es hat folgenschwere Konsequenzen für jede umfassende Anthropologie, ganz abgesehen von praktischem und politischem Handeln. Zum anderen gilt aber auch, daß die organische Ausstattung vergleichsweise inkomplett ist. Dafür spricht schon die erwähnte Instinktarmut. Hinzunehmen muß man noch dasjenige, was mit dem Begriff *Instinktresiduen* gemeint ist. Die dem Menschen verbliebenen organisch bedingten Antriebsenergien führen nämlich bei ihm nicht notwendig zu einem dem tierischen Verhalten entsprechenden eindeutigen Handeln.

Die Spanne zwischen Bedürfnisanspannung und Endhaltung ist bei vielen Tieren im allgemeinen sozusagen kurzgeschlossen. Auf die ererbte Instinktanspannung folgt trotz eingeschobenen und gleichfalls organisch vorgeschlüsselten Appetenzverhaltens ziemlich rasch die ebenfalls organisch vorgegebene Endhaltung. Im sexuellen Bereich hat das sicherlich etwas mit den rhythmisch auftretenden und eindeutig vorgegebenen Brunstzeiten zu tun. Davon ist menschliches Handeln frei. Man spricht deshalb von einer »Daueraktualität des menschlichen Geschlechtstriebes« mit der Folge eines »sexuellen Antriebsüberschusses« *(H. Schelsky)*. Dieser setzt sich nicht andauernd, sachnotwendig sozusagen, in Handeln um. Kommt es zu stärkerer Bedürfnisanspannung, dann müssen Endhandlungen erwiesenermaßen nicht zwingend geschehen. Zeitweise oder dauernde Entsagung sind nicht prinzipiell ausgeschlossen; und es gibt sie, wenn auch in einem nach Zeit und Ort unterschiedlichen Ausmaß. Dabei kann hier offen bleiben, wie sich eine unfreiwillige und (tatsächlich oder bloß vermeintlich) freiwillige Entsagung auf andere Lebensbereiche auswirkt. – Bei Tieren dient sexuelles Verhalten einschließlich möglicher Vorspiele im Prinzip der Fortpflanzung. Gleiches gilt in der Allgemeinheit und Eindeutigkeit für menschliches Handeln nicht. Schon seit jeher waren und sind Menschen höchst erfindungsreich, wenn es um weiterreichende und differenzierte sexuelle Genüsse geht. – Die Wahl der Mittel zur Erreichung der Endhandlung ist bei Tieren in der Regel organisch vorgegeben, wobei das gelegentliche Ansprechen auf Attrappen der Regel nicht widerspricht. Gleiches läßt sich aufs Ganze gesehen für menschliches Handeln nicht sagen, wenngleich es Reste instinktgebundener Auslöser zweifellos gibt.

Wegen dieser und anderer Unterschiede kann man zusammenfassend sagen, daß beim Menschen anders als bei Tieren zwischen ererbter Instinktspannung und Endhandlung ein weites Feld möglicher Handlungen liegt, und daß weder diese Handlungen noch die Endhandlungen eindeutig organisch fixiert sind. Allein hinsichtlich Hunger, Durst und Sexualität sind die möglichen menschlichen Handlungsweisen nach Zeit und Ort äußerst verschieden. Zahlreichen Wissenschaftlern erscheint es unsinnig, diese Handlungsfülle einem bestimmten Komplex von Trieben eindeutig zuzuordnen. Die sich ergänzenden Tatsachen Instinktarmut und Instinktresiduen verweisen vielmehr auf eine grundsätzliche Differenz zwischen menschlichem Handeln und tierischem Verhalten.

3.2.4 Anhänger einer umfassend verstandenen Instinkttheorie könnten das zwar anerkennen, aber die große Zahl menschlicher Handlungsweisen wenn schon nicht direkt, so doch *indirekt* den wenigen dem Menschen verbliebenen organischen Grundbedürfnissen zuordnen. Damit eröffnet sich ein weites Feld für Spekulationen. Es ist sicherlich verdienstvoll, grundsätzlich und systematisch tierisches Verhalten und menschliches Handeln vergleichend zu untersuchen und etwa bestimmte Verhaltensweisen entlang der stammesgeschichtlichen Entwicklung von einfachen Säugern bis hin zum Menschen zu verfolgen. Auf der Suche nach einer Art von Trieb des Imponierens hat man beispielsweise (gedanklich-theoretisch) einen Bogen geschlagen vom Harnablassen des Hundes am Baum über das Vorzeigen seiner Männlichkeit durch den Pampashasen bis hin zu mit bärtigen Männerköpfen verzierten Brunnen in Tirol und Exhibitionismus beim Menschen. Unangesehen der Frage, ob sich das alles überhaupt zu einem einheitlichen Bild fügt, besteht das grundsätzliche Problem in der Annahme eines entsprechenden Instinktes bzw. Triebes. Und das gilt auch hinsichtlich Selbsterhaltungstrieb, Todestrieb, Machttrieb, Agressionstrieb. Es gibt gegenwärtig keine auch nur annähernd einheitliche Auffassung unter den beteiligten Wissenschaftlern.

Weitere Schwierigkeiten treten dort auf, wo die unterschiedlichsten Handlungen einem oder mehreren Instinkten zugeordnet werden. Selbst wenn es einen Nahrungstrieb geben sollte, erscheint es vielen Forschern doch problematisch, sämtliche Eßgewohnheiten, Tischsitten und andere die Nahrungsaufnahme vorbereitenden und begleitenden Formen der Geselligkeit auf den Nahrungstrieb zurückzuführen. Es gibt sicherlich menschliche Handlungsweisen, die sich direkt oder indirekt an organische Grundbedürfnisse anheften. Sie sind aber damit weder hinreichend erklärt, noch erscheint es vertretbar, alles an solchen und möglichen anderen innerlich erzeugten Antriebsenergien aufzuhängen. Versucht man es dennoch, dann muß man entweder die Tatsache der Instinktarmut leugnen und wiederum eine große Zahl von Instinkten annehmen – oder Bedürfnisse mancher Menschen wie Dichten, Musizieren oder wissenschaftlich Forschen als durch Instinkte bedingt bezeichnen. Beides ist strittig.

3.3 Instinktmechanismus und Weltoffenheit. Um aus dem Dschungel der teilweise sehr widersprüchlichen Argumente Pro und Contra herauszufinden, empfiehlt es sich, zwischen zwei Typen zu unterscheiden. Es ist einmal der *Instinktmechanismus.* Kennzeichnend für ihn sind Spezialisiertheit und Determiniertheit: Tierisches Verhalten ist weitgehend durch ein differenziertes organisch vorgeschlüsseltes Antriebssystem auf im einzelnen genau fixierte Ziele ausgerichtet und hinsichtlich der Ziele und der Mittelwahl festgelegt. Davon unterscheiden läßt sich die *Struktur menschlichen Handelns.* Kennzeichnend sind unspezifisches und indeterminiertes Handeln: Es gibt kein der tierischen Ausstattung vergleichbares differenziertes organisch bedingtes Antriebssystem, weshalb auch Handeln nicht in gleicher Weise eindeutig und ausschließlich auf genau fixierte Ziele ausgerichtet, festgelegt ist. Darauf hebt der Begriff Instinktarmut ab. Soweit es organische Grundbedürfnisse gibt, sind diese ebenfalls unspezialisiert und ungerichtet: Im Rahmen der sozialen Beziehungen gibt es nämlich eine breite inhaltliche Ausgestaltung des Handelns. Darauf bezieht sich der Beriff Instinktresiduen. Angesichts von Instinktarmut und Plastizität der Instinke lassen sich die menschlichen Bedürfnisse

allein unter Hinweis auf einen Instinktmechanismus nicht plausibel erklären. Schlagwortartig könnte man sagen: Tiere sind instinktgesichert und umweltgebunden, Menschen dagegen instinktmäßig ungesichert und weltoffen.
Diese Gegenüberstellung ist allerdings übertrieben. Weder sind sämtliche Tiere in jeder Hinsicht völlig einheitlich ausgestattet, noch ist menschliches Handeln frei von organischen Einflüssen. Das zu sehen und systematisch zu erforschen, ist sowohl wissenschaftlich verdienstvoll als auch für viele Praxisbereiche oft direkt bedeutsam. Dennoch ist eine mögliche Gefahr zu beachten, auf die in anderem Zusammenhang ein berühmter Mathematiker mit der Bemerkung hingewiesen hat, daß die Physik für Physiker viel zu schwer sei. Für einseitig naturwissenschaftlich ausgerichtete vergleichende Verhaltensforschung ist der Mensch ebenfalls viel zu schwer, womit solche Forschung nicht abgewertet werden soll. Die nötige Integration der Humanwissenschaften wird gesehen. Die Soziologie ist insofern bedeutsam, als menschliches Handeln in sozialen Beziehungen erst möglich wird. Natürlich kann der Mensch aber auch für Soziologen zu schwer sein. Soziologen gehen also aus von der ungenügenden Instinktausstattung des Menschen, der Instinktreduktion, der Plastizität der Instinkte, der Weltoffenheit, der Notwendigkeit sozialer Beziehungen – was alles sozusagen Bedingungen seiner Betrachtung sind. Soziologen leugnen im allgemeinen weder gewichtige Gemeinsamkeiten zwischen tierischem Verhalten und menschlichem Handeln, noch interessieren sie aber unbedingt ausschließlich anthropologische Konstanten, d. h. von Zeit und Ort unabhängige menschliche Grundbefindlichkeiten. Soziologen anerkennen zwar solche Gemeinsamkeiten wie Instinktarmut, Plastizität der Instinkte, Weltoffenheit und Bedürfnis nach Sinngebung, sie betonen aber zugleich und vielleicht sogar vor allem die vielfältigen Möglichkeiten einer Ausgestaltung der sozialen Beziehungen. Entfaltetes menschliches Leben erscheint ihnen immer auch biologisch bedingt, wenngleich im Organischen gar nicht aufgehbar. Soziologen betonen sowohl die Besonderheiten der Gattung Mensch selbst im Vergleich zu höheren Säugern, und sie verweisen zugleich auf die unterschiedlichen Arten und Weisen, Mensch zu werden. Die Ergebnisse insbesondere kulturvergleichender Forschung sind da eindeutig. Der Ausspruch eines Indianers ist hier aufschlußreich: Am Anfang gab Gott jedem Volk eine Schale, eine tönerne Trinkschale, und aus dieser Schale tranken sie ihr Leben. Nüchterner formuliert geht es um Gesellschaft und Gesellschaften, d. h. um die allgemeine Tatsache der Verbundenheit von Menschen und deren raum-zeitlich höchst unterschiedlichen Ausprägungen. Letztere sind wichtig genug, weil einzelne Schalen selbst zerbrechen können. Davon ist menschliches Leben in vielfältiger Weise direkt betroffen. Dafür sprechen nicht nur Zustände und Vorgänge in der Gegenwart[4].

4. Soziale Gruppe

4.1 Soziale Regelmäßigkeiten in sozialen Gruppen. Soziologen sind vor allem an sozialen Regelmäßigkeiten und deren Ursachen interessiert. Dabei ist nun zu beachten, daß nicht unbedingt alle Menschen etwas Bestimmtes regelmäßig tun. Bei uns beispielsweise gehen nicht alle Menschen zur Kirche, sind nicht alle als Lehrer tätig, helfen nicht alle den in Not geratenen Menschen, lesen nicht alle Bücher und denken nicht alle berufsmäßig über Sinn und Zweck des Lebens nach. Die wenigen Hinweise auf die Zûni und Dobu zeigen überdies, wie verschieden die Regelmäßigkeiten sein können. Man verstellt sich den Blick auf die Wirklichkeit menschlichen Lebens, wenn nur die Einheit des Menschengeschlechtes beschworen wird, dagegen die vielfältigen Flechtwerke sozialer Beziehungen übersehen werden. Es ist unerläßlich, den Komplex soziale Beziehungen aufzulösen und nach Beziehungseinheiten Ausschau zu halten. Diese sozialen Einheiten beeinflussen menschliches Handeln im allgemeinen vorwiegend und nachhaltig.

Zur Bezeichnung dieser Einheiten werden verschiedene Termini verwandt. Gebräuchlich ist das Wort Gesellschaft. Gemeint ist hier nicht einfach die Verbundenheit von Menschen, sondern die innerhalb bestimmter Einheiten. So spricht man von den Hopi, Buschmännern, australischen Ureinwohnern, Feuerländern, Amerikanern, Deutschen und Chinesen als einzelnen Gesellschaften. Auf einer allgemeineren Ebene wird etwa unterschieden zwischen der Primitiven Gesellschaft und der Industriellen Gesellschaft. Es bilden aber nicht nur einzelne Gesellschaften solche Einheiten, denn in ihnen kann es seinerseits verschiedenartige Flechtwerke sozialer Beziehungen geben. Zur Bezeichnung aller möglichen Arten und Formen solcher Beziehungseinheiten dient der Begriff soziale Gruppe.

Das Wort Gruppe wird in der Öffentlichkeit häufig gebraucht. Der Begriff spielt in der Soziologie und in anderen Humanwissenschaften eine zentrale Rolle. Er wird auch in vielen Praxisbereichen immer häufiger verwandt, sei es etwa zur Erklärung von Zuständen und Vorgängen, sei es zum Zweck der Therapie. Vor allem für Soziale Berufe ist der Begriff Soziale Gruppe höchst bedeutsam. In dem Maße nämlich, in dem die Bedeutung der sozialen Beziehungen und ihrer Auswirkungen etwa in Form regelmäßig auftretender Handlungen bei mehreren Menschen erkannt und die mehr individualpsychologische durch eine mehr sozialpsychologisch-soziologische Betrachtung ergänzt wurde, fanden soziale Gruppen stärkere Beachtung. Wort und Begriff *soziale Gruppenarbeit* seien hier ausdrücklich, wenngleich an dieser Stelle nur beiläufig, genannt.

4.2 Statistische Gruppe, Sozialkategorie, soziale Gruppe. Menschen lassen sich sehr unterschiedlich gruppieren. Bei einer Volkszählung werden etwa Einkommenshöhe, Alter, Hausbesitzer, Gewerbetreibende, Haushaltungsvorstände, Geschiedene und Tierhalter gezählt. Meinungsforscher erfassen häufige Fernsehzuschauer, Waschmittel-Benutzer, Pillenliebhaber und Boxfreunde. In besonderen Statistiken interessieren Kirchgänger, Bücherfreunde, Diebe und Zuhälter. Denkbar wäre auch, Menschen nach Fußgröße, Brustumfang, Einäugigkeit, Linkshändigkeit und Haarfarbe aufzuteilen. Obwohl in allen Fällen häufig von Gruppen gesprochen wird, handelt es sich doch nicht immer um soziale Gruppen im soziologischen Sinne.

4.2.1 Haushaltsvorstände und Waschmittel-Benutzer etwa bilden bloß *statistische Gruppen.* Die jeweiligen Gemeinsamkeiten sind bei uns eigentlich ohne weitreichende soziale Bedeutung. – Schon anders verhält es sich bei Einkommenshöhe und Alter. Menschen mit hohem Einkommen spielen oft eine besondere Rolle. Sie üben eventuell Macht aus, beeinflussen politische Entscheidungen, beherrschen die Bürokratie. Deswegen gehören sie vielleicht der herrschenden Schicht an, geht also hohes Einkommen mit einer besonderen sozialen Stellung einher. In vielen einfachen Gesellschaften ist höheres Alter bedeutsam, gelten alte Menschen als erfahren und weise, werden ihnen wichtige Entscheidungen überlassen. Daß man zur statistisch auszählbaren Gruppe der Frauen, Männer, Neger, Juden und Gebildeten gehört, mag eben weiterreichende soziale Auswirkungen haben, die beispielsweise Grad des Ansehens, Arbeitsmöglichkeiten und Gehaltshöhe betreffen. In solchen Fällen spricht man häufig von *Sozialkategorien.* Mit dem Wort sozial soll verdeutlicht werden, daß die jeweiligen Gemeinsamkeiten wie etwa Rasse, Geschlecht, Alter und Einkommenshöhe für die davon betroffenen Menschen mehr bedeuten als die bloß statistische Gemeinsamkeit.

4.2.2 Noch anders gelagert sind z. B. die Fälle regelmäßiger Kirchgang, Diebstahl und Einnahme der Pille. Daß mehrere Menschen Sonntag für Sonntag in die Kirche gehen, verbindet sie nicht allein. Hinzu treten irgendwelche Überzeugungen. Gäbe es die nicht, entfiele auch das gleichgerichtete Handeln regelmäßiger Kirchgang. An Dieben ist nicht bloß beachtenswert, daß mehrere Menschen regelmäßig stehlen, sondern daß sie deshalb stehlen, weil sie beispielsweise eine gegebene Eigentumsordnung einschließlich ihrer Auswirkungen nicht anerkennen. Die Einnahme der Pille ist nicht einfach deshalb interessant, weil mehrere Menschen dieses Verhütungsmittel regelmäßig benutzen, sondern weil sie es vermutlich aufgrund einer bestimmten Lebenseinstellung tun, durch welche sie sich von anderen Menschen unterscheiden.

In diesen Fällen kann man von *sozialen Gruppen* sprechen. Eine soziale Gruppe umfaßt mehrere Menschen, die sich durch zumindest ein gemeinsames Merkmal auszeichnen und die regelmäßig etwas Gemeinsames tun, die sich irgendwelchen gemeinsamen Überzeugungen verpflichtet fühlen und die ein Gefühl der Zusammengehörigkeit auszeichnet. Kennzeichnend für Mitglieder einer sozialen Gruppe ist ein Wir-Gefühl und gleiches oder doch annähernd gleiches Handeln. Gemeinsame Überzeugungen sind von Regelmäßigkeiten des Handelns in den sozialen Beziehungen der Gruppenmitglieder begleitet.

4.2.3 Die *Grenzen zwischen statistischer Gruppe, Sozialkategorie und sozialer Gruppe* lassen sich nicht ein für allemal scharf ziehen.

Bei uns besagt die Fußgröße eigentlich nichts. Denkbar wäre allerdings, daß nur Menschen mit außerordentlich großen Füßen Schamanen oder Politiker werden dürfen. Dann hätte man es zumindest mit einer Sozialkategorie, sehr wahrscheinlich sogar mit einer sozialen Gruppe zu tun. – Die Haarfarbe spielt zwar bei uns im allgemeinen keine große Rolle, wenngleich sie auch nicht völlig folgenlos ist für mancherlei Zu- und Abneigungen. Eine auffallend rote Haarfarbe dagegen kann besondere Aufmerksamkeit erregen. Tatsächlich gelten Rothaarige oft als Außenseiter und als Objekte von negativen Vorurteilen, Spott und Diskriminierung. Deshalb könnte sich bei Rothaarigen ein Wir-Gefühl entwickeln und also eine soziale Gruppe entstehen. – Körpergröße ist zwar nicht unbedingt folgenschwer, aber zwergenhafter Wuchs war seit jeher vielfach Anlaß für Hohn und Beschränkung auf besondere Tätigkeiten. Und selbst auffällige Körperlänge kann zum Keim einer sozialen Gruppe werden, wie der Verein langer Menschen zeigt. – Die Sozialkategorie Einkommenshöhe bedeutet dann mehr, wenn die Bezieher höchster Einkommen beispielsweise der Oberschicht angehören und die Mitglieder der Oberschicht eine besondere Schichtmentalität aufweisen, die sich etwa an gleichen Lebenseinstellungen, Überzeugungen und Handlungen ablesen läßt. In dem Fall hätte man es mit einer sozialen Gruppe zu tun. Ähnliches kann, muß aber nicht zutreffen beispielsweise für Hauseigentümer, hohes Alter, Rasse, Konfession und PKW-Besitzer, desgleichen für Geschiedene, unehelich Geborene oder Handwerker.

Der Begriff soziale Gruppe ist hier denkbar weit gefaßt und damit sehr abstrakt. Das wiederum bedeutet nicht inhaltsleer, denn er enthält auf jeden Fall eine wesentliche Aussage über menschliches Handeln. Im übrigen sind Begriffe eigentlich immer abstrakt, und ob ein Begriff zu abstrakt ist, das erweist sich erst, wenn man mit ihm arbeitet. Um die vielfältigen sozialen Gruppen in der Wirklichkeit zu erfassen, muß man innerhalb des weiten Begriffs nach Arten und Formen sozialer Gruppen unterscheiden. Einige nicht zuletzt für Soziale Berufe besonders wichtige werden im folgenden genannt (ohne Anspruch auf Vollständigkeit und gültige systematische Anordnung).

4.3 Eigengruppe und Fremdgruppe. Von einer Mehrzahl sozialer Gruppen ausgehend, läßt sich zwischen Eigengruppe (in-group) und Fremdgruppe (out-group) unterscheiden. Der Eigengruppe gehört man an, der Fremdgruppe nicht – das sind die Anderen.

4.3.1 Wie ausgeprägt *Mitglieder von Fremdgruppen als die ›Anderen‹* angesehen werden, belegen beispielsweise manche Volks- und Stammesbezeichnungen, die einfach ›Mensch‹ bedeuten. Wie wenig der Gattungsbegriff Menschheit besagen muß, geht daraus hervor, daß die Anderen oft nicht als (vollgültige) Menschen angesehen wurden. Sie gelten dann etwa als Untermenschen, als minderwertiges Leben, als rassisch unrein, als nicht erlöst, als von Grund auf sündhaft und verworfen – mit all den bekannten Folgen wie Völkermord, Vernichtung hochentwickelter Gesellschaften, kriegerischer Missionierung, gewaltsamer Taufe, Versklavung oder Hexenverbrennung. Ein großer Teil menschlicher Geschichte erweist sich als andauernder rücksichtsloser Kampf zwischen Eigengruppen und Fremdgruppen.

Die Gegensätzlichkeit ist dort keineswegs aufgehoben, wo physische Vernichtung nicht von vornherein eingeplant ist, wenngleich sie dennoch oft geschieht. Nationalismus und dessen Auswirkungen sind dafür ein Beleg, ebenso die Behandlung nationaler, rassischer und religiöser Minderheiten. Auch dort, wo eine Gesellschaft nach vergleichsweise stark geschlossenen sozialen Schichten intern differenziert ist, gibt es einseitige und/oder gegenseitige Fremdheit, oft verbunden mit Diskriminierung der Anderen. Innerhalb der modernen Gesellschaft mit ihren vielen sozialen Gruppen ist der negativ beladene Gegensatz von Eigengruppen und Fremdgruppen ebenfalls vorhanden. Die Anderen, das können beispielsweise sein: Neger, Juden, Hippies, APO-Anhänger, Obdachlose, Straffällige, Sozialhilfeempfänger, Penner, Herrschende, aus der Kirche ausgetretene Menschen, Nationalisten, Kommunisten, psychisch Kranke, Fürsorger, Jugendliche, Liberale, Konservative, Dialektiker, Positivisten, Studenten, Professoren, Bartträger, Hausbesitzer.

Die Beispiele hinken zwar teilweise deshalb, weil die jeweils Anderen nicht unbedingt Mitglieder sozialer Gruppen sein müssen. Sie könnten es aber werden, und also Eigengruppen bilden, die von den Mitgliedern anderer (Eigen-)Gruppen als Fremdgruppen angesehen werden – und umgekehrt. So solidarisieren sich gegenwärtig beispielsweise Hochschullehrer höchst unterschiedlicher Herkunft und Richtung angesichts bestimmter Forderungen und Aktionen von Studenten. Auch die Obdachlosen sind oft so heterogen zusammengesetzt, die Gründe für Obdachlosigkeit so verschieden und die Auffassungen von Obdachlosen oft so heterogen, daß es schon wichtiger Anlässe bedarf, ein Wir-Gefühl und gleichgerichtetes Handeln entstehen zu lassen. In beiden Fällen dürften allerdings von vornherein Gemeinsamkeiten vorhanden sein, die mehr bedeuten als bloß statistische Merkmale. Sie müssen aber nicht gruppenrelevant sein, wenngleich die Übergänge oftmals fließend sind und der Druck von außen trotz sonstiger Differenzen zur Gruppenbildung führen kann. – Ob und wie dauerhaft so entstandene, sich als Eigengruppen und Fremdgruppen gegenüberstehende soziale Gruppen sind, hängt unter anderem ab vom Gewicht des jeweiligen Problems, der Bedeutung sonstiger Gemeinsamkeiten und Differenzen sowie den Reaktionen der Anderen. Von daher gesehen läßt sich noch zwischen dauerhaften und kurzfristig existierenden sozialen Gruppen unterscheiden.

4.3.2 Die Unterschiede zwischen Eigengruppen und Fremdgruppen müssen nicht total sein, und sie sind es sehr oft nicht in der modernen Gesellschaft. Entfallen jedoch irgendwelche übergreifenden anerkannten Gemeinsamkeiten, dann kommt es zur Auflösung, und es entstehen eventuell neue selbständige soziale Gruppen. Aus Geschichte und Gegenwart sind genügend *gruppenauflösende Vorgänge* bekannt. Hingewiesen sei etwa auf den Zerfall von Staaten, auf Abspaltungen von Religionsgemeinschaften, auf innerparteiliche Fraktionsbildungen bis hin zu Neugründungen von Parteien, auf den Zerfall der »Gemeinschaft der Lehrenden und Lernenden«. Wegen der Auflösungen müssen die Mitglieder der neuen Eigen- und Fremdgruppen nicht unbedingt völlig getrennt nebeneinander leben, sich hassen und gegenseitig mit physischer Vernichtung bedrohen. Es gibt allerdings auch dafür genügend Beispiele, denkt man etwa an grundsätzliche Auseinandersetzungen zwischen Weltanschauungsparteien. Andererseits ist das sich Arrangieren ursprünglich scharf voneinander geschiedener Gruppen ebenfalls weit verbreitet, wie etwa das gegenwärtige Zusammenleben christlicher Konfessionen zeigt.

Was die Intensität eines mehrere soziale Gruppen übergreifenden Wir-Gefühls betrifft, so ist natürlich auch staatlicher Zwang denkbar, durch den einzelne soziale Gruppen daran gehindert werden, (vergleichsweise) selbständig zu leben. Die Reaktionen reichen dann von offenem oder verstecktem Kampf bis hin zu einer weitgehenden Beschränkung auf sich selbst, auf ein Eigenleben nach Art innerer Emigration. Solche Gruppen werden auch Subkulturen oder mit einem anderen glücklichen Ausdruck Konter-Gesellschaften *(P. L. Berger)* genannt. – Das erlaubt übrigens eine Unterscheidung sozialer Gruppen nach der Intensität des Wir-Gefühls in Verbindung mit dem Ausmaß sozialer Beziehungen zwischen Eigengruppen und Fremdgruppen. Von daher gesehen kann man zwischen geschlossenen und offenen sozialen Gruppen trennen, wobei es natürlich graduelle Unterschiede gibt (und eine völlig offene Gruppe eigentlich einen Widerspruch in sich selbst bedeutet).

4.4 Bezugsgruppe. Wichtig und folgenschwer im sozialen Leben ist, daß Mitglieder einer Eigengruppe statt dieser eine Fremdgruppe bevorzugen und unter Umständen die Gruppe wechseln. Hier ist der

Begriff Bezugsgruppe (reference-group) wichtig. Man unterscheidet zwischen positiver Bezugsgruppe und negativer Bezugsgruppe. Die Eigengruppe, der man angehört, ist in der Regel positive Bezugsgruppe, die Fremdgruppe, der man nicht angehört, vielfach negative Bezugsgruppe. An der Eigengruppe orientiert man sich dann positiv – wir fleißigen Deutschen und wir von Gott Auserwählten –, an der Fremdgruppe negativ – die hinterlistigen Juden und die herrschsüchtigen Ordinarien.

4.4.1 Es kommt jedoch oft vor, daß die Mitgliedschaft in der bisherigen Eigengruppe allmählich, dann zunehmend mehr und schließlich ganz abgelehnt und diese zur negativen Bezugsgruppe sowie die bisherige Fremdgruppe zur positiven Bezugsgruppe wird. Menschliches Handeln ist angefüllt mit solchen Umorientierungen nach Art von *Konversionen* (die jedoch keineswegs immer total sein müssen). Hingewiesen sei beispielsweise auf den Wechsel der Staatszugehörigkeit und der religiös-konfessionellen Mitgliedschaft, auf berufliche Veränderungen, sozialen Aufstieg, Eintritt in kriminelle Zusammenschlüsse, Engagement in revolutionären Verbindungen, Aufgabe einer als geordnet geltenden Lebensweise, Identifikation mit randständigen Gruppen.

Erstrebte Gruppenwechsel sind nicht immer erfolgreich. Soziale Gruppen verfügen gelegentlich über höchst wirksame Methoden, mit denen sie bei ihren Mitgliedern aufkeimendem Zweifel an der Berechtigung des überlieferten Wir-Gefühls und Wünschen nach einem Übertritt begegnen. Unter wohlmeinender Anleitung zuständiger Kontrolleure der Eigengruppe geht man dann in sich, besinnt sich, sieht den Irrtum des Zweifels ein, bekennt seine Sünden und wird mit Freuden ob der Rückkehr wieder aufgenommen – was nicht ausschließt, als Gefährdeter nunmehr besonders sorgfältig beobachtet und behandelt zu werden. Die als positive Bezugsgruppe ausgewählte bisherige Fremdgruppe kann allerdings auch so geschlossen und die Aufnahme in sie derart erschwert sein, daß der Bewerber zeitlebens sozusagen vor der Tür stehen bleibt. Mitglied der katholischen Kirche zu werden, war Juden lange Zeit verwehrt. Von den wirklichen oberen Zehntausend trotz ausreichenden Vermögens aufgenommen und akzeptiert zu werden, ist ungemein schwierig. Rotarier darf schließlich auch nicht jeder sein. Negern und Juden wird der Zutritt zu bestimmten Clubs verwehrt. Geheimbünde und ZKs fordern eine längere Zeit der Kandidatur. Dörfler schneiden den Fremden, alteingesessene Kaufmannsfamilien gehen dem Schrotthändler aus dem Weg, und der aus der Arbeiterschaft aufgestiegene Chef gilt zwar als ganz nett, aber doch als Emporkömmling mit fehlenden Manieren.

In der modernen Gesellschaft gibt es außer diesen hier typenmäßig geschilderten Fällen eine große Zahl sozialer Gruppen, die Eintritt und Austritt vergleichsweise beliebig gestatten.

4.4.2 Mißlingt die erstrebte Aufnahme in eine positiv bewertete Fremdgruppe, dann können die Reaktionen reichen etwa von erfolgreicher Rückbesinnung auf das Wir-Gefühl der bisherigen Eigengruppe über deren verstärkte Ablehnung (z. B. Selbsthaß jüdischer Menschen), Antichambrieren und Liebedienerei, eine dem Trauben begehrenden Fuchs vergleichbare Einstellung (»sie sind mir ja viel zu sauer«) bis hin zu einer ausgeprägt negativen Attitüde gegenüber der betreffenden Fremdgruppe als Folge enttäuschter Liebe.
Gelingt die Aufnahme, setzt das bei vergleichsweise stark geschlossenen Gruppen eine tiefgreifende Veränderung der Einstellungen und Handlungen des Neulings voraus. Manche Aufnahmeriten dokumentieren schon rein äußerlich, wie sehr es der neuen Eigengruppe darauf ankommt, daß der Neue die Zelte hinter sich abbricht, um wirklich ein neues Leben zu beginnen und zu führen. Das neu gewonnene Mitglied zeichnet sich eventuell durch glühenden Eifer und grenzenlose Begeisterung aus, unter Umständen gepaart mit überscharfer Ablehnung der früheren Eigengruppe. Überläufer, Verräter und Abtrünnigen nennen ihn die einen – endlich einsichtig geworden und wahrhaftig überzeugt die anderen. Mit buchstäblich heilem Blick gehen solche Neue durch die Welt, beglückwünschen sich zu ihrer Bekehrung, reden pausenlos auf die anderen ein, wünschen diesen ebenso viel Gnade und scheuen sich gegebenenfalls nicht, den anderen gewaltsam zu ihrem ›Glück‹ zu verhelfen.

4.5 Großgruppen und Kleingruppen. Menschen sind im allgemeinen nicht nur Mitglieder einer sozialen Gruppe, sondern sie können durchaus mehreren Eigengruppen angehören und selbstredend auch mit mehreren Fremdgruppen in sozialen Beziehungen stehen. Die Mitgliedschaft in mehr als einer sozialen Gruppe setzt allerdings im allgemeinen voraus, daß die verschiedenen gruppenspezifischen Vorstellungen und Handlungen nicht total verschieden sind bzw. von den Betroffenen nicht als völlig unvereinbar empfunden werden. Andernfalls – und das ist ein bemerkenswertes Stück sozialer Wirklichkeit vor allem in der modernen Gesellschaft – gilt es, Konflikte auszutragen, die sich aus der Zugehörigkeit zu Gruppen mit widersprüchlichen Erwartungen ergeben. Darauf wird später noch zurückzukommen sein. Hier interessiert mehr die Tatsache, daß selbst kleinere überschaubare Gruppen wie einfache Gesellschaften im allgemeinen nach irgendwelchen Teilen intern differenziert sind. Das betrifft etwa Alters-, Geschlechts-, Abstammungs- und Heiratsgruppen. Es ist keine Gesellschaft bekannt, die sozusagen unmittelbar in Individuen zerfällt. Überall finden sich Untergruppen als Teile einer größeren, umfassenderen sozialen Gruppe. Mit aller gebotenen Vorsicht darf man vermuten: je größer eine soziale Gruppe, um so größer ist die Zahl von Untergruppen, um so wahrscheinlicher bilden sich Untergruppen, um so lockerer ist das übergreifende Wir-Gefühl. Bei der Aufteilung sozialer Gruppen nach der Zahl ihrer Mitglieder wird üblicherweise zwischen Großgruppen und Kleingruppen unterschieden, wobei natürlich die Übergänge fließend sind und es graduelle Unterschiede gibt.

4.5.1 Die Menschheit ist kaum eine brauchbare soziologische Kategorie, denn dafür waren und sind die Unterschiede zu groß. Nationen dagegen lassen sich als *Großgruppen* begreifen. Ein umfassendes National-(Wir-)Gefühl ist auch dann möglich, wenn die Angehörigen einer Nation unterschiedlich zusammengesetzt sind, etwa was ihre Volkszugehörigkeit betrifft. Die Schweiz ist dafür ein gutes Beispiel. Solche Bindung schließt natürlich zusätzliche Orientierungen an anderswo lebende gleiche Volksgruppen, ja sogar separatistische Strömungen nicht aus.

Die Verhältnisse sind oftmals komplizierter. In der Donau-Monarchie waren sicherlich nicht alle Angehörigen von einem allumfassenden National-(Wir-)Gefühl tiefgreifend beeinflußt. Gleiches trifft für intern so stark differenzierte große Gebilde wie beispielsweise Indien oder Nigeria zu. Es empfiehlt sich deshalb oft, zunächst nur vom Staat zu sprechen. Bekanntlich muß unter Einsatz von Machtmitteln verordnete staatliche Einheit nicht auf Gegenliebe aller Beteiligten stoßen. Bei grundsätzlichen Differenzen sind weitreichende Auseinandersetzungen zu erwarten, etwa zwischen einer sozialen Gruppe als Träger des politischen Herrschaftsverbandes Staat und den ihr ablehnend gegenüberstehenden Gruppen. Bis auf den heutigen Tag ist die Menschheitsgeschichte angefüllt mit Kämpfen um staatliche Einheit – und der Krieg in Bengalen war bestimmt nicht der letzte. Aus der zunächst erzwungenen staatlichen Einheit kann allerdings mit der Zeit ein übergreifendes National-(Wir-)Gefühl hervorgehen. Staat und Nation fallen zusammen, und es existiert dann eine zahlenmäßig große soziale Gruppe – trotz möglicher Unterschiede etwa hinsichtlich Volkszugehörigkeit, Religion und Rasse.

Wenn eine zahlenmäßig große soziale Gruppe wie beispielsweise die amerikanische Gesellschaft nach Untergruppen, Spannungen, Auseinandersetzungen, Subkulturen, Konter-Gesellschaften und anderem mehr intern weitreichend differenziert ist, dann gerät man allerdings mit dem Begriff Großgruppe an die Grenze seiner Brauchbarkeit und Anwendbarkeit. In einem solchen Fall von einem umfassenden Wir-Gefühl zu sprechen, verfehlt eben einen erheblichen Teil sozialer Wirklichkeit. Deshalb neigen manche Wissenschaftler dazu, den Begriff Großgruppe einzuschränken beispielsweise auf Verbände, Kirchen, Religionsgemeinschaften. Noch umfassendere soziale Gebilde werden dagegen *Gesamtgesellschaften* genannt. Diese Unterscheidung ist nicht unwichtig. Zum einen sind ja zahlenmäßig große Gesellschaften bei tiefgreifenden internen Konflikten auf die sie tragenden sozialen Gruppen begrenzt, weshalb auch der Begriff Groß-›Gruppe‹ nur eingeschränkt gültig ist. Zum anderen bestehen Gesamtgesellschaften aus mehr als bloß sozialen Gruppen; diese sind, worüber später ausführlicher zu sprechen sein wird, nur ein Aspekt der Sozialstruktur einer Gesellschaft.

4.5.2 Diese Beschränkung des Begriffs Großgruppe kommt teilweise den Bedürfnissen jener Praktiker entgegen, die es unmittelbar nicht mit Gesamtgesellschaften zu tun haben. Soziale Gruppenarbeit etwa bezieht sich auf einen begrenzten Personenkreis, und weiterreichende Aktivitäten werden sogar schon anders, z. B. Gemeinwesenarbeit genannt. Für zahlreiche Soziale Berufe sind jedenfalls *kleinere Gruppen* das eigentliche Handlungsfeld.

Soziale Beziehungen in größeren Gruppen sind im Prinzip indirekt, in (den hier gemeinten) Kleingruppen direkt. In größeren Gruppen wie etwa Vereinen, Verbänden, Gewerkschaften und Kirchen denkt und handelt man wie die anderen aufgrund abstrakt, das heißt unabhängig von einzelnen (nicht: allen) Mitgliedern geltender gemeinsamer Überzeugungen. In kleineren Gruppen dagegen wie beispielsweise in Familien, Spielgruppen, Freundschaften, Nachbarschaftskreisen, jugendlichen und kriminellen Gangs kennt man sich durchweg persönlich von Angesicht zu Angesicht (face-to-face-relations). Man trifft sich regelmäßig, bespricht zusammen anstehende Fragen, verständigt sich von Fall zu Fall und Handeln ist abhängig von immer erneut zu überprüfender Gemeinsamkeit. In größeren Gruppen bleibt man weitgehend getrennt trotz aller Verbundenheit, in kleineren Gruppen ist man tiefgreifend verbunden trotz allem Trennenden. In größeren Gruppen gibt es Zwischenglieder, besondere Instanzen etwa zur Vermittlung von Informationen, Meinungsbeeinflussung, Aufrechterhaltung des Wir-Gefühls, Konfliktregelung, Werbung und Propaganda nach draußen. Kleingruppen kommen ohne solche Einrichtungen zur Schaffung oder Verfestigung von ›Illusionen‹ aus, denn sie bestehen oft unmittelbar aus Individuen und zerfallen dann unmittelbar in Individuen angesichts des von der Anlage her leicht zerbrechlichen Wir-Gefühls. Während größere Gruppen andere Orientierungen ihrer Mitglieder innerhalb vergleichsweise weiter Grenzen ertragen können, tendieren Kleingruppen auf stärkere Uniformität. Dort sind interne Differenzierungen eher möglich als hier, wo sie leichter tödlich wirken. Die größere Gruppe als Eigengruppe ist tendenziell offen, die Kleingruppe als Eigengruppe dagegen tendenziell geschlossen.

Das sind natürlich Übertreibungen. Die Wirklichkeit ist zu komplex, als daß sich alles über diesen Leisten schlagen ließe. Gemeint sind Tendenzen, mit einer gewissen Wahrscheinlichkeit angebbare Prozesse und Entwicklungen. Bestimmte Kleingruppen erlauben durchaus relativ dauerhafte und das Wir-Gefühl der Gruppe nicht unbedingt gefährdende Untergruppierungen (auf welche übrigens die Gegenüberstellung von ›Wir‹ und ›die Anderen‹ kaum anwendbar sein dürfte).

Und größere Gruppen können durch interne Fraktionsbildung an ihrem Lebensnerv getroffen werden. Es hängt unter anderem ganz wesentlich ab von der Zahl der Gruppenmitglieder, ihrer sozialen Herkunft, den Handlungsituationen, den Problemen, den Einflüssen und Reaktionen von seiten anderer Eigengruppen sowie Fremdgruppen, ob die jeweilige Gruppe dauerhaft existieren kann, ob sie zum Kristallisationspunkt für Erweiterung wird, welche Konflikte auf welche Art und Weise lösbar sind und anderes mehr. - Zu alledem hat die sozialpsychologisch ausgerichtete *Kleingruppenforschung* bemerkenswerte Ergebnisse erbracht. Es gibt offensichtlich bestimmte Grundmuster von Handlungsabläufen. Die in und mit Kleingruppen arbeitenden Praktiker stützen sich auf entsprechende Erfahrungen und vermögen so die Gruppenprozesse zu steuern.

4.6 Primäre und sekundäre Gruppen. Kleingruppen sind zwar das bevorzugte Handlungsfeld Sozialer Berufe, viele Praktiker gehören aber meistens noch anderen, zumeist größeren sozialen Gruppen an. Sozialarbeiter oder im Strafvollzug tätige Personen etwa sind ja Mitglieder ihrer jeweiligen Berufsgruppen, der Ämter oder privaten Verbände, in deren oft staatlich gestütztem Auftrag sie handeln. Die Arbeit mit und in Kleingruppen muß wesentlich auf dem Hintergrund größerer sozialer Gruppen gesehen werden, denen die jeweiligen Praktiker angehören. Zahlreiche Konflikte können dann entstehen, und sie entstehen oft bei Diskrepanzen zwischen den Erwartungen der Mitglieder von Kleingruppen und den Vorstellungen der Vertreter jener größeren Gruppen, in deren Auftrag mit Kleingruppen gearbeitet wird. Die Gegensätzlichkeit von Eigen- und Fremdgruppen kommt also auch hier gegebenenfalls wieder ins Spiel. Das soll an dieser Stelle jedoch nicht detailliert behandelt werden. Der Hinweis auf solche Konflikte dient nur als Anlaß für eine weitere Unterscheidung von Gruppen, die teils der Aufteilung in größere und kleinere Gruppen entspricht, teils gewissermaßen quer zu ihr verläuft.

4.6.1 Als oben Kleingruppen im Unterschied zu (Groß- bzw.) größeren Gruppen charakterisiert wurden, hieß es einschränkend: »die hier gemeinten« Kleingruppen. Es gibt nämlich Kleingruppen und also face-to-face Beziehungen, die gar nicht primär gefühlsmäßiger, unmittelbar und umfassend personbezogener und also intimer Natur sind. Ein Beispiel dafür ist sachlich gebotene Teamarbeit am Arbeitsplatz. Aus solchen dauerhaften face-to-face Beziehungen kann zwar mit der Zeit jene Verbundenheit trotz allem Trennenden hervorgehen, welche viele Kleingruppen auszeichnet – aber das muß nicht sein. Diese Verbundenheit fehlt jedenfalls im allgemeinen in größeren Gruppen, die eindeutig auf bestimmte Zwecke hin ausgerichtet sind. Sie heißen *formelle* bzw. *organisierte Gruppen* oder *Organisationen*. Die Mitglieder solcher Gruppen handeln bzw. sollen handeln: jeder für sich und zusammen mit den anderen ausschließlich auf im einzelnen genau fixierte Gruppenziele hin. So etwa in einer Fabrik für die Herstellung von Krippenfiguren oder Waschpulver, in einer Baufirma für die Erstellung von Raketensilos oder Kirchen, beim Militär für die Verteidigung von Handelsinteressen oder die Bewahrung staatlicher Einheit, in Kirchen für die Beeinflussung der Parteien oder die Pflege von Kontakten zwischen Diesseits und Jenseits. Jedes Gruppenmitglied hat seinen bestimmten Arbeitsplatz, sein genau umschriebenes Aufgabengebiet. Die im Außendienst tätige Fürsorgerin besucht einen Klienten und schreibt einen Bericht, der Sachbearbeiter im Innendienst liest den Bericht und hakt ab, der Abteilungsleiter liest ebenfalls und genehmigt, die Sekretärin schreibt die Zahlungsanweisung aus, der Kassierer liest gegen und überweist das Geld, der Prüfer liest erneut und entdeckt einen Fehler, der Leiter des Sozialamtes wird mit dem Fall befaßt, sein Assistent hält die Auszahlung überhaupt für ungerechtfertigt, der Abteilungsleiter bekommt einen Rüffel, er gibt ihn an den Sachbearbeiter weiter, dieser hält die Fürsorgerin für schuldig, sie macht einen neuen Besuch – und wenn sie auf ihrer Interpretation des Falles besteht und vielleicht noch die Presse davon erfährt, beginnt alles von vorn, exakt, bürokratisch geregelt.

Arbeitsteilig wirkt man zusammen und erbringt man die vom Gruppenzweck her erwarteten und dem einzelnen Gruppenmitglied vorgeschriebenen spezifischen Leistungen. Die Verbundenheit in den sozialen Beziehungen beschränkt sich im Prinzip auf den Austausch von Einzelleistungen. Die so organisierten Handlungsabläufe, die Regelmäßigkeiten also, sind eindeutig geregelt, oft auch schriftlich fixiert, formell ausgestaltet. Es ist genau festgelegt, wer was zusammen mit anderen zu tun hat und wer auf welcher Ebene welche Anweisungen erteilt. Nicht persönliche Gefühle sollen für die Gestaltung der sozialen Beziehungen maßgeblich sein, sondern ausschließlich die geltenden Arbeitsvorschriften. Würde sich ein Sachbearbeiter weigern, mit Inspektor Y zusammenzuarbeiten, weil dieser CDU-, SPD-Mitglied, Schürzenjäger, Jude, Beat-Anhänger, Bachliebhaber, Junggeselle, Benutzer eines bestimmten Waschpulvers oder Fernsehzuschauer ist, würde das die vom Zweck der Organisation her vorgeschriebenen sozialen Beziehungen stören.

Persönliches spielt zwar in formellen bzw. organisierten Gruppen eine nicht unerhebliche Rolle, aber es ist für die sozialen Beziehungen nicht eigentlich ausschlaggebend. Immerhin deuten aber die persönlich-emotional gefärbten Zu- und Abneigungen in solchen Gruppen darauf hin, das sich menschliches Handeln - sehr oft jedenfalls – in formellen Beziehungen nicht erschöpft. Ergebnisse einschlägiger soziologischer Untersuchungen beispielsweise in Betrieben, Verbänden und Verwaltungen belegen das deutlich genug. Man spricht deshalb von *informellen Gruppen* innerhalb formeller bzw. organisierter Gruppen wie etwa einem Verband oder einem Industriebetrieb. Solche informellen Gruppen sind im allgemeinen vergleichsweise klein, und sie gründen in Zuneigungen, Ähnlichkeiten und gleichen Erwartungen ihrer Mitglieder. Die sozialen Beziehungen sind nicht auf den Austausch einzelner, von den Zwecken der formellen bzw. organisierten Gruppe her erwarteten Leistungen beschränkt, sondern sie beziehen persönliche, private und emotionale Aspekte wesentlich mit ein – ja diese bilden eigentlich den tragenden Grund solcher Gruppierungen.

Informelle Gruppen innerhalb formeller Gruppen können sowohl Folge als auch Ursache von Spannungen und Problemen sein. Dazu einige beispielhafte Hinweise. Erhebliche Diskrepanzen zwischen den Zielvorstellungen informell verbundener Mitarbeiter und denjenigen der Organisationsleitung können dazu führen, daß das Betriebsziel nicht erreicht wird. Spontane Streiks sind dafür ein Beispiel. – Beschränkt sich ein Gruppenmitglied auf den Austausch spezifischer Leistungen, entspricht es zwar im Prinzip den Arbeitsvorschriften, verkennt es aber unter Umständen die in informellen Bezügen wurzelnden Erwartungen von Kollegen. Verschlechterung des Betriebsklimas kann die Folge sein, was eventuell eine Versetzung erforderlich macht. – Das neue Gruppenmitglied wünscht zwar, mit diesem oder jenen Kollegen persönlich zu verkehren, aber diesen paßt es einfach nicht. Hänseleien, ein wenig Sabotage des vorgeschriebenen Austauschs von Leistungen und damit Isolierung erzwingen nicht selten personelle Veränderungen. - Mehrere informelle Gruppen bekämpfen sich untereinander, betrachten sich gegenseitig als Fremdgruppen in Form negativer Bezugsgruppen. Das mag nicht nur Auswirkungen auf die Effizienz der Arbeit und das Betriebsklima haben, sondern sich auch auf solche Organisationsmitglieder nachteilig auswirken, die mehr distanziert lebend nunmehr sozusagen zwischen alle Stühle geraten. – Verweigerung der Aufnahme in eine positiv bewertete informelle Bezugsgruppe betrifft nicht nur Arbeitsunlust und Arbeitsfreude des betroffenen Menschen, sondern wirkt sich auch aus auf außerbetriebliche soziale Beziehungen, so etwa in Ehe und Familie.

4.6.2 Die formellen bzw. organisierten Gruppen werden auch Sekundärgruppen (secondary groups) genannt und den Primärgruppen (primary groups) gegenübergestellt.

Für *Primärgruppen* läßt sich, frühere Hinweise zusammenfassend, verallgemeinernd sagen: überschaubar, face-to-face Beziehungen, persönliche Kontakte, regelmäßige Treffen, gefühlsmäßige Bindung, nicht bloß zweckhafte Beziehungen, Initiative und Spontaneität, freier Handlungsspielraum. Nicht als ob in Primärgruppen nur eitle Harmonie herrschte; gerade wegen der gefühlsmäßig engen Bindungen, dem gewissermaßen hautnahen und distanzlosen Miteinanderleben, stellen sich Leidenschaften, auch Haß und Streit, leicht ein. Als Prototyp einer Primärgruppe gilt die Familie. Sie wird als eine besondere Primärgruppe deshalb angesehen, weil meistens in ihr jener Prozeß der Menschwerdung abläuft, für den nicht nur physische Aufzucht, sondern wesentlich auch die Entfaltung und Ausprägung emotionaler Strebungen kennzeichnend ist. Darüber wird später noch ausführlicher zu sprechen sein. Hier genügt es, die Bedeutung unmittelbar und umfassend personbezogener affektiver Beziehungen zu sehen, und zwar nicht nur hinsichtlich der primären Sozialisierung, sondern auch für den weiteren Verlauf des Lebens. Das zeigt sich nicht zuletzt innerhalb von *Sekundärgruppen,* in denen ja die sozialen Beziehungen im Prinzip auf Ausschnitte der gesamten Person eingegrenzt sind. Menschliches Handeln erschöpft sich aber nicht in solchen ausschnitthaften sozialen Beziehungen, und es scheint so, als ob es darin auch nicht völlig aufgehen könne. Für all das, was an Bedürfnissen, Erwartungen, Einstellungen und Gefühlen in Sekundärgruppen nicht zum Zuge kommt, gelten informelle Gruppen als zuständig, die sich im Prinzip durchaus als (bzw. eine Art von) Primärgruppen begreifen lassen.

Gerade unter dem Aspekt von Primärgruppen und Sekundärgruppen gesehen, bedarf es wegen der Mitgliedschaft in mehreren sozialen Gruppen eines einigermaßen abgestimmten Zusammenspiels verschiedener Gruppenarten. Andernfalls treten Konflikte auf, die es in überreichem Maße in der unmittelbaren Gegenwart gibt. Darüber wird im folgenden Text noch mehrmals zu sprechen sein[5].

5. Soziale Norm

5.1 Universalität sozialer Normen. Die in den gruppengebundenen sozialen Beziehungen aufweisbaren sozialen Regelmäßigkeiten sind im allgemeinen zugleich Ausdruck gruppenspezifischer Einstellungen, Überzeugungen und Handlungen. Zur Erklärung verweist der Soziologe auf gruppenbezogene soziale Normen.
Praktische Arbeit mit sozialen Gruppen stößt immer auf soziale Normen. Auseinandersetzungen innerhalb und zwischen sozialen Gruppen gründen meistens in unterschiedlichen Vorstellungen über soziale Normen. Erhebliche praktische Probleme treten auf, wenn überlieferte Normen bedeutungslos, fragwürdig werden. Ändern sich die Verhältnisse rasch und tiefgreifend, denken viele Menschen besonders nachdrücklich über den Sinn des Lebens nach. Indizien dafür sind gegenwärtig unter anderem politische und soziale Unruhen, Demonstrationen, aber auch gehäuft auftretende psychische Belastungen und Erkrankungen. Soziale Berufe sind dort unmittelbar betroffen, wo etwa Pädagogen oder Fürsorger vorbeugend oder korrigierend eingreifen, um Normales zu stützen oder wiederherzustelllen. Mit der Frage, was sinnvoll als normal gelten kann und gelten soll, ist das Thema soziale Normen direkt angesprochen. Orientiert man sich verstärkt etwa an soziologischen Erkenntnissen und versucht man unter Berufung darauf Überliefertes zu bewahren oder Neues zu entwickeln, dann bringen derartige wissenschaftliche Rechtfertigungsversuche normativer Aussagen ihrerseits eine Fülle von Problemen mit sich.
5.1.1 Soziale Normen schreiben Handlungsweisen vor. Das ist soweit einsichtig, denkt man etwa an Vorschriften wie: Gutes tun, Vorgesetzte achten, Sünden bereuen und Reiche bestehlen. Sozial nennt der Soziologe die – von ihm gemeinten – Normen zunächst einmal deshalb, weil sich die Gebote in der Regel nicht auf einen, sondern auf mehrere Menschen richten. Das leuchtet ebenfalls ein, denkt man an Verkehrsregeln, Heiratsvorschriften, Eßgewohnheiten, Kontakte mit überirdischen Mächten, Arbeitsanweisungen und Regeln der Kriegsführung. Als sozial lassen sich Normen aber auch deshalb begreifen, weil sie für die menschliche Existenz unerläßlich sind. Will man die Bedeutung sozialer Normen erkennen, sollte man sich vorstellen, was wäre, wenn es sie nicht gäbe. Seine biologische Ausstattung gestattet dem Menschen jedenfalls keine dem tierischen Verhalten vergleichbare Gerichtetheit und Sicherheit des Handelns. Gäbe es keine Entlastung von dieser Hilflosigkeit, wären völlige Instabilität, Beliebigkeit und Unvoraussehbarkeit die Folgen.

Das Wort ›Folgen‹ könnte allerdings mißverstanden werden, so als wäre es vorstellbar, daß sie weithin und dauerhaft eintreten. Gerade das ist nicht der Fall. Menschen sind auf Beziehungen mit anderen Menschen angewiesen, und das erfordert irgendwelche Regeln, die dauerhafte Kontakte allererst ermöglichen. Totale Regellosigkeit – ein anderer Ausdruck für völlige Beliebigkeit und Instabilität – ist nur als irreale Möglichkeit vorstellbar. Soziale Normen sind eine *anthropologische Voraussetzung* für Handeln. Sie sind deshalb auch mit Instinkten verglichen und sogar als Instinktersatz bezeichnet worden. Soziale Normen und Instinkte ähneln sich jedenfalls darin, daß beide allererst Spezialisiertheit, Richtung und Stabilität ermöglichen. Soziale Normen korrigieren sozusagen die durch Instinktarmut, Instinktresiduen und Plastizität der Instinkte bedingte Weltoffenheit des Menschen. Er ist zwar instinktmäßig ungesichert und also, biologisch gesehen, weltoffen, aber diese Weltoffenheit bedeutet eben nicht schlechthin Willkür. Natürlich waren und sind Menschen weltoffen insofern, als etwa das Ausmaß von Inbesitznahme und Gestaltung der Umwelt sowie die Formen der sozialen Beziehungen und deren Sinndeutung fast unbegrenzt erscheinen. Und so gesehen wäre es auch gerechtfertigt, Weltoffenheit mit Willkür gleichzusetzen. Dennoch »(begrenzen) soziale Normen offenbar die Willkür in den Beziehungen der Menschen zueinander« *(H. Popitz)*. Geschähe das nicht, sähen sich die Menschen dauernd einer nahezu unendlich großen Zahl möglicher Handlungen gegenübergestellt. Sie müßten ununterbrochen sämtliche Möglichkeiten in jeder Situation umfassend und immer erneut bedenken. Das bedeutete schließlich Handlungsunfähigkeit. Soziale Normen bieten also Entlastung von den Folgen biologischer Weltoffenheit. Diese wird immer wieder eingegrenzt – und sie muß es. Nicht die Gesamtheit alles Möglichen wird und ist für die sozialen Beziehungen bedeutsam. Man sagt deshalb auch, daß für menschliches Handeln schon anthropologisch gesehen »Reduktionen von Komplexität« *(N. Luhmann)* unerläßlich sind.

Menschliches Handeln ist zwar instinktmäßig ungesichert und weltoffen, aber es ist deswegen eben doch nicht schlechthin frei. Menschliches Handeln ist immer schon auf Mitmenschen hin angelegt, als solches vielfach geregelt bzw. normiert und somit weithin geordnet und stabilisiert. Das meint unter anderem der Begriff »relative Weltgeschlossenheit« *(P. L. Berger, Th. Luckmann)* – anstelle von biologischer Weltoffenheit. Mit dem Wort relativ soll darauf aufmerksam gemacht werden, daß menschliches Handeln auch angesichts und im Umkreis sozialer Normen nicht überall eindeutig und dauerhaft festgelegt ist. Sozialer Wandel und Geschichte belegen das deutlich genug.

5.1.2 Ohne soziale Normen wäre vermutlich schon die *Sicherung der Nachkommenschaft* nicht gewährleistet. Denkbar ist allerdings, daß bei der Sicherung von Nachkommen, die ja im Tierreich durchweg striktes ›Gebot‹ ist, zwischen Tieren und Menschen mehr als bloße Ähnlichkeiten bestehen, daß es also beim Menschen einen entsprechenden instinktgebundenen Drang oder doch zumindest einen Rest davon gibt. Im Tierreich sind Promiskuität und Gleichgültigkeit gegenüber dem Nachwuchs nicht die Regel. So leben selbst die Pelzrobben während der Aufzucht ihrer Nachkommen familiär deutlich getrennt. In vielen einfachen Gesellschaften sind voreheliche sexuelle Kontakte zwar erlaubt, wenn aber Heirat, Zeugung und Erziehung anstehen, hört dieser Spaß im allgemeinen auf. Und daß es auch in der modernen Gesellschaft viele Menschen gibt, die zeugen und für ihre Kinder sorgen wollen, ist schließlich nicht zu übersehen. Weder Pille noch Prostitution noch Scheidung ändern etwas an der nach wie vor weit verbreiteten Einstellung, Kinder zu haben, sie zu behüten, sie zu pflegen, in ihnen sozusagen weiterzuleben. Die Frage ist nur, ob man es mit im Tierreich vorgeformten und entsprechenden im Menschen nach wie vor wirksamen Anlagen zu tun hat, die es rechtfertigen würden, von angeborenem Sexual-, Fortpflanzungs-, Selbsterhaltungs- und Brutpflegeinstinkt zu sprechen.

Es gibt zweifellos den gewöhnlich Sexualität genannten Antriebsmechanismus. Der sexuelle Antrieb(süberschuß) muß jedoch nicht notwendig zu einschlägigen Handlungen und schon gar nicht zur Zeugung führen. Was einen möglichen Fortpflanzungsinstinkt betrifft, so sind nachweislich manche Menschen an eigenen Kindern nicht interessiert. Im übrigen gibt es Eltern, die ihre eigenen Kinder in einer Art und Weise behandeln, die kaum als (Brut-)Pflege bezeichnet werden kann. Wer die Existenz entsprechender, der menschlichen Art eigentümlicher Instinkte behauptet, müßte eigentlich solche Abweichungen erklären können. Der mögliche Hinweis auf Entartung natürlicher Anlagen reicht vermutlich nicht aus. Es wäre dann nämlich zu fragen, warum sich Menschen so weit von ihren vorgeblich natürlichen Anlagen entfernen können. Dem Soziologen erscheint es sinnvoller, solche ›Entartungen‹ als Abweichungen von geltenden Normen zu begreifen, welche etwa vorschreiben: zeugen, die Eigengruppe erhalten, die Fremdgruppe bevölkerungsmäßig besiegen, Kinder pflegen und hüten. Die Abweichungen sind natürlich ihrerseits erklärungsbedürftig. Dazu haben Soziologen-Sozialpsychologen-Psychologen einiges zu sagen. Hingewiesen sei hier nur auf bestimmte mütterliche Fehlhaltungen gegenüber eigenen Kindern als Folge fehlerhafter Sozialisierung der Mütter selbst. Damit ist man erneut auf Gesellschaft und Gesellschaften verwiesen.

Dennoch bleibt die Frage teilweise offen, was es mit den sozialen Normen im Bereich Sicherung der Nachkommenschaft – hier zugespitzt auf Zeugung und Sozialisierung – auf sich hat. Vielleicht darf man von menschlichen Handlungsweisen sprechen, die sich an im

Tierreich präformierten und an im Menschen nachwirkenden Resten instinktgebundener Auslöser anheften. Wohlgemerkt: anheften, denn die mögliche Anlage ist selbst offensichtlich nicht ausreichend genug entwickelt, um ein entsprechendes, ausnahmslos alle Menschen verpflichtendes Handeln erfolgreich zu erzwingen. Es scheinen zumindest unterstützende soziale Normen nötig zu sein, welche die Sicherung der Nachkommenschaft gebieten und auf vielfältige Weise – wenngleich mit Ausnahmen – erzwingen. Ob diese sozialen Normen so eigenständig sind, daß sie grundsätzlich fragwürdig und bedeutungslos werden könnten und also etwa durch Normen ersetzbar wären, welche die Selbstaufgabe der Menschen gebieten, läßt sich hier und schon gar nicht von Soziologen allein erklären. Dazu wäre es nötig, die Henne zu schlachten, die sich anschickt, ein Ei zu legen, aus dem sie vorher selbst noch ausschlüpfen muß[6].

5.2 Ordnung und Fortschritt. Gegen solche grundsätzlichen Erörterungen über die Universalität sozialer Normen und deren anthropologische Voraussetzung wird gelegentlich eingewandt, daß dies doch selbstverständlich sei. Sich soziologisch damit zu beschäftigen, bringe eigentlich wenig ein, und einschlägige Aussagen über die Unvermeidbarkeit sozialer Normen könnten überdies leicht dazu benutzt werden, bestehende Verhältnisse zu rechtfertigen.

5.2.1 Es ist unmittelbar einsichtig, daß Menschen notwendig auf soziale Beziehungen und Regelungen im zwischenmenschlichen Bereich angewiesen sind. Deswegen müssen jedoch *überlieferte soziale Normen* nicht notwendig dauerhaft gelten, wie Geschichte und sozialer Wandel deutlich genug zeigen. Menschen entwickeln und formulieren soziale Normen, und Menschen sind auch fähig, solche Vorschriften wieder zu ändern und durch andere Normen zu ersetzen – wenngleich das in vielen Bereichen meistens nicht von heute auf morgen und problemlos vor sich geht. Kurzum: Soziale Normen regeln Handeln, stabilisieren und ordnen soziale Beziehungen in sozialen Gruppen – und diese Ordnungen sozialer Beziehungen sind ihrerseits veränderbar. Der erwähnte Vorwurf zielt nun darauf ab, daß überlieferte soziale Normen öfter unter Hinweis darauf verteidigt werden, daß irgendeine soziale Regelung ja schließlich notwendig sei. Tatsächlich sind die Grenzen zwischen Verstehen und Billigen fließend, deshalb haben selbst Soziologen Bestehendes gelegentlich verteidigt und sind soziologische Erkenntnisse von Praktikern zur Aufrechterhaltung des Status quo benutzt worden. Es liegt nahe, das Wort Ordnung vorschnell inhaltlich zu füllen, es auf Überliefertes anzuwenden und Neues abzuwehren. Der Ruf nach Ordnung dient dann zur Rechtfertigung bestehender Verhältnisse.

Dazu einige Beispiele. Die Kasernierung von Obdachlosen an Stadträndern wird unter anderem mit dem Hinweis auf die notwendige Aufrechterhaltung eines geordneten Lebens in den eigentlichen Wohngebieten begründet. Überlieferte hierarchische Strukturen rechtfertigt man damit, daß es irgendwelche Anweisungsbefugnisse geben müßte. Notwendige dauerhafte Einflußnahme auf das Kleinkind dient dazu, außerhäusliche Erwerbstätigkeit von Müttern allgemein zu verurteilen und eine überlieferte Arbeitsteilung zwischen Mann und Frau innerhalb und außerhalb von Ehe und Familie als natürlich zu verkünden. Eine unvermeidbare Sonderbehandlung psychisch kranker Menschen weitet sich aus zu einer örtlichen und weiterreichenden sozialen Isolierung. Als kriminell gilt und wird oft dauerhaft gezeichnet auch derjenige, der einen silbernen Löffel stiehlt und somit die bestehende Eigentumsordnung verletzt. Daß Kinder aus unteren sozialen Schichten oftmals erhebliche Lernschwierigkeiten aufweisen, dient gelegentlich noch immer dazu, ein überliefertes Schulsystem zu rechtfertigen.

Man spricht heutzutage oft von Technokraten. Damit sind Menschen gemeint, die sich vom sogenannten ›System‹ einfangen ließen, nur Detailprobleme wissenschaftlich untersuchten oder praktisch angingen, Realitäten unkritisch hinnähmen, damit zur Erhaltung der bestehenden ›Ordnung‹ beitrügen und somit schließlich Humanität verrieten. Diese Menschen seien sozusagen Gefangene ihrer Eigengruppe, durchschauten nicht die Bewußtseinsmanipulation, verhielten sich angepaßt und seien sogar bereit, eventuell aufkommende Zweifel zu unterdrücken, um sich so nur noch mehr in den ihnen angelegten Fesseln zu verstricken. Angesichts dessen erhält das, was kritische Wissenschaft, kritische Soziologie, kritische Pädagogik oder kritische Sozialarbeit genannt wird, einen durchaus verständlichen Sinn. Läßt man allerlei unkritisches ›kritisches‹ Gehabe außer acht, dann geht es im wesentlichen doch darum, glaubwürdigere, Handeln überzeugender rechtfertigende und menschlichem Tun wirklich Sinn gebende Zielvorstellungen ausfindig zu machen. Das ist sicherlich kein neues Thema in der Menschheitsgeschichte, was aber nichts an seiner besonderen Aktualität in der Gegenwart ändert.

5.2.2 Damit ist man in besonderer Weise auf soziale Normen verwiesen. So unbestreitbar die Einsicht in soziale Normen als einer anthropologischen Voraussetzung, wie erwähnt, benutzt werden kann, so sehr sollten sich doch gerade Soziologen davor hüten, deswegen der unvermeidbaren sozialen Regelung weniger Aufmerksamkeit zu schenken. Die Universalität sozialer Normen hat ja durchaus erhebliche praktische Konsequenzen. Ein Bedeutungsverlust überlieferter Ordnungen sozialer Beziehungen führt schließlich nicht zu dauerhafter Regellosigkeit und Unordnung. Mit der Zeit entstehen neue soziale Normen, neue Ordnungen sozialer Beziehungen, und diese werden in der Regel ja auch gefordert.

Dementsprechend ist das Thema *Ordnung – Fortschritt – Neue Ordnung* in der Geschichte der Soziologie durchgängig aktuell. Bedeutende Vorläufer und Begründer der Soziologie dachten angesichts weitreichender Auswirkungen fortschreitender Industrialisierung nach über problematische Aspekte überlieferter Ordnung, über die Notwendigkeit von Fortschritt und über die Aufhebung der Übel in einer neuen Ordnung. So hat sich beispielsweise *Ch. H. de Saint-Simon* ein umfassendes Industriesystem, eine globale Produktionsgenossenschaft frei von Antagonismen ausgedacht. *A. Comte*, der das Wort Soziologie prägte, äußerte sich systematisch über das Verhältnis von notwendiger Ordnung und notwendigem Fortschritt, und er skizzierte die Umrisse einer notwendigen neuen, den Fortschritt einschließenden Ordnung. *K. Marx* erklärte lapidar, daß die Philosophen die Welt bisher nur verschieden interpretiert hätten, es jetzt aber darauf ankäme, sie zu verändern. Die Geschichte aller bisherigen Gesellschaften sei die Geschichte von Klassenkämpfen und der gegenwärtige Klassenkampf werde notwendig zur Diktatur des Proletariats führen, zur Aufhebung aller Klassen, zur Beseitigung von Klassenkonflikten und unmenschlichen Zuständen. In der gegenwärtigen Soziologie gelten solche enzyklopädischen Entwürfe und geschichtsphilosophischen Konstruktionen mit endzeitlichem Charakter weithin als suspekt (5.5, 9.1). Dennoch weisen nach wie vor viele Soziologen auf Diskrepanzen zwischen überlieferten Normen und veränderter Wirklichkeit hin, untersuchen die Ursachen der Widersprüche, treten für notwendige Veränderungen ein, erstreben insgesamt humanere Zustände. Es sind Reflexionen über wünschbare Zustände, letztlich also Entwürfe neuer sozialer Normen bzw. neuer Ordnungen sozialer Beziehungen.

Die Einsicht in soziale Regelung als einer anthropologischen Voraussetzung muß mithin nicht notwendig zu einer fortschrittsfeindlichen Einstellung führen. Je systematischer die gegenwärtigen gesellschaftlichen Verhältnisse wissenschaftlich untersucht und erkannt werden, um so schwieriger wird es allerdings, zukünftige Entwicklungen eindeutig zu erkennen und Gegenwart und Zukunft in umfassender Weise planend in den Griff zu bekommen. Die moderne Gesellschaft ist jetzt schon instabil und unübersichtlich. Deshalb bleibt auch jede Planung neuer sozialer Normen mit vielen Unsicherheiten belastet. Es besteht zumindest die Gefahr, daß man neue Ordnungen sozialer Beziehungen einseitig, vorschnell, unkritisch fordert und zu verwirklichen sucht. Dafür gibt es gegenwärtig manche Anzeichen. Vor allem die Soziologie muß zur Rechtfertigung entsprechender Vorstellungen und praktischer Maßnahmen herhalten. Dazu einige, hier zunächst *bewußt* überzogene Beispiele. Man erkennt die soziale Überformung biologischer Unterschiede zwischen Mann und Frau – und fordert flugs die Abschaffung aller sich an diese Unterschiede anheftenden sozialen Regelungen. Man entdeckt die weitreichende inhaltliche Formung des Kleinkindes im Sozialisierungsprozeß – und behauptet schlankweg eine Vergewaltigung. Man stößt auf eine interessenbedingte Verteidigung überlieferter Herrschaftsverhältnisse – und wünscht die Beseitigung jeder Herrschaft von Menschen über Menschen. Man findet Zusammenhänge zwischen Monogamie und Prostitution – und sieht das Heil in der Promiskuität. Man beschreibt nachteilige Folgen autoritärer Erziehung – und läßt die Kleinkinder gewähren. Man erkennt soziale Bedingungen abweichenden Verhaltens – und entwirft die konfliktfreie Gesellschaft.

Solche Beispiele werden natürlich der Wirklichkeit nicht gerecht. Denn die Analysen stimmen, und meistens gehen ja die Forderungen gar nicht so weit. Wer mit solchen Beispielen argumentiert, gerät denn auch leicht in den Verdacht, mögliche Veränderungen gar nicht zu wollen. Immerhin sollte man aber die Gefahr nicht übersehen, daß unter Berufung auf richtige soziologische Erkenntnisse Zustände kritisiert, Zielvorstellungen verkündet, Zukunftspläne entworfen, Handeln geregelt, Einrichtungen beseitigt und Institutionen geschaffen werden – was alles hinsichtlich einer erwünschten besseren Zukunft sinnvoll sein mag und dennoch erfolglos bleibt, weil sonstige soziologische und andere wissenschaftliche Einsichten ganz oder teilweise nicht berücksichtigt werden. So verbinden sich inzwischen mit dem Wort Resozialisierung utopische Hoffnungen. Ausgehend von der richtigen Einsicht in die weitreichende soziale Bedingtheit der Erziehung, reichen die Erwartungen etwa von begrenzt erfolgreicher Resozialisierung straffällig gewordener Jugendlicher über den völligen Abbau jeder Aversion gegenüber ›Außenseitern‹ bis hin zur Abschaffung sämtlicher Anlässe für abweichendes Handeln. Hier wird also ein sinnvolles Leitbild unter Mißachtung zahlreicher wissenschaftlich erkannter Zusammenhänge – etwa vermutlich nicht völlig ausrottbarer Diskrepanzen zwischen Eigengruppen und Fremdgruppen sowie weit in die Geschichte zurückreichender Normenkonflikte – buchstäblich zu Tode geritten.

5.2.3 Damit ist ein Aspekt des komplexen Verhältnisses von *Wissenschaft und Praxis* angesprochen. Wissenschaftliche Erkenntnisse verbreiten sich, gewinnen leicht ein Eigengewicht, werden praktisch benutzt und verwertet. Das geschieht oft in einer Art und Weise, die wissenschaftliche Kritik direkt herausfordert. Diese ist insbesondere dann nötig, wenn wissenschaftlichen Aussagen eine praktische Bedeutung und Reichweite beigemessen wird, die ihnen unter Berücksichtigung der ihre Geltung begrenzenden Bedingungen gar nicht zukommt. Deshalb wurden die vorhin erwähnten Beispiele bewußt einseitig formuliert. Man sollte sich eben vor zweierlei hüten, nämlich, überspitzt ausgedrückt: Anerkennung überlieferter sozialer Normen unter Hinweis auf notwendige soziale Regelung – Mißachtung gewisser Sachzwänge in Form realitätsferner Entwürfe neuer Ordnungen sozialer Beziehungen. Im letzteren Fall besteht die große Gefahr darin, daß die relative zur totalen Weltgeschlossenheit und damit die Komplexität übermäßig reduziert wird – wenn auch vielleicht nur in gedanklichen Entwürfen. Davon können nicht zuletzt Soziale Berufe nachteilig betroffen sein. So ist beispielsweise die Verpflichtung sämtlichen fürsorgerischen Handelns auf kritische Sozialarbeit eventuell dazu angetan, vor lauter – durchaus berechtigter – Kritik an bestehenden Verhältnissen und – durchaus verständlicher – Hoffnung auf bessere Zustände jede Arbeit am einzelnen Fall selbst unsinnig erscheinen zu lassen. Diese Einstellung ist inzwischen schon weit verbreitet. Die Soziologie als Wissenschaft kann aber nicht darauf verzichten, auch Konzepte neuer sozialer Normen und Ordnungen sozialer Beziehungen kritisch zu untersuchen. So gesehen vermittelt die Soziologie keine gläubige Sicherheit für praktisches Handeln. Wer das als Praktiker vor allem im Bereich sozialer Normen von ihr erwartet, wird rasch enttäuscht[7].

5.3 Arten von Normen. Soziologen interessiert nicht nur die grundsätzliche Bedeutung sozialer Normen für menschliches Handeln, sondern auch die Art und Weise, wie Handeln normiert wird. Die Regelung sozialer Beziehungen erschöpft sich beispielsweise nicht in Rechtsnormen. Das zu sehen, ist für Soziale Berufe wichtig, die mit sozialen Gruppen arbeiten bzw. einzelne Gruppenmitglieder fürsorgerisch oder sozialpädagogisch betreuen. Als Agenten ihrer Organisation handeln sie im allgemeinen in staatlichem Auftrag gemäß rechtlich fixierten Vorschriften. Andere Normen kommen aber zusätzlich ins Spiel, die sich aus der Zugehörigkeit etwa zu einem weltanschaulichen Fürsorgeverband oder zu anderen privaten Gruppen ergeben. Zu beachten sind auch Zielvorstellungen der Klienten, die ja ihrerseits in Eigengruppen mit gruppenspezifischen Normen eingebunden sind. Schließlich können die Rechtsnormen fragwürdig werden. Kurzum: das ganze Geflecht sozialer Gruppen, denen man angehört, wirkt in die praktische Arbeit hinein. Bei widersprüchlichen Erwartungen kommt es zu den früher beschriebenen Gruppenkonflikten, die hier jetzt als Normenkonflikte erscheinen.

5.3.1 Eine erste Unterscheidung sozialer Normen hebt ab auf den *Grad des Bewußtseins*, mit dem Vorschriften befolgt werden. Bei Gepflogenheiten, Gewohnheiten oder *Brauch* tut man bestimmte Dinge einfach, unreflektiert sozusagen. So ißt man beispielsweise um zwölf Uhr und nicht um dreizehn Uhr zu Mittag, rührt den Zucker im Kaffee mit dem Löffel und nicht mit der Gabel, grüßt Bekannte und ohrfeigt sie nicht. Es sind Selbstverständlichkeiten, über die nicht weiter nachgedacht, nach deren Sinn nicht eigens gefragt wird. Darauf angesprochen, warum man so handelt, reagiert man, wenn überhaupt, leicht verblüfft: Es war eben schon immer so.

Als *Sitte* gelten solche Vorschriften, die Handeln gebieten, das bewußter geschieht und mit dem sich die Vorstellung irgendeines Sinnes verbindet. Man grüßt den Vorgesetzten, weil er Achtung verdient; man tut Gutes, weil Gott die Armen besonders liebt; man ist KPD-Mitglied, weil schon die Vorfahren dieser Partei angehörten. Es ist also nicht bloß tatsächliche Übung aufgrund unreflektierter Übereinkunft, sondern zumindest ansatzweise überlegtes Tun. Hier handelt es sich ebenfalls um Selbstverständlichkeiten, aber das Handeln ist begründbar. Auf den Sinn hin angesprochen, ist man um eine Antwort nicht verlegen.

Als *Recht* oder *Gesetz* gelten solche Vorschriften, die von Menschen hinsichtlich bestimmter Zwecke bewußt ausgearbeitet und meist schriftlich formuliert wurden und deren Beachtung in voller Kenntnis ihres zweckhaften Charakters geschieht. Man erkennt die Zweckhaftigkeit von Verkehrsregeln, um geordnete soziale Beziehungen zwischen den Verkehrsteilnehmern herzustellen. Man sieht den Sinn von Vorschriften über den Entzug des Sorgerechts ein, um hilflose Kinder vor Elternwillkür zu schützen. Man begreift gesetzliche Versicherungen, um für Fälle von Not und Krankheit vorzusorgen. Solche Vorschriften können ebenfalls als Selbstverständlichkeiten gelten, die Begründung entsprechender Handlungen ist jedoch im Prinzip umfassend, detailliert, primär bewußtseinsmäßig gesteuert.

5.3.2 Eine zweite Unterscheidung sozialer Normen hebt ab auf die *Zahl der betroffenen Menschen*. Innerhalb einer Gesamtgesellschaft gibt es sozusagen ein quantitativ abgestuftes System von Vorschriften. Die meisten Verkehrsvorschriften richten sich an alle Mitglieder der Gesellschaft. Andere Rechtsvorschriften gelten nur für einzelne Gruppen, wie beispielsweise das Beamtenrecht. Die Bearbeitung von Anträgen auf Sozialhilfe obliegt nur Angehörigen bestimmter Berufsgruppen. In dieser Gegend geht man regelmäßig sonntags zur Kirche, in einer anderen dressiert man an diesem Tag lieber Hunde. Dort sagt man Grüßgott, hier begnügt man sich mit einem flüchtigen Kopfnikken. Als Brauch und Sitte bezeichnete Vorschriften können alle Mitglieder einer Gesellschaft betreffen, müssen es aber nicht.

Schon aus der quantitativen Begrenzung zahlreicher sozialer Normen(systeme) innerhalb einer Gesellschaft können Spannungen und Konflikte entstehen. Die Menschen müssen schließlich zusammen handeln können, auch wenn sie unterschiedlichen sozialen Gruppen angehören. Es ist deshalb ein Satz von Normen erforderlich, die den unerläßlich notwendigen Austausch sozialer Beziehungen jenseits sonstiger Gruppenzugehörigkeiten ermöglichen und regeln. Das System funktioniert nur dann, wenn beispielsweise die bloß ausschnitthaften sozialen Beziehungen in größeren sozialen Gruppen den weiterreichenden Überzeugungen innerhalb kleinerer Gruppen nicht völlig widersprechen. Andernfalls ist die Bildung von Subkulturen bzw. Konter-Gesellschaften wahrscheinlich, und verschiedene Gruppen stehen sich grundsätzlich feindselig gegenüber.

5.3.3 Eine dritte Unterscheidung sozialer Normen hebt ab auf den *Grad der Ausdrücklichkeit*, mit dem Handeln geboten wird.
Im täglichen Leben tut man allein oder zusammen mit anderen Menschen oft etwas, was eventuell genauso gut unterlassen oder anders gemacht werden könnte. So ist man bei uns nicht unbedingt verpflichtet, zu Mittag zu essen oder das um zwölf Uhr zu tun. Gemeint sind *Kann-Vorschriften* und damit Handlungsweisen, zu denen man nicht nachhaltig aufgefordert wird. Der Sozialarbeiter kann zusätzlich seine ganze Freiheit den Klienten widmen. Das schreibt ihm seine Organisation jedoch nicht eigens vor. Klientel, Kollegen und Vorgesetzte anerkennen dieses Verhalten vielleicht besonders. Wer aber seine Freizeit für sich nutzt, gilt deshalb doch nicht als pflichtvergessen und verantwortungslos.
Der totale Einsatz für die Klientel könnte allerdings von einer anderen Eigengruppe des Fürsorgers gefordert werden. Dann handelt es sich eventuell um eine *Soll-Vorschrift.* Solche Normen gibt es übrigens auch im Recht. Gemeint ist hier nicht das ius dispositivum vor allem im materiellen Zivilrecht/Privatrecht – im Unterschied zum ius strictum insbesondere im formellen und öffentlichen Recht. Gedacht ist vielmehr an eine Soll-Vorschrift wie z. B. im Bauverwaltungsrecht, wonach eine Baufirma die DIN-Vorschrift hinsichtlich leichter Trennwände beachten soll. Tut sie es nicht, und treten später irgendwelche Schäden auf, die nach Meinung des klagenden Bauherrn in ursächlichem Zusammenhang mit der Nichtbeachtung der DIN-Vorschrift bestehen, dann kann die Baufirma gegebenenfalls mit Erfolg nachweisen, daß die eingetretenen Schäden anders verursacht sind. Gelingt ihr dieser Nachweis nicht, und erkennt das Gericht die Klage des Bauherrn für rechtens, dann wird die Baufirma ersatzpflichtig. Immerhin: solange nichts passiert, hat die Nichtbeachtung der Soll-Vorschrift keinerlei Konsequenzen. Bleibt dagegen eine Bauordnungsvorschrift (z. B.: Gerüstbau) unbeachtet, dann greift die Baupolizei auch dann ein, wenn die Nichtbeachtung der Bauvorschrift keinerlei negative Auswirkungen hat.
Solch eine Norm gilt als *Muß-Vorschrift.* Den zuständigen Mitarbeitern eines Sozialamtes ist gesetzlich zwingend vorgeschrieben, einen ihnen zugeleiteten Antrag auf Gewährung von Sozialhilfe zu bearbeiten. Der Staatsanwalt muß von sich aus aktiv werden, wenn ihm eine strafbare Handlung bekannt wird. Dem Jugendleiter ist eindeutig verboten, die von ihm betreuten Minderjährigen zu verführen. Der Autofahrer muß grundsätzlich bei Rot anhalten. Mit Muß-Vorschriften sind im allgemeinen die Rechtsvorschriften gemeint. Bestimmte Handlungen sind zwingend vorgeschrieben, in der Regel schriftlich fixiert und Bestandteile eines umfassenden Systems formal und inhaltlich aufeinander bezogener Sätze. Ein eigens eingerichteter ›Erzwingungsstab‹ (*M. Weber*) wacht über die Einhaltung der Normen,

schreitet bei Zuwiderhandlungen ein und verhängt negative Sanktionen in Form von Strafen.
Innerhalb der Muß-Vorschriften/Rechtsnormen läßt sich noch eine für Teile der sozialen Wirklichkeit bedeutsame Unterscheidung treffen. Gemäß mancher gesetzlicher Vorschriften müssen die Mitglieder des Erzwingungsstabes automatisch eingreifen. Das betrifft in der Regel den ganzen Bereich des Strafrechts. Sobald man von einem Delikt weiß, muß der Apparat tätig werden. Dagegen finden andere gesetzliche Vorschriften nicht automatisch Anwendung. Ein Anspruchsberechtigter etwa laut Bundessozialhilfegesetz muß ausdrücklich einen Antrag stellen. Selbst wenn der zuständige Beamte des Sozialamtes weiß, daß der obdachlose Herr X einen rechtlichen Anspruch hat, und der Beamte es ihm auch sagt, kann nichts geschehen, ehe nicht der Antrag vorliegt. Der Beamte ist zwar an eine Muß-Vorschrift gebunden, aber diese gebietet ein entsprechendes Handeln nur bei einer vom Anspruchsberechtigten gesetzten Voraussetzung.
5.3.4 Solche Unterscheidungen bzw. Klassifikationen von sozialen Normen haben durchaus einen Erkenntniswert. Die Grenzen zeigen sich jedoch schnell bei der Untersuchung komplexer sozialer Wirklichkeit. Ein Problem betrifft die *Geltung sozialer Normen*. Von Geltung kann man eigentlich nur dann sprechen, »wenn ein Abweichen von solchen erwarteten Regelmäßigkeiten Sanktionen gegen die Abweicher auslöst, etwa demonstrative Mißbilligung, Repressalien, Diskriminierung, Strafen« *(H. Popitz)*. Unter den als Brauch, Sitte, Recht, Kann-, Soll- und Muß-Vorschriften bezeichneten sozialen Normen mag es nun Handlungsanweisungen geben, die als Überlieferungen zwar noch gewußt werden, die aber dennoch eigentlich bedeutungslos geworden sind. Das gilt auch für Rechtsnormen dann, wenn der Erzwingungsstab nicht mehr auf Einhaltung schriftlich fixierter Vorschriften drängt; trotz Kenntnis von an sich noch strafbaren Handlungen wird der Apparat nicht aktiv und werden Zuwiderhandlungen nicht negativ sanktioniert. – Einzelne Menschen können natürlich solche ansonsten bedeutungslos gewordenen sozialen Normen dennoch für sich akzeptieren und bei einem (erklärungsbedürftigen) Zuwiderhandeln ein schlechtes Gewissen verspüren, sich selbst strafen und eventuell kasteien. Handelte es sich nur um einen einzigen Menschen, wäre das in soziologischer Sicht uninteressant. Empfänden und handelten aber mehrere Menschen so, wüßten sie voneinander, beichteten sie ihre Verfehlungen und anerkennten sie gegenseitig verhängte Sanktionen wie etwa Fasten, dann hätte man es selbstredend mit sozialen Normen zu tun; denn sie gelten ja für den betroffenen Personenkreis.
Bei der wichtigen Unterscheidung sozialer Normen nach dem Grad der Ausdrücklichkeit, mit der Handeln geboten wird, orientiert man sich am Eintreten von *negativen Sanktionen*. Dabei geht es zum einen

darum, ob gerichtliche Sanktionen verhängt werden oder nicht. Die sind bei Kann-Erwartung, jedenfalls in dem gewählten Beispiel, nicht zu erwarten. Etwas anders gelagert sind Soll-Vorschriften. In dem genannten Beispiel wird ja das Gericht gegebenenfalls aktiv, obwohl es einen bemerkenswerten Handlungsspielraum gibt. Anders verhält es sich mit dem in der Literatur gelegentlich erwähnten Fall des Herrn Schmidt, der, obwohl Ortsvorsitzender der CDU, bei seinen Bekannten ständig Propaganda für die SPD macht. Er wird eventuell mit einem nicht durch Gerichtsbeschluß verhängten Parteiausschluß zu rechnen haben. Eindeutig sind gerichtlich verhängte Sanktionen bei Muß-Vorschriften. – Zum andern scheint die erwähnte Unterscheidung gelegentlich dazu benutzt zu werden, Sanktionen nach ihrer Schwere aufzuteilen. Manche gerichtlich verfügten negativen Sanktionen fallen aber unter Umständen weniger ins Gewicht als die von Gruppenmitgliedern verhängten Sanktionen wie Grußverweigerung, Mißachten, Boykottieren. Verkehrsübertretungen gelten oft als Kavaliersdelikte, eine einschlägige Bestrafung als quantité négligeable und erfolgreiche Steuerhinterziehungen als bewundernswerte Leistungen. Die Differenzierung nach durch Gericht und nicht durch Gericht ausgesprochenen Sanktionen hat sicherlich ihren Sinn. Für die Untersuchung der sozialen Wirklichkeit wird sie jedoch dann zumindest teilweise fragwürdig, wenn Rechtsnormen bedeutungslos werden und andere gruppenspezifische Sanktionen sich einschneidender auswirken. Man muß eben die Vielfalt sozialer Gruppen, in denen jemand Mitglied ist, mit hinzunehmen, wie das schon aus dem bei Kann-Erwartungen erwähnten Beispiel hervorgeht.

Sodann ist zu berücksichtigen, daß die *Grenzen zwischen vor- bzw. außerrechtlichen Normen und Rechtsnormen* fließend sein können und sie das oft auch sind. Das Gesetz erlaubt beispielsweise manche der in einer bestimmten sozialen Gruppe geltenden Ansichten und Überlegungen in einen Rechtsvertrag hineinzunehmen, so daß etwa rechtsverbindlich festgelegt wird: Sohn X soll Erbe sein, aber nur dann, wenn er nicht Mitglied der FDP wird. Das Rechtsinstitut Treu und Glauben läßt einen erheblichen Spielraum für die Einbringung üblicher Verkehrsauffassungen zu. Und über das, was als sittenwidrig gilt, ist nicht ein für allemal endgültig entschieden; diese Leerformel erlaubt nach Zeit und Ort höchst unterschiedliche inhaltliche Füllungen (8.3). Hinzu kommt, daß Rechtsnormen ihrerseits prinzipiell wandelbar sind, selbst wenn es nur um Interpretationen ihrer Inhalte geht. Geltende Rechtsnormen können eben fragwürdig und bedeutungslos werden und damit ihren verhaltensregelnden Einfluß, eigentlich ihre Geltung, verlieren. – Darüber wurde seit eh und je diskutiert. Erwähnt sei beispielsweise die historische Rechtsschule, deren Vertreter die geschichtlichen und sozialen Bedingungen bestimmter Rechtsnormen und Rechtssysteme aufzeigten. Damit ist auch die Frage der Gültigkeit direkt angesprochen. So wies etwa *L. Stein* darauf hin, daß das Römische Recht einem längst nicht mehr lebenden Volk gemäß gewesen sei und man aufgrund veränderter Verhältnisse das deutsche Recht neu begründen müsse. Und *K. Marx* verwies in ›Debatten über das Holzdiebstahls-Gesetz‹ auf das Gewohnheitsrecht, das dem nur noch offiziell ›geltenden‹ Recht widerspräche. Gegenwärtig läßt sich sehr gut beobachten, wie unter Berufung auf gesellschaftliche Veränderungen überlieferte rechtlich fixierte Handlungsanweisungen abgeschafft, anders interpretiert bzw. ausgelegt werden. Dabei kommen in intern stark differenzierten Gesellschaften erneut die vielfältigen sozialen Gruppen und gruppenspezifischen sozialen Normen ins Spiel. Offenkundig sind nicht alle Gesellschaftsmitglieder an weitreichenden Veränderungen in sämtlichen Bereichen in gleicher Weise interessiert. Der Kampf ums (positive) Recht erweist sich so gesehen als eine Auseinandersetzung zwischen verschiedenen Gruppen wegen unterschiedlicher gruppenspezifischer sozialer Normen[8].

5.4 Institution. Eine weitere Unterscheidung sozialer Normen steht zwar in sachlich engem Zusammenhang mit den bisherigen Klassifizierungen, sie verdient aber doch, besonders erwähnt zu werden. Es geht um die sogenannten institutionalisierten Normen.

Unter Institution wird oft etwas Negatives verstanden. Es geht um das Überlieferte, Festgefügte, Starre, nicht so ohne weiteres Veränderbare, das selbst revolutionärem Ansturm Widerstehende – weshalb auch schließlich nichts anders übrig bleibe, als den langen Marsch durch die Institutionen anzutreten. An dessen Ende werde der Mensch endlich aller institutionellen Fesseln ledig sein, seinen eigentlichen Anlagen entsprechend leben, sich selbst entfalten, über sich selbst bestimmen und verfügen, frei sein können. Die solchen Äußerungen zugrunde liegende kritische Einstellung läßt sich leicht erklären, wenn man Diskrepanzen zwischen überlieferten und nach wie vor wirksamen Handlungsanweisungen sowie veränderter Wirklichkeit bedenkt. In der modernen Gesellschaft gibt es zahlreiche Widersprüche und einige erhebliche Korrekturen sind wohl unvermeidbar. Das Gefühl der Ohnmacht angesichts nur schwer, langsam und gegen erhebliche Widerstände durchführbarer Veränderungen schlägt aber oft leicht um in Aversionen gegen Institutionen überhaupt. Resignation vermischt sich dann mit utopischen Hoffnungen, und möglicherweise praktisch Erreichbares kommt entweder gar nicht mehr in den Blick oder erscheint allenfalls als Flickschusterei, als Kurieren an Symptomen, als kleine Zugabe der Herrschenden, um das System selbst um so mehr zu festigen.

5.4.1 Menschliches Handeln erschöpft sich zwar nicht in eindeutig geregelten und zumeist gruppengebundenen sozialen Beziehungen, es ist aber doch weithin darin eingebunden, was Veränderungen gar nicht ausschließt. Menschen sind in soziologischer Sicht nicht Monaden, das heißt sich selbst genügenden letzten Einheiten vergleichbar. Sicherlich können nur Menschen etwas tun, gestalten und einrichten. »Weil sich aber die Gesellschaft aus Individuen zusammensetzt, so scheint es dem naiven Verstande, daß das soziale Leben keine andere Grundlage als das individuelle Bewußtsein haben könne, weil es sonst in der Luft schweben oder sich im Leeren verlieren würde«. Diese Annahme ist falsch. Es gibt noch eine andere zumindest relativ eigenständige Wirklichkeit. *E. Durkheim* spricht deshalb (mit einem leicht mißverständlichen Ausdruck) vom *Kollektivbewußtsein*, das er dem Einzelbewußtsein gegenüberstellt. Reichweite und Bedeutung des Kollektivbewußtseins zeigen sich schon daran, daß die Menschen nicht die Wahl haben, in das Gesellschaftsleben einzutreten. Man befolgt Bräuche, Sitten oder Rechtsvorschriften, die andere Menschen lange Zeit vorher geschaffen haben. Viele soziale Gruppen verschwinden nicht deshalb, weil ihre Mitglieder nach und nach sterben, sondern diese werden durch andere Menschen ersetzt. Träger von Wertvorstellungen, Zielen, Lebenseinstellungen, Gefühlen usw. können immer nur Menschen sein. Dennoch sind die genannten ›Dinge‹ insofern eine eigenständige Wirklichkeit, als sie lange Zeit hindurch menschliches Handeln lenken und leiten, eben auch das jener Menschen, die an dem Zustandekommen dieser Wirklichkeit gar nicht beteiligt sind. Selbst wenn Menschen solche Verpflichtungen innerlich anerkennen, diese ihnen mithin als sinnvoll und werthaft erscheinen, behalten sie dennoch ihren verpflichtenden Charakter.

Wie real die so verstandene Wirklichkeit ist, zeigen angedrohte oder ausgeführte Sanktionen. Man hat in anderem Zusammenhang vom Widerstandserlebnis als Indiz für die Objektivität sozialer Gruppen gesprochen. Die soziale Wirklichkeit, die sozialen Gruppen, die Glaubensvorstellungen und Bräuche üben Macht aus, begegnen Abweichungen und Verletzungen mit Widerstand. »Ein beständiger leiser Wechsel von Druck, Widerstand und Förderung läßt uns fühlen, daß wir niemals alleine sind« *(W. Dilthey)*. Die Rechtsnormen spielen dabei eine besondere Rolle. Sie haben das (als Wir-Gefühl begreifbare) Kollektivbewußtsein zu schützen und zu sichern. Die Rechtsnormen sind, sofern sie den wahren Zustand der sozialen Beziehungen zum Ausdruck bringen, sichtbare Symbole sozialer Solidarität. Andernorts hat *Durkheim* das Insgesamt jener (relativ) eigenständigen sozialen Wirklichkeit, welche durch soziale Normen verschiedenster Art Druck und Zwang auf die einzelnen Menschen auszuüben vermag, Institutionen genannt. Die Soziologie erscheint ihm damit als Wissenschaft von den Institutionen.

5.4.2 So weit gefaßt, ist der Begriff *Institutionen* eigentlich inhaltsgleich mit dem Begriff *soziale Normen*. Manche Soziologen sprechen jedoch von Institution nur hinsichtlich solcher Normen, durch die

Handeln eindeutig geregelt sind. Das betrifft vor allem die strategisch bedeutsamen Bereiche sozialer Beziehungen, die eine unmißverständlich klare Regelung erfordern. Solche Handlungsfelder sind bzw. können verschieden nach Gesellschaften sein: Produktion und Verteilung von Gütern: Institution Wirtschaft; Ordnung politischer und staatlicher Beziehungen: Institution Herrschaft; Sicherung der Nachkommenschaft: Institution Ehe, Familie, Verwandschaft; Verkehr mit überirdischen Mächten: Institution Religion; Heilung von Krankheiten: Institution Medizin; Verbreitung von Informationen: Institution Journalismus; außerfamiliäre Erziehung: Institution Schule. Existenz und Funktionieren einzelner Gesellschaften hängen im Prinzip davon ab, daß die entsprechenden sozialen Beziehungen eindeutig geregelt sind. Institutionen sind also in bestimmten Knotenpunkten einer Gesellschaft angesiedelt. Institutionen bezeichnen besonders bedeutsame Gruppen bzw. Sektoren sozialer Ordnungen.
Die erwähnten Beispiele sind allerdings nicht ganz eindeutig. So gilt etwa die Familie nicht allen Soziologen als eine Institution, sondern als eine soziale Gruppe. Ihr ist die Institution Ehe zugeordnet, welche verschieden nach Gesellschaften darüber entscheidet, »unter welchen Voraussetzungen sich die Familie in der Zeit aufbaut« *(R. König)*. Das ist möglich in Form von Einehe (Monogamie), Vielehe (Polygamie), Vaterherrschaft (Patriarchat) oder Mutterherrschaft (Matriarchat). So gesehen wäre auch der Staat eine soziale Gruppe, dem bestimmte Institutionen wie z.B. Verfassung zugeordnet sind. Man kann jedoch auch sagen, daß die Familie eine Institution ist, einzelne Familien dagegen soziale Gruppen sind; daß der Staat eine Institution ist, einzelne Staaten dagegen (eventuell) soziale Gruppen sind.
Der Sprachgebrauch ist also nicht einheitlich. Unangesehen der im Anhang erläuterten zusätzlichen Bedeutung genügt es hier, unter institutionalisierten Normen solche sozialen Normen zu verstehen, die sich auf *zentrale gesellschaftliche Bereiche* beziehen, deren klare und eindeutige Regelung für die Existenz und das Funktionieren von Gesellschaften oder einzelner Bereiche nötig ist. Es gibt universale Institutionen. Dazu gehören beispielsweise die institutionellen Bereiche Sicherung der Nachkommenschaft und Heilung von Krankheiten. Andere Institutionen ergeben sich aus den Besonderheiten und Lebensumständen einzelner Gesellschaften. Bei uns haben bestimmte Grußformen und Gastfreundschaft ihre institutionelle Bedeutung verloren. Dagegen sind neuartige Bereiche wie etwa Auseinandersetzungen zwischen Arbeitgebern und Arbeitnehmern (Institution: Gewerkschaft) oder Hilfe für notleidende Menschen (Institution: staatliche oder freie Wohlfahrt) eigens institutionell normiert. Dort, wo Bräuchen oder Sitten vergleichbare institutionelle Verankerungen nicht ausreichen, werden sie zusätzlich oder ausschließlich rechtlich geregelt. Das gilt weithin für die moderne Gesellschaft. In ihr sind insti-

tutionalisierte Normen und Rechtsnormen, Institutionen und Recht, identisch – jedenfalls in vielen Bereichen[9].

5.5 *Kultur.* Ausführungen über soziale Normen blieben unvollständig, würde dieser Komplex ausgespart. Man streitet sich jeher darum, ob es nicht besser wäre, auf das mehrdeutige Wort Kultur zu verzichten. Das ist bislang nicht gelungen. Selbst in der Wissenschaftssprache wird es nach wie vor verwandt, wie die Worte Enkulturation, Akkulturation, cultural lag, Kulturwandel, Kulturanthropologie, Hochkultur und Subkultur zeigen. In der Alltagssprache gelten manche Menschen als kultiviert, andere dagegen als unkultiviert. Jene, die durch Theaterbesuch oder als Mitglieder von Buchclubs am Kulturleben teilzunehmen glauben, werden von anderen als Kulturbanausen bezeichnet. Und die Kulturindustrie produziere, so heißt es, auf industrielle Weise zahlreiche Produkte, die vielen Menschen als Kulturgüter aufgeschwatzt würden. Darauf angesprochen, reagieren viele Menschen dennoch verwundert, und sie finden von der Stange gekaufte Bilder trotzdem schön. Das wiederum erbost manche fortschrittliche Kulturschaffende.

5.5.1 Vor allem in Deutschland war und ist es gelegentlich immer noch üblich, zwischen Gesellschaft und Kultur in besonderer Weise zu unterscheiden. Als Kultur gelten danach die höheren geistigen Werte, also zum Beispiel Recht, Kunst, Religion, Wissenschaft und Sprache. Man sprach von ›Objektivationsformen des Geistes‹ *(H. Freyer)*, von geistig-seelischer, d. h. »von innen vor sich gehender Formung« *(A. Weber)*. Gegenübergestellt wurden jenes das Dasein ordnende Geschehen und der Bereich des bloß Nützlichen und Zweckhaften. Dem entsprach die Trennung zwischen *Kultur* als dem Reich des Geistigen und *Zivilisation* als dem Reich des Technischen und rational Verfügbaren. – Viele Soziologen halten eine solche Gegenüberstellung dann für problematisch, wenn damit eine überzogene Eigengesetzlichkeit des Geistes gemeint sein sollte, die zugleich eine Trennung zwischen höherer Kultur und niedriger Kultur nahelegt. Es interessiert zwar den Soziologen, was in einer Gesellschaft oder innerhalb einzelner sozialer Gruppen als Kultur und als bloß zweckhaftes Tun angesehen wird. Als Soziologe wird er sich aber davor hüten, gesellschafts- bzw. gruppenspezifische Auffassungen von Kultur zu verabsolutieren.

Noch ein anderer Kulturbegriff erscheint in soziologischer Sicht fragwürdig. Vor allem im 18./19. Jahrhundert war es weithin üblich, nach bestimmten Bewegungsgesetzen im geschichtlichen Ablauf der Menschheit zu suchen und das Geschehen im ganzen auf einen ihm immanenten Sinn und auf ein Ziel der Geschichte hin deutend zu verstehen und zu erklären. Dabei waren Vorstellungen von einer unilinearen, d. h. geradlinigen Entwicklung von den Anfängen der Menschheit über die Gegenwart bis in die Zukunft hinein sehr verbreitet. Dafür gibt es ältere Vorläufer. Hingewiesen sei nur auf die

Konstruktion geschichtstheologischer Epochen in Schöpfung, Sündenfall, Erlösung und Endgericht – ganz abgesehen von ähnlichen uralten Vorstellungen in einfachen Gesellschaften und Hochkulturen. Gehäuft traten solche geschichtsphilosophischen Theorien zuletzt im 18./19. Jahrhundert auf. Erwähnenswert sind vor allem die unter dem Einfluß der Aufklärung entwickelte Theorie eines geradlinigen Geschichtsverlaufs, ausgerichtet auf die Erziehung des Menschengeschlechts und endend in der Idee der Humanität – oder *Marx'* These von der Geschichte aller bisherigen Gesellschaften als der Geschichte von Klassenkämpfen, die in der klassenlosen Gesellschaft ihr in der geschichtlichen Entwicklung angelegtes Ende findet. Hier interessiert aber mehr die behauptete geradlinige Entwicklung der Menschheit von *Naturvölkern* hin zu *Kulturvölkern*. Verführt von dem sich aus vielen Quellen speisenden Gedanken eines unaufhaltbaren Fortschritts der Menschheit, an welchem man in einem fortgeschrittenen Stadium teilzuhaben glaubt, galten die Mitglieder einfacher Gesellschaften schlichtweg als Primitive und Wilde, während man sich selbst (endlich) für kultiviert hielt. Die zahlreichen Berichte von Reisenden, Kaufleuten, Kolonisatoren, Missionaren und Forschern über Sitten und Gebräuche in einfachen Gesellschaften erweckten damals – eigentlich auch heute noch – verständliches Befremden. Befangen von den in der Eigengruppe seit langem üblichen Lebensweisen und Einstellungen, lag eine negativ-abschätzige Bewertung durchaus nahe. Die anderen erschienen so sehr als Mitglieder einer Fremdgruppe, daß sich eine positive Bewertung der eigenen Normen mit allem, was damit zusammenhängt, als Kultur geradezu aufdrängte. Eine entsprechende Behandlung der ›Wilden‹ ergab sich dann vielfach unmittelbar von selbst.

In wissenschaftlicher Sicht erscheint eine solche Gegenüberstellung von Natur- und Kulturvölkern schon seit langem als problematisch. Die Ergebnisse systematischer vergleichender Untersuchungen in einfachen und entwickelten Gesellschaften haben diese wertende Trennung fragwürdig werden lassen. Und schon früh hat der erwähnte Fortschrittsglaube viel an Faszination eingebüßt. Nicht zuletzt unter dem Eindruck des ersten Weltkrieges behauptete zum Beispiel O. *Spengler* in seinem Buch mit dem bezeichnenden Titel ›Untergang des Abendlandes‹ an Stelle des geradlinigen einen zyklischen Geschichtsverlauf. Demnach gibt es im Vergleich zum pflanzlichen Geschehen ein dem Rhythmus der Jahreszeiten entsprechendes Aufgehen und Untergehen von Gesellschaften. Ein ähnliches Bewegungsgesetz hat *A. Toynbee*, wenngleich sehr viel differenzierender verfahrend, unterstellt. Vor allem in der unmittelbaren Gegenwart hat sich Skepsis breit gemacht. Man zweifelt daran, ob all das, was wir schaffen, schlechthin positiv zu bewertende und also kulturelle Leistungen sind.

Von den erwähnten Kulturbegriffen sich absetzend, wird in der Soziologie der Begriff *Kultur* weiter gefaßt. Bezeichnend ist der Titel des Buches ›Patterns of culture‹ von *R. Benedict.* Die deutsche Übersetzung in ›Urformen der Kultur‹ ist allerdings unzutreffend. Gemeint sind (einige) Arten von Kultur bzw. Kulturmuster. Einzelne Gesellschaften haben ihre je eigenen Werte, Normen, Bräuche, Sitten, Gewohnheiten und Lebenseinstellungen – wenngleich es nach wie vor strittig ist, ob es nicht doch »universal culture patterns« (*C. Wissler*) gibt. Kultur meint das »soziale Erbe« (*G. Wallace*), durch dessen Weitergabe und Einfluß menschliches Leben geformt und also die sozialen Beziehungen geregelt werden. »Kultur ist jenes komplexe Ganze, das Kenntnisse, Glaubensvorstellungen, Künste, Sitte, Recht, Gewohnheiten und jede andere Art von Fähigkeiten und Dauerbetätigung umfaßt, die der Mensch als Mitglied einer Gesellschaft erwirbt« (*G. B. Tylor*). So weit gefaßt, bezieht sich der Begriff Kultur auf Ideen, Ideale, Leitbilder, geistige und materielle Schöpfungen. Danach gibt es keine kulturlosen Gesellschaften – alle Gesellschaften haben Kultur. Danach erscheint eine Trennung zwischen Kultur und Zivilisation nicht sinnvoll – allenfalls eine solche zwischen immaterieller und materieller Kultur.
5.5.2 Sofern unter Kultur auch Sitten, Bräuche, Recht und dergleichen mehr mit verstanden werden, betrifft das ja eigentlich die schon besprochenen sozialen Normen. So gesehen wären (Teile von) *Kultur* und soziale *Normen* eigentlich identisch. Der Sprachgebrauch ist nicht einheitlich. Einige Soziologen halten es aber für sinnvoll, zwischen (Teilen von) Kultur und sozialen Normen zu unterscheiden.

Um zu verstehen, was gemeint ist, sollte man Gesellschaft bzw. Gesellschaften nach Aspekten oder Teilen oder Ebenen aufteilen. Das sind natürlich künstliche Unterscheidungen, denn in der Wirklichkeit ist alles engstens miteinander verwoben. Einige solcher Aspekte oder Teile oder Ebenen wurden bisher schon besprochen, vor allem: soziale Beziehungen, soziale Gruppen, soziale Normen, Institutionen und beiläufig soziale Sanktionen. Will man mehr erfahren über menschliches Handeln, dann muß noch etwas Weiteres hinzutreten. Das bisher gezeichnete Bild des Menschen bleibt ja blaß. Er erscheint als Spielzeug irgendwelcher Kräfte. Er ist bestimmten Ansprüchen ausgesetzt. Er fügt sich Druck und Gegendruck. Er reagiert bloß. Er erscheint gefühllos, bar jeder Emotionen. Er kann, wie es in anderem – noch zu besprechendem – Zusammenhang ausgedrückt worden ist, weder lachen noch weinen. Dieses Bild wird dem Menschen nicht gerecht. Er ist zwar in soziale Beziehungen eingebunden, Gruppenmitglied und sozialen Normen ausgesetzt. Wie aber die Beziehungen gestaltet werden, wie er mit den Gruppenmitgliedern kommuniziert, wie er die gebotenen Handlungsweisen hinnimmt, wie er und die anderen leben – das wird erst sichtbar, wenn man menschliches Handeln als *sinnhaftes*, als mit *Bedeutungen* durchsetztes Handeln begreift. Menschen können lachen und weinen, hassen und lieben, sich freuen und leiden, zutraulich und kalt, empfindsam und berechnend sein, Gutes tun und rücksichtslos töten, hoffen und verzweifeln, erwartungsvoll beten und resignieren. Einverständnisse, Emotionen, Engagement, Empfindungen, Scham, Begeisterung, Reue, Spontaneität, Identifikation, Verzweiflung – all das zeichnet menschliches Handeln wesentlich aus. So gesehen beinhaltet der immaterielle Teil des Begriffs Kultur den *Sinn- und Bedeutungsaspekt* menschlichen Handelns. Während mit dem Begriff soziale Normen zunächst nur etwas ausgesagt wird über die anthropologische Voraussetzung sozialer Regelung menschlichen Handelns, wobei noch nach Arten von Normen bis hin zu Institutionen unterschieden wird, bezieht sich der immaterielle Teil von Kultur auf die inhaltliche Ausgestaltung normierter sozialer Beziehungen einschließlich der Art und Weise, wie das von den einzelnen Normen gebotene Handeln als sinnhaftes und bedeutungsgeladenes Tun begriffen wird.

Diese Trennung ist deshalb sinnvoll, weil die Art und Weise, mit der menschliches Handeln in gruppengebundenen normierten sozialen Beziehungen als sinnhaftes Tun empfunden und gelebt wird, wesentlich auch davon abhängt, *wie* die sozialen Beziehungen, sozialen Gruppen und sozialen Normen beschaffen sind. Schon die bloße Zahl sozialer Gruppen, denen man angehört, kann sich auf die Qualität sozialer Beziehungen auswirken. Daß man Mitglied zahlreicher Gruppen ist, beeinflußt nämlich die Intensität der zwischenmenschlichen Kontakte. Die zahlenmäßig große und komplexe moderne Gesellschaft erzwingt in vielen Bereichen eine vergleichsweise flüchtige Begegnung der Menschen bei sorgfältig gepflegter Distanz. Das hat – zusammen mit anderen Umständen – weiterreichende Folgen. So spricht man beispielsweise von einem Identitätsproblem in der modernen Gesellschaft. Sicherlich ist der Mensch insofern wesentlich Produkt seiner Umwelt, als er ohne vielfältige zwischenmenschliche Kontakte weder lebensfähig wird noch bleibt. Indem der neugeborene Mensch unter dem nachhaltig wirksamen Einfluß seiner sozialen Umwelt sein Tun allmählich als mit Sinn und Bedeutung verbunden erlebt, wird er sich seines Handelns bewußt, wird er sich selbst hinsichtlich seiner Handlungen zum Objekt, gewinnt er seine Vorstellung von sich selbst, erlangt er ein Selbst- bzw. Identitätsbewußtsein (ausführlicher 7.2). Es fragt sich nur, wie eine Gesellschaft im ganzen und in ihren Teilen beschaffen sein muß, damit eine vergleichsweise erfolgreiche Sozialisation möglich ist. Manche Forscher meinen, daß sich viele Umstände in der modernen Gesellschaft erschwerend auf Selbstvergewisserung und Standortbestimmung der Person auswirken. Als einer der Gründe gilt die weit verbreitete und letztlich erzwungene Distanzhaltung innerhalb vieler Bereiche sozialer Beziehungen. Und das hat eben Folgen für die Gefühls- und Erlebniswelt. Begreift man also unter (einem Teil von) Kultur wesentlich den Sinn und Bedeutungsbereich menschlichen Handelns, dann erscheint die Trennung zwischen sozialen Normen und immaterieller Kultur angesichts der geschilderten Verhältnisse und Zusammenhänge durchaus sinnvoll[10].

6. Soziale Rolle

6.1. Soziale Position. Soziale Normen schreiben Handeln vor, und zwar mehreren Menschen hinsichtlich ihnen gemeinsamer Eigenschaften. So hat man beispielsweise als Berufstätiger, Ehemann, Vater, Medizinmann, Bankier, Häuptling, Lehrer, Sozialpädagoge, Sozialarbeiter bestimmte Dinge zu tun. Ein einzelner Mensch ist allerdings meistens oft mehreres zugleich, so etwa Protestant, CSU-Mitglied und Fürsorger. Er gehört damit drei sozialen Gruppen an, einer Kirche, einer Partei und einem Verband. In jeder dieser Gruppen ist ein bestimmtes Handeln vorgeschrieben – und das betrifft eben nicht nur einen Menschen, sondern im Prinzip alle Protestanten, alle CSU-Mitglieder, alle Fürsorger. Man spricht deshalb von *typisierten Handlungen* und *Typen von Handelnden.* Protestanten, CSU-Mitglieder und Fürsorger sind solche Typen von Handelnden.

Angesichts typisierter Handlungen lassen sich in den sozialen Beziehungen Regelmäßigkeiten erkennen und Handlungen voraussehen. Es ist klar, was man als Jugendleiter zu tun und was man von einem Finanzbeamten zu erwarten hat. Umfassend-detaillierte Kenntnisse über einzelne Menschen sind nicht erforderlich, um zu wissen, wie diese handeln. Ob Herr Y oder Z das Referat Suchtkrankenhilfe leitet, ist gleichgültig; wer auch immer Referatsleiter ist, als Referatsleiter hat er bestimmte Dinge zu tun.

6.1.1 Der Fachausdruck heißt *soziale Position.* In allen Gesellschaften sind Menschen nach irgendwelchen Positionen klassifiziert, zum Beispiel: Zauberer, Jäger, Krieger, Väter, Mütter, Politiker, Lehrer, Wissenschaftler, Schornsteinfeger, Arbeitgeber, Adlige, Bauern, Brahmanen, Unreine, Jugendliche, Wähler, Abgeordnete, Herrscher und Sklaven. Diese Klassifizierung von Menschen nach Positionen erfolgt nicht anhand x-beliebiger Kriterien. Die Positionen heißen bewußt soziale Positionen, weil sie sich innerhalb der jeweiligen Gesellschaft weiterreichend auswirken. Die denkbare Position Waschmittel-Benutzer ist in unserer Gesellschaft vergleichsweise bedeutungslos, nicht dagegen die Position Lehrer. Was soziale Positionen sind, hängt also ab von den besonderen Verhältnissen innerhalb einzelner Gesellschaften. Hinzu kommt gegebenenfalls noch sozialer Wandel.

Soziale Positionen sind *gruppengebunden.* So ist jemand beispielsweise Deutscher, FDP-Mitglied, Katholik, Rotarier, Pfarrangehöriger, Gewerkschaftler, Kaninchenzüchter und Blaukreuzler. Inner-

halb größerer und kleinerer sozialer Gruppen läßt sich weiter differenzieren. So gibt es etwa in der organisierten Gruppe Wohlfahrtsverband verschiedene Positionen, z. B. Management, Abteilungsleiter, Sachbearbeiter, Außendienst, sonstiges ›Fußvolk‹. – Sieht man soziale Positionen zusammen mit sozialen Gruppen, dann sind gewisse Unterschiede zu beachten. Die Positionen Vater und Mutter sind bei uns zweifellos sozial bedeutsam. Jeweils betroffene Menschen bilden Typen von Handelnden, denn von Vätern und Müttern wird beispielsweise erwartet, daß sie sich um ihre Kinder kümmern. Die relevante Gruppe ist also die Familie; man kann eben nicht sagen, daß jeweils alle Väter und Mütter eine soziale Gruppe bilden. In bestimmten Situationen könnten allerdings jeweils einige oder mehrere Väter und Mütter angesichts gleicher Probleme zumindest zeitweise ein Wir-Gefühl entwickeln und also eine soziale Gruppe bilden.
Soziale Positionen können *zugeschriebene Positionen* oder *erworbene Positionen* sein. Wenn biologische Unterschiede sozial bedeutsam sind, versteht sich die Zuschreibung von selbst. Man ist eben, ob gewollt oder ungewollt, Mann oder Frau, Jugendlicher oder Greis. Andere Positionen können kraft Geburt, Herkunft und Erziehung zugeschrieben sein. Man ist dann eben Adliger, Handwerker, Bauer, Kapitalist, König, Auserwählter, Sklave, Christ, Buddhist, Hindu. Andere Positionen werden im Lebenslauf individuell erworben. Unter Beachtung bestimmter Leistungskriterien wie Schulbesuch, Berufsausbildung, Besuch von Fachschulen oder Universitäten erwirbt man beispielsweise die Position eines Arbeiters, höheren Angestellten, Helfers für notleidende Menschen oder Pfarrers. – Wie ausgeprägt soziale Positionen zugeschrieben oder erworben werden, entscheidet wesentlich über den Grad der Offenheit einer Gesellschaft, den Mobilitätsgrad, die Aufstiegschancen. Man sagt gelegentlich, in der modernen Gesellschaft könne jeder Mensch seines eigenen Glückes Schmied sein. Die Ausbildungs- und Bildungschancen sind jedoch ungleich sozial verteilt, und es ist nur begrenzt möglich, in sozial höher bewertete Positionen aufzusteigen. Soziale Herkunft und alles, was sich damit verbindet, entscheiden nach wie vor weithin über die einzunehmenden sozialen Positionen, die dann eben vielfach auf Dauer gestellt sind.
6.1.2 Der bloße Hinweis darauf, daß Menschen soziale Positionen einnehmen und so gesehen Typen von Handelnden bilden, reicht nicht aus. Es empfiehlt sich, innerhalb einzelner sozialer Positionen zu differenzieren. Das ist deshalb sinnvoll, weil beispielsweise die soziale Position Sozialarbeiter mehrere, wenngleich aufeinander bezogene Handlungsbereiche umfaßt. Die Fürsorgerin Y steht in sozialen Beziehungen zu ihren Kollegen, zu ihren Vorgesetzten im Amt, zu ihrer Klientel, zu gutachterlich tätigen Ärzten, zu enga-

gierten Bürgern, zu den sie unterstützenden kirchlichen und sonstigen Organisationen. Diese einzelnen Ausschnitte einer sozialen Position werden *Positionssegmente* genannt. Hebt man darauf ab, dann lassen sich Stimmigkeiten und Unstimmigkeiten innerhalb einer sozialen Position erkennen. Es kann beispielsweise sein, daß das Management eines Wohlfahrtsverbandes noch weiterreichende Interessen hat und auf politische Verhältnisse Rücksicht nehmen muß, während ein einzelner Fürsorger ausschließlich mit den Erwartungen von Obdachlosen täglich direkt befaßt ist. Daraus können sich Spannungen ergeben. Ob und wie der einzelne Positionsträger einen möglichen Konflikt löst, hängt von vielen Umständen ab. Die Skala reicht von der Einsicht in die ›höheren‹ Ziele der Organisation bis hin zur völligen Identifikation mit der Klientel; dazwischen liegt das breite Feld möglicher Handlungen, die dem einzelnen als Kompromisse in Abwägung von Vor- und Nachteilen vielleicht akzeptabel erscheinen.

Die Segmente einer Position ergeben zusammen das *Positionsfeld.* Mehrere Positionsfelder können sich zwar überschneiden, aber sie decken sich nicht völlig, weil ja die verschiedenen (Eigen-)Gruppen, denen ein Mensch angehört, nicht gleich sind. So überschneiden sich beispielsweise die beiden Positionsfelder des Herrn X als Strafvollzugsbeamten und als Mitglied des Vereins ›Kampf dem Verbrechen‹. Es sind leicht Handlungsprobleme innerhalb eines Segmentes vorstellbar, das von zwei oder mehr Positionsfeldern berührt wird. Das wiederum mag sich auch auf andere Positionssegmente auswirken.

6.1.3 Anstelle der sozialen Position wird gelegentlich das Wort *sozialer Status* gebraucht. Man sollte es jedoch besser reservieren für unterschiedlich bewertete soziale Positionen. Manche Positionen werden gleich, andere höher, wieder andere niedriger eingestuft. Als Träger einer bestimmten Position hat man einen höheren oder niedrigeren sozialen Rang bzw. sozialen Status, verbunden mit einem höheren oder niedrigeren Sozialprestige. Das gehört zum Thema soziale Schichtung (9. 4). Jede Untersuchung des Geflechts sozialer Positionen in Gruppen bleibt unvollständig, wenn das Gefälle zwischen sozial unterschiedlich bewerteten Positionen nicht berücksichtigt wird. Rangabstufungen gibt es nämlich auch unterhalb der gesamtgesellschaftlichen, das Schichtgefüge miteinbeziehenden Ebene. Selbst kleinere Gruppen kennen entsprechende Differenzierungen, die mit dem Hinweis auf Führer und Gefolgschaft nicht zutreffend erkennbar sind.

6.2 Soziale Rolle. Auf soziale Positionen richten sich Handlungserwartungen, die ihrerseits Ausdruck geltender sozialer Normen sind. Man spricht von sozialen Rollen und meint jenes Handeln, das von einem Positionsinhaber erwartet wird. »Soziale Rollen bezeichnen

Ansprüche der Gesellschaft an die Träger von Positionen« *(R. Dahrendorf)*. Handeln die Positionsträger den geltenden sozialen Normen entsprechend, ›spielen‹ sie also ihre sozialen Rollen erwartungsgemäß – Rollenübernahme (role-taking) –, dann ergeben sich soziale Regelmäßigkeiten in den gruppenspezifischen sozialen Beziehungen. Soziale Gruppen erscheinen demnach als Flechtwerke sozialer Rollen.

6.2.1 Die Begriffe *soziale Position* und *soziale Rolle* wären so gesehen eigentlich inhaltsgleich – und es gilt auf jeden Fall das, was über Positionssegmente und Positionsfelder gesagt wurde, auch für soziale Rollen, hier Rollensegmente und Rollenfelder genannt.

Man sollte aber differenzieren. Ein und dieselbe soziale Position kann nämlich mit unterschiedlichen Handlungserwartungen verknüpft sein, so daß also die sozialen Rollen verschieden sind. Das belegen Ergebnisse kulturvergleichender Forschung deutlich genug. Die soziale Rolle eines Ehemannes und Vaters in einer patriarchalisch und/oder polygam verfaßten Familie ist eben anders als die in einer monogamen Kleinfamilie. Handlungserwartungen können sich auch ändern: es kommt dann zu einem Rollenwandel. Gegenwärtig spricht man beispielsweise vom *Rollenwandel* der Frau, insbesondere zusammen mit außerhäuslicher Erwerbstätigkeit. Es gibt auch einen Rollenwandel des Sozialarbeiters, in dem etwa verstärkt wissenschaftliche Kenntnisse und deren praktische Verwertung gefordert werden. Schließlich ist noch zu beachten, daß eine soziale Rolle als allgemeines Leitbild zwar vielleicht fortwirkt, daß man sich aber im konkreten Handeln schon weit davon entfernt hat. Der Wandel zentraler sozialer Rollen geschieht eben nicht umfassend von heute auf morgen. Das kann zu erheblichen Widersprüchen und Konflikten in Gesellschaften und Gruppen führen.

6.2.2 Gelegentlich wird unter sozialer Rolle das verstanden, was Inhaber von sozialen Positionen tun. Es empfiehlt sich jedoch, zwischen *sozialer Rolle* (oft auch Rollendefinition genannt) einerseits und *Rollenhandeln* (manchmal als Rollenspiel oder Rollendarstellung bezeichnet) anderseits zu trennen. Die Handlungserwartungen sind eine – die Art und Weise, wie diese auf dem Hintergrund von (›individueller‹) Rolleninterpretation durch Menschen verwirklicht, ausgefüllt, gelebt werden, das ist innerhalb gewisser Grenzen gegebenenfalls eine andere Sache.

So schreiben beispielsweise viele soziale Rollen nicht alles in sämtlichen Einzelheiten exakt vor. Als Jugendleiter etwa hat man einen Ermessens- bzw. Handlungsspielraum. Wohlgemerkt nur einen Spielraum, denn jenseits gewisser – manchmal nicht immer genau fixierter – Grenzen befindet man sich außerhalb des typisierten Handlungsfeldes. So beispielsweise dann, wenn der Jugendleiter gemeinsam mit den ihm Anvertrauten Promiskuität betriebe und

Rauschgift einnähme oder wenn der für Prostitution zuständige Sachbearbeiter eines Ordnungsamtes einen Call-Girl-Ring aufzöge. Davon abgesehen verbleiben jedoch gewichtige Aktionsfelder, die vergleichsweise beliebig so oder so genutzt werden können. – Darüber hinaus ist es trotz Zuordnung zu Typen von Handelnden eventuell doch nicht völlig unerheblich, ob Herr X, Y oder Z das Referat Suchtkrankenhilfe leitet. Selbst in organisierten Gruppen, in denen im Prinzip genau vorgeschrieben ist, welche spezifischen Leistungen auf welche Weise zu erbringen sind, kann man die Klientel leicht mürrisch und distanziert oder etwas freundlicher und zugänglicher behandeln. Das betrifft zwar ebenfalls einen Handlungsspielraum, der ist aber in dem hier konstruierten Fall anders bedingt. Das Rollenhandeln gründet eher im Naturell des Positionsträgers. – Schließlich ist die Verwirklichung der sozialen Rolle oft abhängig davon, wie ein Mensch die Ansprüche der Gesellschaft oder anderer sozialer Gruppen hinnimmt, sieht und erlebt. Ein Altenpfleger kann die Arbeit mit älteren Menschen als eine Zumutung oder als eine sinnvolle Tätigkeit empfinden. Das sind Extrempositionen, und im ersten Fall wäre noch sehr genau zu prüfen, was den Altenpfleger vielleicht daran hindert, seine Rolle abzuwerfen.

Rollenhandeln muß jedenfalls nicht notwendig von freudiger Zustimmung, starkem Engagement und weitreichender Identifikation begleitet sein. Ob und wie ausgeprägt in welchen Bereichen Rollendistanz, Rollenaufgabe bis hin zu abweichendem Handeln möglich sind bzw. erzwungen werden können, das hängt wesentlich ab von der besonderen Beschaffenheit einer Gesamtgesellschaft oder sonstiger sozialer Gruppen.

6.2.3 Soziale Positionen und Rollen sind aufeinander bezogen. Es geht um reziprok typisierte Handlungen, um reziproke Typen von Handelnden. Das ist soweit unmittelbar einsichtig, denkt man an die Rollen Ehefrau und Ehemann, Eltern und Kinder, Vorgesetzte und Untergebene, Geliebter und Geliebte, Geweihte und Laien, Sozialarbeiter und Klienten. Der Fachausdruck heißt *Komplementärrollen.*

Die Art und Weise der Verschränkung von Rollen kann natürlich nach Gesellschaften und sonstigen sozialen Gruppen verschieden sein und sich überdies wandeln. Hier treffen die Überlegungen zu Beginn dieses Kapitels (6.1.1) sinngemäß zu. Erwähnt sei nur noch, daß durch einen Wandel etwa der sozialen Rolle der Frau selbstredend auch die Rolle des Mannes beeinflußt wird. Man spricht oft nur über das Thema Frau und beschwört vergangene bessere Zustände oder hofft auf eine zukünftige glatte Lösung aller Probleme – aber das Thema Mann bleibt nicht selten ausgespart. Schon eingetretene und als solche empfundene und erlebte Diskrepanzen können eben regelrecht verdrängt werden – eben weil es noch keine neue, eindeutige, einsichtige und allseits akzeptable Verschränkung der fraglichen Rollen gibt. Der damit angesprochene Konflikt zwischen zwei Rollen (Inter-Rollenkonflikt), der schließlich unvermeidlich das Selbstverständnis der einzelnen Rollen beeinflußt (Intra-Rollenkonflikt), äußert sich nach Art einer Rollenverschwommenheit, wobei in extremen Situationen der Gebrauch des Wortes Rolle selbst fragwürdig erscheint. In solchen Situationen ist es unklar, was man selbst tun soll, wie der andere reagieren wird; die Verhältnisse sind unübersichtlich, die sozialen Beziehungen nicht eindeutig geregelt, die Situation ist unsicher.

6.2.4 Soziale Rollen gerade auch in ihrer gegenseitigen Verschränkung beinhalten sowohl *Pflichten* als auch *Rechte.* Das erlaubt eine Klassifizierung sozialer Rollen nach dem Ausmaß von Rechten und Pflichten. Um ein Mehr oder Weniger an Rechten und Pflichten ausfindig zu machen, benötigt man ein Kriterium, beispielsweise das Ausmaß von Anweisungs- und Entscheidungsbefugnissen. In einer Behörde nehmen demnach Rechte/Pflichten von oben nach unten ab/zu. Soziale Rollen unterscheiden sich in solchen Gruppen danach, ob die Rolleninhaber Arbeiten mehr anweisen oder ausführen. Ausgeglichener mag das Verhältnis in Primärgruppen sein. – Ein so verstandenes Mehr an Rechten beinhaltet jedoch auch Pflichten. Wer erkennbar regelmäßig oft Anweisungen erteilt und Entscheidungen trifft, deren Sinnlosigkeit sich etwa am Umsatzrückgang ablesen läßt, der hat seine Pflichten gröblich verletzt und wird gegebenenfalls entlassen. Das so verstandene Mehr an Rechten ist also tendenziell von einem größeren Risiko begleitet. In Wirklichkeit sind die Verhältnisse natürlich komplizierter. Den Managern eines Wohlfahrtsverbandes wird man nur schwer nachweisen können, daß die verringerte Inanspruchnahme der angebotenen Dienste des Verbandes von ihnen zu verantworten sei. Menschen, die einmal die Stufenleiter des Erfolges erklommen und eine soziale Rolle mit einem Mehr an Rechten innehatten, fallen auch nicht so leicht tief nach unten. Man wird weggelobt oder sogar – wenn es gar nicht anders zu machen ist — ›befördert‹. Was die unteren Chargen betrifft, so gilt allgemein, daß dem, der schon wenig hat, auch nicht viel hinzugegeben wird. Das Fußvolk ist leichter auswechselbar, schon einfach deswegen, weil es viel davon gibt.

Die Analyse sozialer Rollen nach dem Verhältnis von Rechten und Pflichten erbringt auch einige praktisch brauchbare Einsichten. Viele Probleme ehemaliger Strafgefangener könnten dadurch verursacht sein, daß man ihnen mehr Pflichten als Rechte zuwies und zuweist. Strafvollzug und ›Resozialisierung‹ erschöpfen sich bislang meistens in Anweisungen und Anpassung. Nach der Entlassung hat man zwar ein verfassungsmäßig garantiertes Recht auf freie Entfaltung der Persönlichkeit, ein Recht auf Arbeit, vielleicht sogar ein Zeugnis über gute Führung und darüber, daß man zu berechtigten Hoffnungen Anlaß gibt. Das nützt aber alles nichts, wenn man als Gezeichneter gilt, als einer der Anderen, als Mitglied einer (vermeintlichen) Fremdgruppe. Wenn überhaupt, dann steht allenfalls eine soziale Position/Rolle offen, die sowieso wenig Rechte beinhaltet. Oder man wird daran gehindert, die Rechte zu nutzen. Oder es wird einem verweigert, eine soziale Position/Rolle mit mehr Rechten einzunehmen. Vermutlich hängt die hohe Rückfälligkeit mit solchen Vorgängen und Zuständen zusammen. Die Folgen fehlender Anerkennung durch eine positive Bezugsgruppe – im Extremfall also Positions- und Rollenverweigerung – sind ja bekannt. Man zweifelt an seinem Selbstwert oder schließt sich von vornherein bzw. erneut solchen Gruppen an, die von der Ablehnung herrschender sozialer Gruppen, überlieferter Normen und Handlungserwartungen leben. Eine weitere Überlegung führt dann zu der eventuell berechtigten Annahme, daß Gesellschaften und sonstige soziale Gruppen eigens die soziale Position und Rolle des Kriminellen kennen und brauchen. Etwa als Folge einer sich selbst erfüllenden Prophezeiung stellt sich dann abweichendes Verhalten bei den einschlägig sozial definierten Menschen auch oft ein.

6.3 Soziale Regelung und soziale Rolle. Die These von der Rollenhaftigkeit menschlichen Handelns wurde und wird gelegentlich übertrieben und mißverständlich ausgelegt. Wo bleibt die Würde des Menschen, wenn man ihn nur als Rollenträger begreift?, und wo die Freiheit des Menschen, wenn er ausschließlich als Produkt von Ansprüchen der Gesellschaft verstanden wird? – so wenden nämlich manche Kritiker fragend ein.

6.3.1 Ein erstes Mißverständnis ist dann möglich, wenn menschliches Handeln insgesamt als Rollenhandeln begriffen wird.

Man sollte jedoch zwischen *sozialer Regelung* und *rollengemäßer Regelung* unterscheiden. Die rollenbezogene Regelung bedeutet zwar ebenfalls eine soziale Regelung, sie betrifft aber ausschließlich jene Bereiche sozialer Beziehungen, in denen Menschen soziale Positionen einnehmen, auf die sich eindeutige Handlungserwartungen richten. Damit und nur damit sind soziale Rollen gemeint. Es ist nämlich keineswegs alles Handeln an soziale Positionen gebunden, das heißt positionell verfestigt und rollengemäß strukturiert. Manche Beziehungen etwa im Raum der Öffentlichkeit bleiben flüchtig, distanziert und erlauben eine fallweise Ausgestaltung. Natürlich gibt es Grenzen. So wird im allgemeinen nicht gerne gesehen, daß ein Busbenutzer die Mitfahrer ohrfeigt. Auch in solchen Situationen stößt man also auf irgendwelche sozialen Regeln. Es sind vielleicht übergreifende soziale Normen, zentrale Werte einer Gesellschaft, die unabhängig davon gelten, welche sozialen Positionen man ansonsten einnimmt. Es ließe sich natürlich auch hinsichtlich einer Gesamtgesellschaft von Position/Rolle sprechen, also etwa von der Position/Rolle des Deutschen. In dem weiteren Sinne wurden beide Begriffe vorhin einmal verwandt (6.1.2). Man sollte sie aber doch wohl eingrenzen. Zumindest in einer zahlenmäßig großen Gesamtgesellschaft lassen ja die übergreifenden und im Prinzip alle Mitglieder verpflichtenden Werte erhebliche Ausgestaltungen zu, die im Vergleich zu den eigentlich positionell gebundenen und damit vergleichsweise eindeutigen Handlungserwartungen die Annahme einer qualitativen Differenz nahelegen.

Wie dem aber auch im einzelnen sein mag: irgendwelche soziale Regelung ist eine Bedingung für menschliches Handeln. Es gibt allerdings verschiedene *Grade sozialer Regelung.* Diese korrelieren wesentlich mit dem Komplexitätsgrad einzelner Gesellschaften, worüber nicht zuletzt Zahl und Qualität sozialer Positionen, Rollen, Normen und Gruppen entscheiden. An dem einen Ende der Skala mag man beispielhaft eine (wahrscheinlich konstruierte) Gesellschaft ansiedeln, deren Mitglieder alle auf einen bestimmten Satz sozialer Normen nachhaltig wirksam verpflichtet sind – an dem anderen Ende eine intern hochgradig differenzierte und als solche komplexe Gesellschaft, in der manche Bereiche sozialer Beziehungen nicht ausdrücklich geregelt sind und in der es im übrigen eine Pluralität sozialer Normen gibt. Das eine betrifft in der Regel kleinere, das andere größere Gesellschaften. Dort ist der Handlungsspielraum erheblich kleiner als hier, wo von ausgeprägtem ›Individualismus‹ zu sprechen allererst sinnvoll erscheint. Dort ist Handeln im (irrealen) Extremfall total positionell verfestigt und rollengemäß strukturiert, hier gibt es sowohl Bereiche rollenlosen Handelns als auch weitgehend interpretierbare, gelegentlich sogar abwerfbare Rollen. – Diese Gegenüberstellung ist natürlich übertrieben. Selbst in kleinen, überschaubaren, einfachen Gesellschaften läuft sämtliches Handeln nicht mechanistisch ab. Damit ist hier eine gewisse innere Rollendistanz gemeint, die als solche den Keim von Abweichungen im Prinzip immer schon in sich birgt. Daß es abweichendes Handeln auch in einfachen Gesellschaften gibt, ist gerade in diesem Zusammenhang bedeutsam. Hinzu kommt noch sozialer Wandel. Die Annahme einer Geschichtslosigkeit ist erwiesenermaßen falsch, wenngleich vermutlich die meisten Veränderungen exogen bedingt waren. Das spricht aber nicht gegen, sondern durchaus für eine menschliche Fähigkeit, überlieferte soziale Normen, Handlungserwartungen und Ordnungen sozialer Beziehungen selbstkritisch zu bedenken und gegebenenfalls zu verändern. Einflüsse von außerhalb können schließlich nur dann erfolgreich sein, wenn die grundsätzliche Fähigkeit (nicht unbedingt schon Bereitschaft) zu Veränderungen und Neuerungen vorhanden ist.

Die Tatsache sozialer Regelung läßt jedenfalls aufs Ganze Interpretationen und Variationen zu, wenngleich erhebliche Unterschiede zwischen Gesellschaften unübersehbar sind.
Wer nun trotz allem in *sozialer Regelung* als solcher schon ein *Freiheitsproblem* sieht, der verkennt entweder die soziale Natur des Menschen, oder er sieht in ihr dennoch eine ärgerliche Tatsache, die leider hingenommen werden muß. Wer überdies meint, daß durch Gesellschaft als Inbegriff der Verbundenheit von Menschen dieser zur Marionette, zu einem wesenlosen Ding gemacht würde, das auf Ansprüche in einer Gesellschaft bloß reagierend verfährt, der unterstellt vermutlich ein vorsoziales Ich, durch Gesellschaft sozusagen vergewaltigt und zur Selbstentfremdung verurteilt. Als eine Art von Zwangsanstalt begriff sie schon *E. Durkheim.* Daß nicht der einzelne Mensch, sondern seine Gemeinschaft denkt, meinte schon *L. Gumplowicz.* Daß der Mensch insbesondere im Kapitalismus von sich selbst als einem der Anlage nach schöpferischen Wesen entfremdet sei, darauf verwies vor allem *K. Marx.* Daß die Soziologie den von ihr erfaßten Menschen als Rollenträger mit dem ›autonomen Einzelnen‹ verwechsle, diese Auffassung wurde ebenfalls von *R. Dahrendorf* vertreten. Vier Variationen zum Thema Individuum und Gesellschaft mit teilweise bemerkenswert verschiedenen Ausgangspunkten und Forderungen. Hier soll aber nur dem möglichen Mißverständnis vorgebeugt werden, als gebe es ein vorsoziales Ich, welches durch Gesellschaft als Inbegriff (leider) notwendiger menschlicher Verbundenheit an seiner freien Entfaltung gehindert werde. Die Gegenthese lautet »Die Gesellschaft ist nicht die ärgerliche Tatsache, sondern umgekehrt der Umstand, der die Menschen allererst fähig macht zur Freiheit« *(R. König).* Vergleicht man menschliches Handeln und tierisches Verhalten, dann ist diese These unmittelbar einsichtig, wenngleich auch die biologische Weltoffenheit durch eine zumindest relative Weltgeschlossenheit notwendig ersetzt werden muß. Der Mensch ist freilich nicht nur fähig, unter bestimmten gesellschaftlichen Bedingungen von unterdrückter Freiheit zu sprechen, sondern auch den Traum gesellschaftsfreien Menschseins zu träumen – und dies keinesweg erst seit es die Soziologie als Wissenschaft gibt. Das ist bemerkenswert und entzieht sich vielleicht eindeutiger soziologischer Erklärung.
6.3.2 Erscheint es somit auch unsinnig, Gesellschaft als eine Art von Sündenfall zu deuten, so ist vielleicht doch die Frage berechtigt, ob *soziale Rollen* unvermeidbar sind, ob also nicht vielleicht durch solche gesellschaftlichen Ansprüche die menschliche Würde verletzt werde.
Nachweislich kommt keine Gesellschaft ohne irgendwelche eindeutigen sozialen Positionen und ihnen entsprechende soziale Rollen aus. Für lebenswichtige Funktionen von Gesellschaften oder sonstigen sozialen Gruppen muß der Austausch von Leistungen klar geregelt

werden. Es können natürlich die Auffassungen darüber verschieden sein, was lebenswichtige Funktionen sind – wenngleich es vermutlich universale Grundfunktionen gibt. Es kann auch unterschiedliche Meinungen darüber geben, wie diese Funktionen am besten und sinnvollsten auszuüben sind. Deswegen kann es zu erheblichen Konflikten und tiefgreifenden Veränderungen kommen. Das wiederum ändert jedoch nichts daran, daß irgendwelche soziale Positionen und Rollen nötig sind.

Nicht alle Wissenschaftler interessieren sich für solche funktionale Voraussetzungen. Wer jedoch, an Veränderungen orientiert, diese Tatsache übersieht, der hat schon den wissenschaftlichen Bereich verlassen. Und wer – beispielsweise – in einem Atemzug verkündet »Neue Sitten haben sich aus der Libertinage entwickelt und entstehen fortwährend – nicht Sittenlosigkeit«, sowie »Jahrtausende haben den Konflikt des Individuums mit der Gesellschaft normativ, d. h. von den Institutionen und ihren Wertmaßstäben her, betrachtet. Das beginnt sich stetig zu verändern: vielleicht darf man von einer Fortsetzung der Evolution auf der Ebene des Bewußtseins sprechen«, und wer schließlich noch hinzufügt, daß damit eine »neue *Dialektik* (entsteht)«, denn »das individuelle Streben nach Glück tritt in Konkurrenz zu der gesellschaftlich vorgegebenen Rolle. Das Individuum beginnt zu fragen, ob Institutionen Halt geben: jenen mitmenschlichen ohne den der Mensch nicht leben kann; oder ob ihr Halt der ›Halt‹ von Gitterstäben ist« *(A. Mitscherlich)* – der wirft vermutlich einiges durcheinander. Da entstehen neue Sitten, die schließlich normativ wirken. Da werden Institutionen überhaupt angeprangert, weil sie normativ wirken. Da wird das Individuum der Gesellschaft entgegengesetzt, weil diese bislang der Evolution des Bewußtseins hinderlich ist. Da werden schließlich gesellschaftlich vorgegebene Rollen attackiert, weil sie dem Streben nach individuellem Glück entgegenstehen.

Gemeint ist vermutlich nur die schlichte, wenngleich auch bemerkenswerte und folgenschwere Tatsache, daß überlieferte gesellschaftliche Ansprüche fragwürdig geworden sind. Das ist wichtig genug, um darauf ausdrücklich hinzuweisen und Entwicklungen eventuell zu unterstützen. Es erscheint jedoch nicht gerechtfertigt, deshalb Illusionen zu erwecken, als könnten Menschen auf Institutionen und vorgegebene soziale Rollen verzichten. Das ist kein bloßer Streit um Worte. Zum einen ist nachteilig die Wissenschaft selbst davon betroffen, zum anderen sind es jene Menschen, die sich heutzutage eine Lösung ihrer Probleme von Wissenschaftlern erhoffen. Verantwortliche Wissenschaft sollte eigentlich auch heißen, daß man als Wissenschaftler das Kind – fragwürdig gewordene Handlungserwartungen – nicht mit dem Bad – Unvermeidbarkeit sozialer, auch institutioneller Regelung – ausschüttet. Es kommt heutzutage öfter vor, daß in der Öffentlichkeit begrenzt gültige wissenschaftliche Einsichten bzw. unter einer ganz bestimmten Perspektive gewonnene Erkenntnisse als die ganze Wahrheit ausgegeben werden. Offensichtlich sind auch manche Wissenschaftler unfähig, die (falls überhaupt) erkannte Komplexität ›durchzuhalten‹. Man reduziert sich dann sozusagen selbst auf einige Denkschablonen und freut sich, den Menschen und die Welt im Griff zu haben. Das aber ist falsche Anthropologie. Fatal daran ist vor allem, daß sie als wissenschaftliche ausgegeben und als solche sogar noch geglaubt wird.

Mit alledem soll natürlich nicht geleugnet werden, daß manche Menschen durchaus fähig sind, Rollen aktiv zu interpretieren, das Bedürfnis nach Sinngebung gegenüber sinnlos gewordenen und als sinnlos empfundenen überlieferten Deutungsweisen zur Geltung zu bringen, ein Spontaneitätspotential einzusetzen, Handlungsspielräume zu entdecken und zu nutzen und somit überlieferte Strukturen zu verändern. Das zu erkennen und auf solche Möglichkeiten hinzuweisen, ist ebenfalls wichtig genug. Und sofern die Soziologie für Praktiker überhaupt bedeutsam sein kann, dann nicht zuletzt deswegen, weil sie Einsichten in solche Widersprüche vermittelt, die jeweiligen gesellschaftlichen Bedingungen nachweist, den Bedeutungsverlust überlieferter Ordnungen sozialer Beziehungen und vorgegebener Rollen im einzelnen aufzeigt und vielleicht sogar Strategien zur Lösung von Konflikten entwickelt. Man sollte sich aber davor hüten, ›Individuum‹ und ›Gesellschaft‹ zu einfach einander gegenüberzustellen. Damit baut man sich gegebenenfalls nur einen Popanz auf. Die Vermittlung findet dann nämlich schon gar nicht statt. Sie bleibt eine Illusion, einem Potemkin'schen Dorf durchaus vergleichbar. Gelegentlich wird dieses ›Dorf‹ nicht als Attrappe, sondern als repräsentativ und mit Leben erfüllt angesehen. Das ist bemerkenswert und entzieht sich keineswegs soziologischer Erklärung.

6.3.3 Menschliches Handeln ist also nicht insgesamt, wohl aber wesentlich doch auch Rollenhandeln. Wer nun darin ein *Freiheitsproblem* sieht und dem Menschen als Rollenträger im Sinne einer Marionette den autonomen einzelnen (vorbildhaft) gegenüberstellt, der verkennt vielleicht die hier so verstandene Unvermeidbarkeit rollengebundenen Handelns.

Würde er sie nicht leugnen, dann könnte er immer nach Art des ›Ich-will-aber-nicht‹ von einem rollenlosen Individuum zumindest als Denkmodell ausgehen. Falls ihm das jedoch selbst fragwürdig ist, und er im übrigen den Rollenbegriff nicht einschränkt auf Zumutungen bzw. als Zumutungen empfundene gesellschaftliche Ansprüche, dann bliebe ihm eigentlich nichts anderes übrig, als auf fehlende innerlich überzeugte Anerkennung vorgegebener Rollen als Indiz für Autonomieverlust hinzuweisen. Damit wäre man allerdings wiederum beim Einverständnis mit alten oder neuen gesellschaftlichen Ansprüchen angelangt, von dem jedoch gilt, daß unser Einverständnis jenen Normen nicht ihren verpflichtenden Charakter nimmt. Das ›Ich soll‹ und ›Ich muß‹ ist zu einem ›Ich will‹ geworden. Die Ansprüche werden individuell bejaht – sei es zusammen mit anderen in Form des ›Wir geloben‹ und ›Wir folgen‹, sei es vereinzelt in Form persönlicher Aneignung. Die mögliche ›Illusion‹ kommt darin zum Ausdruck, daß man etwas als sinnhaft, wertvoll und bedeutungsgeladen erkennt und empfindet, was in Wahrheit als Gebot sozial definiert ist. Autonomie erweist sich so gesehen als sozial vermittelt und als gesellschaftlich bedingt überhaupt nur möglich.

Da ist sicherlich nicht die ganze Wahrheit im Verhältnis von Mensch und Gesellschaft, worüber noch zu sprechen sein wird. Es erscheint aber nicht angebracht, rollenbezogenes Handeln vorschnell und prinzipiell als Indiz einer Vergewaltigung des Menschen zu deuten. Die gibt es sicherlich auch – zumindest sind Menschen offensichtlich fähig, in bestimmten Zeiten gesellschaftliche Ansprüche gehäuft als Zumutungen negativ zu erleben. Solche Distanzhaltung gegenüber vorgegebenen Rollen bis hin zu dem Gefühl der Ohnmacht und Entfremdung zureichend zu erklären, dürfte nicht leicht sein. Hier stößt die Soziologie ebenfalls auf gewisse Grenzen ihrer Erkenntnismöglichkeiten.

6.4 Rollendistanz und Identitätsbewußtsein. Wer soziale Regelung im allgemeinen und rollengemäße Regelung im besonderen für unvermeidbar hält, der kann dennoch unzufrieden sein mit einigen ›inhaltlichen‹ Annahmen der Rollentheorie.

6.4.1 Manche einschlägigen Aussagen über menschliches Handeln wurden deswegen kritisiert, weil entweder eine Übereinstimmung zwischen der sozialen Rolle/Rollendefinition und dem Rollenhandeln/Rollenspiel ausdrücklich unterstellt würde oder doch zumindest herausgelesen werden könnte. Tatsächlich legt der empirisch belegbare Hinweis auf typisierte Handlungen eine entsprechende Annahme leicht nahe. Das gilt insbesondere im außerwissenschaftlichen Bereich dort, wo jene Bedingungen übersehen werden, welche die Reichweite und Gültigkeit wissenschaftlicher Aussagen begrenzen. Der Mensch erscheint dann als ein – auf die nach Raum und Zeit verschiedenen – gesellschaftlichen Ansprüche bloß reagierendes Lebewesen. Unleugbar gibt es so etwas wie (sicherlich nicht totale, aber dennoch augenfällige) *Rollenkonformität,* d. h. ein den Handlungserwartungen weithin entsprechendes Handeln. Von so handelnden Menschen sagt man beispielsweise, daß sie ihren Verpflichtungen nachkommen, vorbildliche Väter, Mütter, Buchhalter oder Pädagogen sind. Ausgewählte Rollenträger werden gelegentlich ausgezeichnet und als Rollenvorbilder der staunenden Menge zur Bewunderung und Nachahmung nachdrücklich empfohlen. Warum dieser und nicht jener für wert befunden wurde, einen Rollenorden zu bekommen, bleibt freilich oft rätselhaft. Menschliches Handeln erschöpft sich jedoch keineswegs im rollenkonformen Handeln. Dem trägt ja schon die Unterscheidung zwischen sozialer Rolle und Rollenhandeln Rechnung.

6.4.2 Beim Rollenhandeln sind allerdings verschiedene Dimensionen auseinanderzuhalten. Manche sozialen Rollen beinhalten *Handlungsspielräume.* Dabei läßt sich unterscheiden *(P. Dreitzel):* a) Die soziale Rolle ist durch Vollzugsnormen bestimmt, wobei die erlaubte Eigenleistung minimal ist. Das betrifft Sozialisierungs-, Ausführungs- und Spielrollen. b) Die soziale Rolle ist durch Qualitätsnormen bestimmt, wobei die erlaubte Eigenleistung schon erheblich größer ist. Das betrifft Helfer-, Arbeits- und Bewährungsrollen. c) Die soziale Rolle ist durch Gestaltungsnormen bestimmt, wobei die erlaubte Eigenleistung das exakt vorgeschriebene Handeln überwiegt. Das betrifft Beziehungs-, Leistungs- und Kontaktrollen. – Wegen der früher besprochenen Reziprozität sozialer Rollen als Komplementärrollen (6.2.3) sowie der unterschiedlichen Maße von Rechten und Pflichten in manchen sozialen Rollen (6.2.4) können also soziale Rollen mit unterschiedlichen Anteilen von erlaubten Eigenleistungen verschränkt sein. Das gilt etwa für Mutter und Kind, Strafvollzugsbeamten und Häftling, Bewährungshelfer und auf Bewährung entlassene Menschen, Chirurg und Krankenschwester, Sozialarbeiter und (manche) Klienten.

Daß manche soziale Rollen einen erheblichen Handlungsspielraum aufweisen, ist schon wichtig genug. Der ganze Komplex positionell verfestigten und rollengemäß strukturierten Handelns ist eben nicht einfach mit dem Hinweis auf stures Befolgen detailliert vorgeschriebenen Tuns begreifbar. Man könnte allerdings den Trick ›der‹ Gesellschaft gerade darin sehen, daß Menschen in gewissen Situationen sich einbilden, vergleichsweise eigenständig und eigeninitiativ zu handeln. An dem ›Einwand‹ ist soviel richtig, daß die erwähnten Handlungsspielräume ihrerseits Bestandteile sozialer Rollen sind. Dieses Rollenhandeln verbleibt also im sozial definierten Handlungsfeld. Eigenleistungen bzw. Ich-Leistungen sind sozial vermittelte und sozial erlaubte Aktivitäten.

6.4.3 Interessanter sind vielleicht die als *Rollendistanz* (*E. Goffmann, L. A. Coser*) bezeichneten Einstellungen und Handlungen: a) Eine Rollenflucht in die Welt der Phantasie und des Traumes. Es sind hier eigentlich nicht Künstler gemeint, von denen das vielleicht erwartet wird, es geht vielmehr um die nicht-professionalisierten Träumer, die sozusagen Gegenwelten ersinnen. Das muß nicht unbedingt krankhaft sein, denn es kann bei ad hoc-Vorstellungen bleiben. Wird eine Gegenwelt jedoch systematisch ausgebaut und wechselt man regelmäßig nach getaner Arbeit in diese Welt über, dann wird es unter Umständen bedenklich. Das Extrem repräsentieren Menschen mit neurotischer Realitätsflucht bis hin zum Autismus oder sogar zu manifesten

Psychosen. – b) Eine beschränkte Rollenidentifikation etwa in der Form, daß man die Handlungserwartungen zwar regelmäßig befolgt, sich jedoch innerlich davon distanziert. Das gilt etwa für einen Pädagogen, der seine Pflichten insoweit erfüllt, als er die vorgeschriebenen Stunden abhält und trotz Einsicht in die begrenzte Lernfähigkeit vieler seiner Schüler den Lernstoff unverdrossen behandelt. Ansonsten denkt er sich seinen Teil über den Unsinn von punktuellen Bildungsreformen und entläßt die Absolventen der ›Reife‹-Prüfung mit den besten Wünschen in die Universitäten. – c) Man befolgt ebenfalls regelmäßig bestimmte Handlungserwartungen, kann es aber nicht unterlassen, sein eigenes Tun verbal zu ironisieren. Das betrifft etwa jenen Universitätsassistenten, der sich bei Kollegen oder sonstigen Bekannten über einen Professor lustig macht, dem er regelmäßig den Koffer packen muß, wenn dieser zu Vorträgen reist, bei denen er gemeinsam erarbeitete Forschungsergebnisse als bedeutsame eigene wissenschaftliche Entdeckungen verkündet und beiläufig darauf hinweist, daß sein Assistent ihm bei der Erstellung des Registers sehr behilflich gewesen sei. – d) Man tut, was man muß, kann es aber nicht unterlassen, den Inhabern von Komplementärrollen anzudeuten, daß alles nicht so ernst gemeint sei. Das gibt es beispielsweise bei ›Kampfgesprächen‹ zwischen Arbeitgebern und Gewerkschaftlern. Das Ergebnis steht oftmals schon vorher fest, man wirft sich gegenseitig Grobheiten an den Kopf, von denen jeder Beteiligte weiß, daß es sich bloß um taktische Manöver handelt. – e) In bestimmten Situationen wechselt man die sozialen Rollen. Das betrifft etwa jenen Sachbearbeiter für Alkoholiker, der selbst heimlich säuft und der sich häufig mit seinem Klienten auf ein Glas Bier zusammensetzt. – f) Man übertreibt das erwartete Handeln, überbetont seine Rolle. Das betrifft beispielsweise jenen erfahrungswissenschaftlich infizierten Geistlichen, der bei jeder Gelegenheit in allseitig einsehbarer übertriebener Weise das kirchliche Dogma von der Unfehlbarkeit des Papstes zu rechtfertigen versucht, wobei er Beispiele wählt, die seine Zuhörer eigentlich nur als Lächerlich-machen empfinden können, was der Geistliche trotz eigenen Augenzwinkerns natürlich nicht offen zugibt.

Rollendistanz bleibt ihrerseits dann im Umkreis des sozial Möglichen und Erlaubten, wenn die betreffenden Menschen keine Rollenaufgabe erwägen und sie wegen ihrer in einer Distanzhaltung wurzelnden Einstellungen, Äußerungen und Handlungen nicht negativ sanktioniert werden. Man spricht deshalb auch von positionsbejahender Rollendistanz. Es empfiehlt sich jedoch, die Verhältnisse nicht bloß statisch zu sehen, sondern mögliche weiterreichende Auswirkungen zu beachten. Durch solche Rollendistanz könnten nämlich die Rollen mit der Zeit gänzlich fragwürdig und eine Neuinterpretation der Rolleninhalte in Verbindung mit einem Normenwandel notwendig werden.

6.4.4 Selbst wenn solche Rollendistanz hinsichtlich Norm- und Rollenwandel folgenlos bleibt, ist sie immer noch bemerkenswert. *E. Goffman* hat Rollendistanz beispielsweise in Gefängnissen und Arbeitshäusern studiert, geschlossenen Anstalten herkömmlicher Art, die mehr der sozialen Ausschließung als der Reintegration ihrer Insassen dienen. Untersucht wurden unter anderem Menschen, die längere Einzelhaft nur durch eigenständig entwickelte geistige Übungen ertragen konnten. Wenn es gelingt, durch entsprechende Behandlung auch solche Reste von ›Privatheit‹ auszuschalten, ist auf längere Sicht physischer Tod zu erwarten. Die wenigen Hinweise dienen hier nur als Anlaß für eine weitere Überlegung. Man würde ja doch die Begriffe Handlungserwartung und soziale Rolle übermäßig strapazieren, wollte man als eine ernst zu nehmende allgemein gültige These formulieren, daß alle nur ausdenkbaren sozial definierten Erwartungen insgesamt als vollständig verinnerlicht in die Motivationsstruktur eingehen könnten. Das führt zu der Frage nach dem Stellenwert *aktiver Rolleninterpretation* bzw. der Funktion von *Ich-Leistungen.*

Es reicht eben nicht aus, nur darauf hinzuweisen, daß es Gruppen- und Normenkonflikte gibt, daß Menschen bestimmte Handlungserwartungen als Zumutungen empfinden können, daß Menschen auf Rollendistanz zu gehen vermögen. Damit ist eigentlich noch gar nichts erklärt. Menschen werden nicht lebensfähig ohne den Aufbau eines Selbstwertgefühls und Identitätsbewußtseins, und auch Erwachsene sind darauf angewiesen, sich als Ich und sinnhaft handelnde Lebewesen begreifen zu können (7.2). Das hat unmittelbare Auswirkungen auf menschliches Handeln – etwa in Form von Rollenhandeln innerhalb sozial erlaubter Handlungsspielräume oder auch positiv bewerteter Rollendistanz bis hin zur freiwilligen oder unfreiwilligen Rollenaufgabe beispielsweise nach Art abweichenden Handelns und psychopathologischen Tuns. Ob man von Selbst, Ich, Identitätsbewußtsein, Ich-Identität, Ich-Stärke oder anderem mehr spricht – die beteiligten Humanwissenschaftler umkreisen alle das gleiche Phänomen. Wenn soziale Rollen als ganz oder teilweise uneinsichtig, bedeutungslos, sinnlos, widersprüchlich erkannt und erlebt werden, eröffnet sich eine Quelle für aktive Rolleninterpretation und Rollendistanz. Möglich sind natürlich auch krankhafte Verletzungen der Ich-Struktur oder sogar ein mißlungener Aufbau des Selbst (7.4).

Das Ausmaß des *Identitätsproblems* scheint wesentlich abzuhängen von dem Zustand einer Gesamtgesellschaft. Man vermutet, daß einfache, das heißt vergleichweise wenig differenzierte Gesellschaften ein eigentliches Identitätsproblem nicht kennen. In modernen, komplexen Gesellschaften gibt es zahlreiche als widersprüchlich empfundene soziale Normen, auf die nicht sämtliche Menschen nachhaltig wirksam verpflichtet werden können. »Die Folge ist oft eine das Handeln verunsichernde Ich-Schwäche und die zunehmende Distanz des einzelnen von seinen sozialen Rollen« (*A. Hahn*). In extremen Fällen erscheint eine Rollenidentifikation überhaupt unmöglich, wie das etwa hinsichtlich Geschlechts-, Ehe- und Familienrollen beobachtbar ist (7.4.2).

Ob und inwieweit ein so verstandenes Identitätsproblem massenhaft durchgehalten werden kann, ist teilweise eine offene Frage. Es gibt inzwischen schon viele klinisch diagnostizierte Fälle von Identitätsverarmung, Identitätsbruch und Identitätsverschiebung bis hin zu schweren psychischen Erkrankungen in Form von Neurosen und Psychosen. Gelegentlich scheint es, als ob die Komplexität der modernen Gesellschaften zu umfassend sei, um von allen Menschen erlebnis- und gefühlsmäßig bewältigt werden zu können. Prozesse einer Entdifferenzierung bzw. überstarken Reduktion von Komplexität sind jedenfalls unübersehbar. Aktualisierungen eines angeblich vorhandenen totalitären Potentials links und rechts und in der Mitte und oben und unten wären gegebenenfalls nicht das einzige Indiz. Hinzunehmen müßte man eventuell auch die als totale Gesellschaftsflucht bezeichneten Handlungen etwa bei manchen Jugendlichen. Und ob man jene zahlreichen als quasi-religiöse Bewegungen charakterisierten Vorgänge gleichfalls einbeziehen kann, hängt nicht zuletzt ab von der Definition von Religion und der Einsicht in ihre Bedeutung für menschliches Handeln.

Wer will, der kann hinsichtlich Selbstwertgefühl, Identitätsbewußtsein oder Ich-Identität ruhig von einem menschlichen Bedürfnis sprechen. Es hängt unmittelbar zusammen mit der biologischen Weltoffenheit des Menschen und ihrer notwendigen Umwandlung in eine zumindest relative Weltgeschlossenheit. Aufbau und Entfaltung der Struktur des Ichs geschehen unvermeidbar im mitmenschlichen Kontakt. Dabei ist eben zu beachten, daß »absolut gelungene Sozialisierung [schon] anthropologisch nicht möglich ist« *(P. L. Berger, Th. Luckmann)*. Hinzu treten die besonderen Bedingungen in einzelnen Gesellschaften. So erweist sich unter zwei – wenngleich die beiden Seiten ein und derselben Medaille betreffenden – Aspekten menschliches Handeln aufs Ganze gesehen weder in Gesellschaft noch in Konkretionen von Gesellschaft aufgehbar, ohne sich davon jedoch ganz frei machen zu können.

6.4.5 Nimmt man das alles mit in die Rollentheorie hinein, dann verliert die – so freilich stark erweiterte – These von der *Rollenhaftigkeit menschlichen Handelns* manches von ihrem negativen Beigeschmack. Es ist jedenfalls nicht gerechtfertigt, der Soziologie insgesamt vorzuwerfen, daß sie durch ihre Rollentheorie den Menschen auf einen kümmerlichen Rest reduziere und ihn nach Art einer Marionette auf dem zunehmend stärker beschickten Jahrmarkt wissenschaftlicher Sensationen als den ganzen Menschen vorführe. Das Gegenteil ist eigentlich der Fall. Die Soziologie kann – zusammen mit anderen Humanwissenschaften – beispielsweise zeigen, wie ausgeprägt Menschen dazu fähig sind, selbst Lebensumstände zu schaffen und zu überliefern, als deren Folge fehlerhaft sozialisierte Lebewesen produziert und also menschliche Möglichkeiten auf einen Rest reduziert werden. Das zu erkennen, setzt freilich voraus, daß man Identitätsverarmung und seelische Verletzungen als solche wahrnimmt und ihre wissenschaftlich ausreichend nachgewiesenen Ursachen und Ausdrucksformen wie etwa erzwungenen Triebverzicht, überstarke Unterwerfung, Frustration und Aggression negativ empfindet. Sofern das geschieht, gewinnen auch jene Denkansätze innerhalb und außerhalb der soziologischen Rollentheorie ihren Sinn, die – etwa unter Berücksichtigung von Machtstrukturen und Herrschaftsverhältnissen – auf Repression, Verhinderung von Autonomie oder Begrenzung der Individuation aufmerksam machen. Dabei erscheinen solche Bemühungen verständlich, die auf verbesserte Sozialisierungsbedingungen abzielen. Das wiederum erfordert vermutlich erhebliche Eingriffe in überlieferte Ordnungen sozialer Beziehungen, wobei Widerstände unübersehbar und wohl auch unvermeidbar sind[11].

7. Sozialisierung

7.1 Abgrenzungen. Versteht man unter Sozialisierung allgemein das Hineinwachsen bzw. die Hereinnahme des Neugeborenen in die Gesellschaft, so ist das ja unerläßlich angesichts seiner biologischen Weltoffenheit. Sozialisiert wird auf soziale Beziehungen hin und in soziale Beziehungen hinein, was der sozialen Natur des Menschen entspricht. Sozialisiert wird nicht in eine imaginäre ›Gesellschaft‹, sondern in eine bestimmte Gesellschaft oder sonstige soziale Gruppe. Sozialisiert wird hinsichtlich gruppenspezifischer sozialer Normen, die eine Bedingung menschlichen Handelns sind. Sozialisiert wird auf die jeweils geltende Kultur hin, welche Handeln Sinn und Bedeutung verleiht. Sozialisiert wird schließlich hinsichtlich sozialer Rollen, die für typische Situationen Handeln vorschreiben. In der Sozialisierung kann freilich auch der Grund gelegt werden für abweichendes Handeln.

7.1.1 Vertreter Sozialer Berufe sind oft *Träger von Sozialisierungsrollen.* Bei Waisen etwa sind sie stellvertretend für Eltern tätig, ›spielen‹ also die Elternrollen. In Heimen für schwererziehbare Kinder und Jugendliche bemühen sie sich darum, Sozialisierungsschäden zu beseitigen. Sozialpädagogen sind auf sich allein gestellt oder Eltern und Schulen unterstützend mit Sozialisierung befaßt. Im Strafvollzug tätige Personen werden verstärkt beauftragt, Resozialisierung systematisch und auf breiter Front zu betreiben. Sozialarbeiter sollen auf abweichend handelnde Menschen helfend und korrigierend einwirken.

Sozialisierung setzt Handlungsziele, Normen und Werte also, voraus. Probleme können dann auftauchen, wenn Soziale Berufe mit ihren Vorstellungen oder den ihnen von ihren Organisationen vorgegebenen Zielen in Konflikt geraten mit Erwartungen und Lebenseinstellungen der Klienten. Davon bleibt ihr Rollenhandeln unter Umständen nicht unbeeinflußt. Die Situation wird gegebenenfalls noch erschwert, wenn man ausreichende Kenntnisse über die Komplexität der modernen Gesellschaft und die in ihr als Widersprüche empfundenen Zustände und Vorgänge hat, Kenntnisse nämlich, die das Geschäft der Sozialisierung und Resozialisierung oft schon bewußtseinsmäßig erschweren. Erkennt man sich außerdem selbst mit seinen möglichen Problemen und Schwächen als Produkt des eigenen Sozialisierungsprozesses, kann sich das auswirken auf die Art und Weise der Behandlung der Klientel. Und hat man die nötigen wissenschaftlichen Einsichten gewonnen, bedeutet das schließlich noch keinen Freischein für erfolgreiche Eingriffe in die persönliche Biographie der einem anvertrauten Menschen. Soziale Berufe spielen gewollt oder ungewollt Schicksal, indem sie die Lebensumstände von Menschen oft nachhaltig beeinflussen.

7.1.2 Das Wort Sozialisierung ist ebenfalls im (wirtschafts-) politischen Bereich gebräuchlich und bedeutet dort die Überführung vor allem von *Privateigentum* an Grund und Boden in *Gemeineigentum.* Auch in dem hier ausschließlich interessierenden Sozialisierungsprozeß erfolgt eine Einübung von Handlungsweisen und Lebenseinstellungen, die Mitgliedern einzelner Gesellschaften oder sonstiger sozialer Gruppen gemeinsam gehören. Es ist gar nicht übertrieben zu sagen, daß durch die Sozialisierung Menschen auch zum gemeinsamen Besitz anderer Menschen werden. Diese verfügen über das Neugeborene, formen und gestalten es nach ihren Vorstellungen und Wünschen. Und viele erwachsene Menschen bleiben selbst dann noch in deren ›Besitz‹, wenn jene längst gestorben sind. Im Prinzip oder doch zumindest oft verhalten sie sich so, wie es ihnen beigebracht wurde. So auf Dauer ausgerüstet, geben sie den überlieferten gemeinsamen Besitz an ihre eigenen Kinder weiter, die nun ihrerseits zum Gemeineigentum einer Gruppe gehören, in die sie zufällig hineingeboren wurden. Diese ununterbrochene Weitergabe eines gemeinsamen Besitzes von – veränderbaren – Wertvorstellungen und Lebenseinstellungen kann man als Generationenfolge, Kultur, Kontinuität oder einfach als Vergewaltigung bezeichnen. Ändern läßt sich das nicht. Selbst jene Eltern, die ihre Kinder antiautoritär erziehen, haben sich zwar irgendwie frei gemacht von Überliefertem. Indem sie ihre Kinder nunmehr antiautoritär erziehen, formen und gestalten sie diese aber ebenfalls, verfügen darüber gleichfalls gemeinsam und ungefragt.

Damit sollen Neuerungen hier nicht abgewehrt und alles Überlieferte unter Hinweis auf die Unvermeidbarkeit intensiver Einflußnahme auf das Kleinkind nicht verteidigt werden. Eltern und sonstige Sozialisierungsträger haben gerade in der modernen Gesellschaft einen vergleichsweise großen Handlungsspielraum. Es sollte jedoch beachtet werden, daß dieser Spielraum geradezu erzwungen wird und daß jene, die in ihm – oft ja doch mehr oder weniger hilflos – tätig sind, vielfach notgedrungen jene Menschen heranziehen, die dann als Ausgeburt fehlerhafter Sozialisierung gelten. Manche Kritik schießt eben daneben, wenn einerseits – völlig zu Recht – möglichst große Freiheit und umfassende Entfaltung der Persönlichkeit gefordert wird und wenn anderseits – dann aber eventuell zu Unrecht – jene Umstände angeprangert werden, deretwegen es leider nicht möglich sei, Menschen auf einigermaßen verbindliche Zielvorstellungen hin zu sozialisieren. Es ist eben nicht ganz leicht, den Teufel mit dem Beelzebub auszutreiben. Gelegentlich scheint sich hinter der begrüßenswerten Ablehnung einer übertriebenen Inbesitznahme von Menschen durch

andere Menschen bloß eine inhaltlich gesehen andere Vorstellung von (dem hier in übertragenem Sinne gemeinten) Gemeineigentum zu verbergen.
Bleibt noch hinzuzufügen, daß die Gleichsetzung von Sozialisierung und Überführung in Gemeineigentum im (wirtschafts-) politischen Sinne natürlich sehr fragwürdig ist. Es stimmt zwar vermutlich, daß insbesondere in den ersten Lebensjahren ein Rahmen abgesteckt wird, innerhalb dessen das spätere Leben abläuft. Sozialisierung ist aber weder total, noch verbietet ein solcher Rahmen beachtenswerte Ausgestaltungen sinnhaften Handelns – was Abweichungen bis hin zu eindeutig krankhaftem Tun keineswegs ausschließt.
7.2 Sozialkulturelle Geburt. Das neugeborene Lebewesen ist auf sich allein gestellt nicht lebensfähig. Der unmittelbar nach der physischen Geburt beginnende Prozeß der Menschwerdung wird deshalb *zweite Geburt* genannt. Neugeborene bringen Anlagen zum Leben mit, die erst genutzt werden müssen. Dazu ist die Hilfe anderer Menschen erforderlich. Nur sie können ihm dazu verhelfen, was in ihm als Möglichkeit grundgelegt ist. Durch die zweite Geburt, für die andere Menschen Geburtshilfe leisten, wird das neugeborene Lebewesen erst zum Menschen.
Nicht als ob in der zweiten Geburt umfassend vorhandene Anlagen nur entfaltet zu werden brauchten. Biologische, auch erbbiologische Tatsachen, anthropologische Konstanten wie Weltoffenheit und Plastizität der Instinkte sind natürlich gegeben. Zusammenfassend läßt sich das und anderes als menschliche Natur begreifen. Sie beinhaltet jedoch keine inhaltlich fixierten Handlungsziele. Grob gesprochen erscheint dem Soziologen das neugeborene Lebewesen als Rohmaterial, ungeformt, ungestaltet, aufnahmebereit für die unterschiedlichsten Normen, Lebenseinstellungen und Handlungsweisen; die Ergebnisse historischer und kulturvergleichender Forschung sind da eindeutig. Schon deshalb ist es schwer, Natürlichkeit oder Normalität allgemeinverbindlich zu bestimmen; viele einschlägige Behauptungen sind ethnozentristisch bedingte Übertreibungen. Sofern nun unter Person – was sinnvoll erscheint – eine Art von Gerichtetheit des Handelns mit verstanden wird, empfiehlt es sich, den Neugeborenen nicht schon als Person zu begreifen. Er kann Person werden – er wird erst Person durch die Sozialisierung. Das zu sehen ist wichtig, weil es ja wesentlich die jeweiligen Konkretisierungen von Gesellschaft sind, innerhalb derer Neugeborene auf eine nach Ort und Zeit bemerkenswert unterschiedliche Weise Menschen werden.
So gesehen reicht der Begriff zweite Geburt nicht aus. Sie ist nur im zwischenmenschlichen Kontakt möglich, also vermittels jener Menschen, die untereinander und im Verhältnis zum Kind in sozialen Beziehungen stehen. Man spricht vom »sozialen Uterus«. Während Tiere im allgemeinen nach der Geburt vergleichsweise rasch auf sich al-

lein gestellt lebensfähig sind, bedürfen neugeborene menschliche Lebewesen noch lange einer Geborgenheit, die der im Mutterschoß vergleichbar ist (3.3.1). Deshalb heißt die zweite Geburt auch *soziale Geburt.* Handeln ist aufs Ganze gesehen kein bloßes mechanisches Tun; man spricht von Kultur und meint unter anderem, daß Handeln sinn- und bedeutungsgeladen ist (5.5). Die zweite Geburt heißt deshalb auch *sozialkulturelle Geburt,* an deren Ende die ›sozialkulturelle Persönlichkeit‹ *(R. König)* steht.

7.2.1 Sozialisierung kann sich nicht auf rein physische Aufzucht beschränken. Man hat mit Rhesusaffen, höheren Säugern also, experimentiert *(H. F. Harlow).* Die künstlich aufgezogenen Tierjungen – verwandt wurden teilweise Drahtgestelle als Ersatzmütter – blieben apathisch. Sie waren ausreichend genährt worden und hatten sich körperlich gut entwickelt. Auf werbende Anteilnahme normal aufgewachsener Rhesusaffen reagierten sie aber nicht, und sie blieben auch in sexueller Hinsicht unansprechbar. Noch ausgeprägter müssen Menschenkinder außer der Nahrungszufuhr dauerhaft und intensiv durch andere Menschen beeinflußt werden. Man spricht von *emotionaler Fundierung (D. Claessens)* und meint damit beispielsweise: sich dem Säugling zuwenden, ihn streicheln, auf ihn einsprechen, ihn wiegen, ihn nicht alleine lassen, ihm vertrauensvoll entgegentreten, ihn liebevoll behandeln – wobei die Stillbeziehung wohl besonders bedeutsam ist. In allen Gesellschaften sind irgendwelche Menschen beauftragt, diese emotionale Zuwendung zu leisten und zahlreiche Sitten, Riten und Bräuche deuten darauf hin, daß es sich hier um eine für Gesellschaften lebenswichtige Funktion handelt. Ihretwegen sind bestimmte Handlungsweisen positionell verfestigt und rollengemäß strukturiert bzw. institutionalisiert.

In dieser ersten Phase der Sozialisierung – gelegentlich Soziabilisierung genannt – erfolgt die grundlegende soziale Prägung der zunächst ungerichteten und diffusen Bedürfnisse und Strebungen, auf der alles andere erst aufgebaut werden kann. Es geht dabei wesentlich um die Herstellung eines ›Urvertrauens‹ *(E. Erikson)* oder einer »Sicherheit, in dieser Welt willkommen zu sein« *(R. König).* Unterbleiben gefühlsmäßige Beziehungen, affektive Kontakte, affektive Zufuhr, emotionale Fütterung oder was der Ausdrücke sonst noch sind, bzw. geschieht das nicht ausreichend, dann treten Entwicklungsschäden auf. Sie wurden beispielsweise von *R. Spitz* bei manchen Heimkindern untersucht und sind unter dem Namen Hospitalismus bekannt. In extremen Situationen sterben die Kinder sehr früh (Marasmus), in anderen Fällen bleiben lebenslange Schäden.

Diese Vorgänge werden von speziellen Psychologien, vor allem von der Entwicklungspsychologie, aber auch von der Psychoanalyse, genauer untersucht – wobei aufs Ganze gesehen die Grenzen zwischen Soziologie, Sozialpsychologie und anderen Psychologien fließend sind. Hier genügt es, die Bedeutung der sozialen Dimension und der zwischenmenschlichen Kommunikation für die Entwicklung des Menschen zu sehen.

7.2.2 Auf der Grundlage gefühlsmäßiger Bindungen geschieht im Sozialisierungsprozeß der allmähliche *Aufbau der Person.* Das Kind ist hilflos und also auf Hilfe durch andere Menschen angewiesen. Es ist damit Objekt dieser Menschen, und es erlebt sich auch als deren Objekt. Diese gebieten nämlich bestimmte Handlungen, reagieren zustimmend lobend und belohnend oder ablehnend, mißbilligend und strafend. Das Kind begreift mit der Zeit, daß dieses Tun erwünscht und jenes Tun unerwünscht ist. An die erwarteten und nicht gebilligten Handlungen heften sich allmählich irgendwelche Bedeutungen. Das zunächst diffuse kindliche Tun geht mit der Zeit in Bedeutungshandeln über, wird als mit Sinn und Bedeutung verbunden erlebt. Dabei sieht sich das Kind sozusagen in den Augen der anderen Menschen, deren Objekt es ist, die auf es einwirken, es gestalten und formen. Das ist mit dem Begriff ›looking glass self‹ gemeint *(Ch. H. Cooley),* übersetzbar mit Spiegel-Ich oder Gruppen-Spiegel. Die anderen Menschen bilden ja eine soziale Gruppe, und das im Sozialisierungsprozeß in diese Gruppe hineingenommene Kind spiegelt sich in den hier bildlich als Gruppen-Spiegel bezeichneten Erwartungen der Gruppenmitglieder. Diese wiederum sind als ›the generalised other‹ *(G. H. Mead)* umschrieben worden. Der verallgemeinerte Andere – das sind jene Menschen, ohne deren Hilfe das Neugeborene nicht lebensfähig ist, durch deren Einwirkungen sinnhaftes Handeln aufgebaut wird.

Mit dem Sinn- und Bedeutungsaspekt ist etwas anderes untrennbar verbunden. Sofern die einzelnen Handlungen als mit Sinn und Bedeutung verbunden erlebt werden, ›verselbständigen‹ sie sich sozusagen. Dies meint, daß die eigenen Handlungsweisen dem Kind ›gegenübertreten‹ und somit selbst zum Objekt seiner Aufmerksamkeit und Nachdenklichkeit werden. Das Kind wird sich dadurch in seinem Handeln selbst zum Objekt, tritt in Distanz zum eigenen Handeln, wird sich seines Handelns bewußt, gewinnt eine Vorstellung von sich selbst, erlebt sich selbst als Ich, erlangt ein Selbstbewußtsein. *Mead* vor allem spricht deshalb vom *sozialen Erwerb des Selbst.* »Das Selbst ist, jedenfalls in den Grundzügen, der in das eigene Handeln hineingenommene Andere, und Handeln wird erst durch diese Hereinnahme möglich, weil es erst dadurch sinnhaft wird. So bestätigt sichs auf neue, daß Handeln in seiner Wurzel sozial ist« *(F. H. Tenbruck).*

In der verkürzten Darstellung bleibt manches unberücksichtigt. So könnte vielleicht der Eindruck entstehen, als geschehe der Aufbau einer Ich-Identität spielerisch, ohne Komplikationen. Das ist nicht der Fall. *S. Freud* vor allem hat darauf hingewiesen, welche Spannungen und Probleme es im Aufbau der Person gibt. Danach findet ein ständiger Kampf statt zwischen dem Es als Repräsentanten der Triebe, dem Über-Ich als Inbegriff der Gesellschaft mit ihren Geboten und Verboten sowie dem Ich als Produkt der Einflüsse von Es und Über-Ich einerseits und als vermittelnder Instanz zwischen Es und Wirklichkeit andererseits. Das Ich ist bestrebt, Triebverlangen (Es) und gebotenen Triebverzicht (Über-Ich) so auszugleichen, daß möglichst viel Befriedigung erzielt wird. Bei erzwungenem überstarkem Triebverzicht, bei übermäßiger Frustration (Unterdrückung, Versagung), ist Ich-Schwäche zu erwarten, die sich in psychopathologischem Tun äußern kann.

7.2.3 Mit emotionaler Fundierung und sozialem Erwerb des Selbst ist ein dritter Aspekt untrennbar verbunden. In der Sozialisierung geht es nicht nur um körperliche Fertigkeiten, sondern wesentlich auch um Handlungsziele. Sinnhaftes, bedeutungsgeladenes Handeln ist nur denkbar als zielgerichtetes Handeln. Man spricht von *Enkulturation* und meint eine Kulturübertragung, ein Vertrautmachen des Kindes mit den jeweiligen gesellschafts- bzw. gruppenspezifischen Normen einschließlich ihrer Sinn- und Bedeutungsgehalte sowie deren Übernahme in die sich entfaltende sozialkulturelle Persönlichkeit. Das Kind lernt, was in seiner sozialen Umwelt als gut und böse, moralisch und unmoralisch, liebenswert und hassenswert gilt – und das ist dann in der Regel auch so. Ob und wie ausgeprägt es im späteren Leben als selbstverständlich gilt, hängt unter anderem ab von der Art der Gesellschaft, der Selbständigkeit einzelner Gruppen, der Distanz zwischen Eigen- und Fremdgruppen, den Möglichkeiten des Kontaktes bzw. der Kommunikation mit Mitgliedern anderer Kulturen oder Teilkulturen. Aufs Ganze gesehen wird aber doch dem Kleinkind ein Satz von Grundwerten eingepflanzt, der für das weitere Leben zumindest einen Rahmen setzt.

7.2.4 Damit ist die überzeugte Hineinnahme sozialer Normen, gebotener Handlungen einschließlich Gefühle und Einstellungen angesprochen. Man spricht von *Internalisierung,* die innerhalb gewisser Grenzen unvermeidbar ist. Im Sozialisierungsprozeß werden Vorstellungen und Einstellungen verinnerlicht, das heißt zu Bestandteilen der Motivations-/Bedürfnisstruktur der sich allmählich aufbauenden Person. Es gibt unterschiedliche Grade solcher Identifikation. Bei stark verinnerlichten Handlungserwartungen wird das entsprechende Handeln nicht als Zwang, sondern als Werthandeln, als Pflicht, als Selbstverständlichkeit angesehen; es gelten – eventuell selbst verhängte – Sanktionen bei Abweichungen als gerechte Strafe. So beruhigt sich vielleicht das Gewissen.

Ausmaß und Bedeutung von Verinnerlichung können verschieden sein je nach den Umständen innerhalb einzelner Gesellschaften oder sonstiger sozialer Gruppen. Ursprünglich stark verinnerlichte Erwartungen geraten später gegebenenfalls in Konflikt mit widersprüchlichen

Erwartungen. Das führt dann eventuell zu einem Normenkonflikt. Wenn dieser Konflikt nicht ausgetragen wird oder nicht ausgetragen werden kann, ist Verdrängung, Unsicherheit und schließlich sogar Desorganisation der Person zu erwarten. Man spricht in diesem und auch noch in einem weiteren Zusammenhang von Randpersönlichkeit (marginal man; *R. E. Park*). Bei alledem geht es um die gleichen Zustände, Vorgänge und Probleme, auf die im Zusammenhang mit Identitätsproblem, seelischen Verletzungen, Verlust der Ich-Identität schon kurz hingewiesen wurde (6.4.4). Solche Entwicklungen können übrigens auch dann eintreten, wenn der Sozialisierungsprozeß normal verlief, einschließlich ausreichender emotionaler Fundierung. Daß unter den besonderen Bedingungen der modernen Gesellschaft eine tiefgreifende Verinnerlichung vielfach erschwert ist oder sie sich – sofern erreicht – später als hinderlich erweisen kann, sei hier vorerst nur angemerkt.

7.2.5 Das Ergebnis des Zusammenwirkens von emotionaler Zuwendung, sozialem Erwerb des Selbst, Enkulturation und Verinnerlichung ist die sich entfaltende *sozialkulturelle Persönlichkeit.* Gelegentlich wird der Begriff Personalisation noch zusätzlich verwandt, um die »individuelle Gestaltung und Entfaltung als Selbstformung und Selbststeuerung« (*G. Wurzbacher*) gesondert auszuweisen. Insgesamt ist der Sprachgebrauch nicht ganz einheitlich.

Wichtig ist noch die Unterscheidung nach Sozialisierungsphasen. Die Grenzen werden nicht von allen Wissenschaftlern gleich gezogen. Vom Ende der *primären Sozialisierung* kann man dann sprechen, wenn der heranwachsende Mensch »zu einer Person (geworden ist), die als soziales Wesen anderen gegenübertreten kann und (ge)lernt hat, nicht nur zu reagieren, sondern sozial zu handeln« *(W. Rüegg).* Er ist ausreichend emotional genährt, hat eine Ich-Identität erlangt, der verallgemeinerte Andere ist zum Ich-Selbst und der Gruppen-Spiegel zum Ich-Spiegel geworden. Damit scheinen die Weichen gestellt zu sein. Was jetzt folgt, sind zwar nicht bloße Zugaben – ganz im Gegenteil! –, aber ein Rahmen ist doch wohl abgesteckt. In den ersten Jahren mit einem noch schwachen Ich ist der Mensch besonders prägsam. Und was in diesen Jahren vor allem auf der motivationalen, aber auch auf der kognitiven Ebene zu sozialisieren ist, scheint nicht oder nur begrenzt nachholbar zu sein, wenn es unterblieb. So können sich seelische Verletzungen etwa wegen mangelhafter affektiver Zufuhr später in übertriebener Zuwendung oder in Abkapselung und autistischem Verlangen äußern. Und wer nicht gelernt hat bzw. nicht lernen konnte, einen verallgemeinerten Anderen (sofern es ihn überhaupt gab) glaubwürdig in ein aufzubauendes Selbst hineinzunehmen, der hat etwa mit Anpassungsschwierigkeiten zu rechnen. Das kann Einsamkeit ebenso sein wie eine übertriebene, sich in Aggression gegen Fremdgruppen äußernde überstarke Bindung an eine Eigengruppe. – Mit alledem befassen sich die verschiedenen psychologischen Spezialwissenschaften, darunter vor allem die Entwicklungspsychologie und Psychoanalyse. Viel Beobachtungsmaterial über Entwicklungs- bzw. Wachstumsstufen wurde inzwischen gesammelt und interpretiert, wenngleich es dabei keine völlige Übereinstimmung gibt. Das erklärt auch gewisse Differenzen in der Behandlungsart psychischer Störungen, wie neuerdings beispielsweise der Streit zwischen Psychotherapie Freudscher Herkunft und Verhaltenstherapie (klassisches und operantes Konditionieren) belegt.

Die primäre Sozialisation ist zwar grundlegend, die *sekundäre Sozialisation* aber dennoch sehr bedeutsam. Mit Beginn dieser Phase tritt das Kind zunehmend häufiger aus dem vergleichsweise engen Rahmen der Primärgruppe Familie heraus. Es erlebt andere Wirklichkeiten, es kommt mit anderen Menschen in Kontakt, es erlernt zusätzliches Wissen und weitere Fertigkeiten. Die gesamte außerfamiliäre bzw. institutionalisierte Erziehung einschließlich beruflicher Ausbildung gehört hierher. Je komplexer eine Gesellschaft, je weniger die zunächst prägende Kleingruppe ausreicht, je mehr schulisches und berufliches Wissen zu erlernen ist und anderes mehr – um so umfänglicher und bedeutsamer ist die sekundäre Sozialisierung. In ihr treten die gefühlsbeladenen zugunsten der affektiv neutralen Beziehungen zurück, die ja wesentlicher Bestandteil organisierter Gruppen sind. Vom Ende der sekundären Sozialisierung kann man sprechen, wenn der Erwachsenen-Status erreicht ist, den exakt zu bestimmen in der modernen Gesellschaft allerdings manchmal schwierig erscheint. – Wann und ob überhaupt Sozialisierung endet, ist strittig. Wählt man als Kriterium der Sozialisierung nach der primären Phase das Erlernen neuen Wissens und die Übernahme neuer Positionen, dann ist oft kein Ende abzusehen. Ein bedeutsamer Einschnitt ist aber sicherlich das Ausscheiden aus dem Arbeitsleben. Will man die (sofern möglich) Vorbereitung auf den Tod auch als Teil eines Lernprozesses begreifen, dann erschiene das ganze Leben als eine andauernde Sozialisierung. In manchen Gesellschaften gilt sogar noch über den Tod hinaus ein ›Lernen‹ in Form des Einsichtig- bzw. Geläutertwerdens als selbstverständlich, was hier weniger als Kuriosum denn als ein bemerkenswertes Stück sozialer Wirklichkeit erwähnt sei [12].

7.3 Stabile Rollenverhältnisse: Gesellschaften und Personentypen. Bislang wurde der Terminus soziale Rolle überhaupt nicht verwandt, obwohl doch im Sozialisierungsprozeß wesentlich auch soziale Rollen eingeübt werden. Der Sache nach war davon allerdings dauernd die Rede, wenngleich – in Anlehnung an Tenbruck – noch einige weiterreichende Hinweise angebracht sind.

7.3.1 Gelegentlich spricht man von Rollenspiel. Dieser Ausdruck ist gegebenenfalls mißverständlich. Rollenhandeln ist jedenfalls kein x-beliebiges Tun in dem Sinne, daß Menschen die ihnen vorgegebenen

Rollen – spielerisch sozusagen – einfach alle abwerfen könnten. Vergleiche mit dem Schauspieler sind deshalb nur bedingt geeignet, rollengebundenes menschliches Handeln richtig zu verstehen. Für den Zweck der folgenden Überlegungen kann man dennoch für einen Moment auf den Schauspieler zurückgreifen. Dieser muß oft neue (Schauspiel-)Rollen lernen. Er tut das sowohl allein für sich als auch zusammen mit Kollegen, deren zu erlernende Rollen mit seiner verschränkt sind (Komplementärrollen). Dieses *Rollenlernen* ist sicherlich nicht nur ein Spiel, sondern es erfordert auch Arbeit. Gefühle von Zumutung, Ärger, Angst, Freude, Befriedigung und Begeisterung mischen sich unentwirrbar. Wenn die Rollen gut eingeübt sind, dann kann die Aufführung beginnen. Man weiß, wie man selbst zu handeln hat und wie die anderen handeln werden. Die gegenseitigen Erwartungen werden nicht enttäuscht. Das Handeln ist geregelt, stabilisiert.

Ähnlich lernt das Kind soziale Rollen. Es hat natürlich zunächst seine Rolle als Kind zu spielen. Das ist ebenfalls keine bloße Spielerei, von reiner Freude begleitet, denn bestimmte Handlungen sind erlaubt, andere dagegen verboten. Wichtig ist hier jedoch nur, daß das Kind als Kind behandelt wird und daß die Rolle Kind unaufhebbar mit den Rollen Vater und Mutter verschränkt ist. Diese Rollen bilden eine Einheit, ein Bündel sozialer Rollen, auch soziale Gruppe – und in diesem Fall gemeinhin Familie genannt. Die Rollen sind aufeinander bezogen und die sozialen Beziehungen somit geregelt. Dies kommt unter anderem darin zum Ausdruck, daß die Rollenträger gegenseitig kein x-beliebiges Tun erwarten. Die Eltern erwarten, daß sich das Kind in bestimmten Situationen so und nicht anders verhält. Das Kind seinerseits lernt, sich auf die Erwartungen der anderen einzustellen. Mit der Zeit weiß es, wie die anderen in verschiedenen Situationen handeln. Es kann deren Reaktionen gewissermaßen voraussehen. Es kann sich somit in seinem Handeln auf die imaginativ vorweggenommenen Erwartungen der anderen einstellen – und es wird, im Prinzip jedenfalls, auch erwartungsgemäß handeln und im allgemeinen ja wohl handeln müssen. In gleicher Weise stellen sich die Anderen innerhalb gewisser Grenzen auf die Erwartungen des Kindes ein – und sie werden ihrerseits, im Prinzip jedenfalls, erwartungsgemäß handeln. Man sagt, daß sich die beteiligten Rollenträger in die jeweiligen Komplementärrollen hineinzudenken bzw. hineinzuversetzen vermögen (Empathie). So stabilisiert sich das aufeinander bezogene Tun mehrerer Menschen, und zwar unter dem nachhaltigen Einfluß geltender Ordnungen sozialer Beziehungen. Das alles sind eigentlich bloß andere Umschreibungen von schon besprochenen Zuständen und Vorgängen (5.6). Sie verdienen hier jedoch hinsichtlich der Sozialisierung auf soziale Rollen hin und angesichts des *Aufbaus stabiler Rollenverhältnisse* in sozialen Gruppen besondere Beachtung.

Die Rolle Kind ist nur eine Durchgangs-Rolle. Sie ist das sowohl in der Sicht der Träger von Eltern-, Vater- und Mutterrollen als auch in der des Kindes. Das Kind weiß mit der Zeit, daß es nicht Kind bleiben, sondern erwachsen sein wird. Im täglichen Kontakt mit seinen Eltern lernt es deren Aufgaben kennen. Kinder können beispielsweise Erwachsenenrollen spielen. Man gebraucht in diesem Zusammenhang die Begriffe ›taking the role of the other‹ bzw. ›to play at roles‹ *(G. H. Mead)*. Das Kind weiß mit der Zeit, was Eltern sind, was es bedeutet, Vater und Mutter zu sein. Es ist fähig, die Komplementärrollen Eltern, Vater und Mutter zu spielen. Indem es das kann und tut, versetzt es sich spielerisch in die Rollen der Anderen. Und das bedeutet dreierlei: Dem Kind wird im Spiel der Komplementärrollen seine eigene Rolle verständlicher; es wächst, wenn auch nur durch imaginative Vorwegnahme, frühzeitig in später von ihm zu übernehmende Rollen hinein; es wird so der Grund gelegt für stabile Rollenverhältnisse überhaupt. All das wird in der sekundären Sozialisation fortgeführt, wo spezifische Rollen, insbesondere Berufsrollen, zu erlernen sind. Schulen aller Art bereiten ja auf soziale Positionen vor und üben die entsprechenden Einstellungen und Handlungen ein. Bei alledem geht es wesentlich immer auch um das Verständnis für Komplementärrollen und damit um die Grundlegung stabiler Rollenverhältnisse.

Das sind vergleichsweise abstrakte Überlegungen. Über die wirklichen gesellschaftlichen Verhältnisse ist damit noch nichts ausgesagt. Rollenhandeln auf die Komplementärrollen hin kann unter Umständen zu intensiv eingeübt werden, was sich später eventuell als hinderlich erweist. Die imaginative Vorwegnahme anderer Rollen kann auch erschwert sein. Menschen werden oder sind dann unfähig, sich auf andere Menschen so einzustellen, wie das für den jeweils geforderten Austausch sozialer Beziehungen nötig ist. Man spricht von Kontaktschwierigkeiten und meint unter anderem, daß Menschen über sich selbst im unklaren sind, Rollen nicht einnehmen, Komplementärrollen nicht verstehen können. In der Gruppenpsychotherapie wird unter anderem versucht, solche Rollenbarrieren abzubauen; im Soziodrama *(L. Moreno)* etwa spielen Patienten die Rollen anderer, um Selbstvergewisserung zu erlangen. Stabile Rollenverhältnisse sind eine Bedingung menschlichen Handelns. Erforderlich ist die Fähigkeit, sich in Komplementärrollen zu versetzen. Das muß wesentlich schon in der primären Sozialisierung grundgelegt werden.

7.3.2 Wenn die in der primären Sozialisierung eingeübten sozialen Rollen grundlegend sind, dann müßten eigentlich alle Menschen, die in der Sozialisierung denselben verallgemeinerten Anderen verinnerlicht haben, gleich oder doch annähernd gleich handeln. Sie waren ja den gleichen sozialen Normen ausgesetzt; sie haben die gleichen Handlungserwartungen akzeptiert; ihre Motivationsstruktur weist die gleichen Einstellungen, Erwartungen und Bedürfnisse auf; sie stimmen in der Rolleninterpretation der Rollendefinition überein; sie gleichen sich in ihrem Rollenhandeln; sie üben in gleicher Weise Rollendistanz; die Art der Selbstrepräsentation ist gleich; sie besitzen ein gleiches Ich-Selbst; sie haben die gleichen Identitätsprobleme; kurzum: der Personentyp ist gleich.

In keiner bekannten Gesellschaft sind jedoch alle Menschen in dieser umfassenden Weise völlig gleich. Je komplexer eine Gesellschaft, je ausgeprägter sie nach sozialen Positionen, Gruppen und Normen intern differenziert ist, um so größer sind die Unterschiede. Manche Wissenschaftler suchen trotz solcher Unterschiede nach übergreifenden Gemeinsamkeiten. *A. Kardiner* und *R. Linton* prägten den Begriff ›basic personality strukture‹, übersetzbar mit *Modale Persönlichkeit.* Es geht um einen Persönlichkeitstyp, der in einzelnen Gesellschaften sehr häufig vorkommt (vom englischen mode = häufigster Wert) – also nicht um den sogenannten statistisch ausweisbaren Durchschnittsmenschen (z. B. 35 Jahre, evangelisch, verheiratet, 3 Kinder, ein Auto, zwei Fernsehempfänger usw.). Dabei wird freilich die Existenz eines gesellschafts- bzw. kulturspezifischen Grundmusters von Einstellungen und Handlungen vorausgesetzt, andernfalls es ja die behaupteten Gemeinsamkeiten innerhalb bzw. Unterschiede zwischen einzelnen Gesellschaften nicht geben könnte. Zur näheren Bestimmung der Modalen Persönlichkeit wurden unterschiedliche Kriterien benutzt, darunter kulturspezifisches Reinlichkeitstraining, gedeutet als wichtige und nachhaltig wirkende Frustrationsquelle. Hier ist vor allem erwähnenswert, daß die Modale Persönlichkeit als Ergebnis der primären Sozialisation begriffen werden kann, die für das spätere Leben einen Rahmen setzt.

Korrespondenzverhältnisse zwischen Gesellschaften und Persontypen interessieren nicht erst in neuester Zeit. Um die gleiche Sache ging es früher in der Völkerpsychologie, wo man von Volkscharakter oder Nationalcharakter sprach. In engem Zusammenhang mit vergleichender Kulturanthropologie gibt es seit langem zahlreiche einschlägige Forschungsansätze und Arbeiten. Hier seien nur so charakteristische Buchtitel erwähnt wie ›Die einsame Masse. Untersuchungen der Wandlungen des amerikanischen Charakters‹, ›Die Seele im technischen Zeitalter. Sozialpsychologische Probleme in der industriellen Arbeitswelt‹, ›Geschlecht und Temperament in primitiven Gesellschaften‹, ›Die vaterlose Gesellschaft‹, ›Der eindimensionale Mensch. Studien zur Ideologie der fortgeschrittenen Industriegesellschaft‹.

Riesman beispielsweise belegt in seinem Buch ›Die einsame Masse‹ einen Wandel vom innengeleiteten zum außengeleiteten Menschen als Folge einer veränderten amerikanischen Gesellschaft. Eltern, »welche die Verinnerlichung eines planvollen Strebens nach klar abgesteckten Zielen zu erzwingen suchen, laufen Gefahr, daß ihre Kinder auf dem

Personenmarkt außer Mode sind«. Eltern können ihren Kindern kaum noch »scharf umrissene Vorstellungsinhalte vom selbstbewußten Ich und der Gesellschaft vermitteln ...« Die einschlägigen sozialen Normen und Rollen sind vergleichsweise unklar. Der Gruppenspiegel wirkt eingetrübt, der verallgemeinerte Andere konturlos, die Verinnerlichung ist erschwert, die inneren Kontrollen treten bedeutungsmäßig zurück, das Ich-Selbst ist ungenügend ausgeprägt. Man verhält sich situationsbedingt, wie es gerade gefordert wird, wie es sich gerade als notwendig erweist. So außengeleitet, erscheint dieser Menschentyp besonders angepaßt und doch zugleich jederzeit einsetzbar, regulierbar, manipulierbar. Wegen einer gewissen Konturlosigkeit vieler sozialer Rollen verbleibt auch der Rolleninterpretation ein vergleichsweise weiter Spielraum. Der garantiert jedoch nicht unbedingt mehr Selbstrepräsentation, Selbstdarstellung und Selbstvergewisserung, sondern kann diese geradezu erschweren. Die Folgen einer erzwungenen, sozusagen zurückhaltenden primären Sozialisation werden gelegentlich unter anderem als flach, leer, ohne Personkern, triebabhängig, gefühlsarm, Verrohung, mangelnde personale Sozialisierung, Niveauminderung der Personenstruktur bezeichnet, sofern man nicht generell von Handlungsunsicherheit spricht (7.4.4).
Ähnlich argumentieren übrigens auch manche jener Wissenschaftler, die in Anlehnung vor allem an *Marx* auf eine weit verbreitete *Entfremdung* des Menschen im Kapitalismus hinweisen. Ein bestimmter Menschentyp interessiert sie in kritischer Absicht, und sie begreifen dessen Einstellungen und Handlungen als das Ergebnis eines systembedingt gleich oder doch annähernd gleich ablaufenden Sozialisierungsprozesses. Folgerichtig beginnt deshalb *H. Marcuse* in seinem Buch ›Der eindimensionale Mensch‹ mit dem Kapitel ›Die eindimensionale Gesellschaft‹, auf welche dann das Kapitel ›Der eindimensionale Mensch‹ folgt. Den Menschen werden unter der Herrschaft »althergebrachter Interessen« viele falsche Bedürfnisse so nachhaltig eingeimpft, daß sie sich »mit dem Dasein identifizieren, das ihnen auferlegt wird«. Deshalb beginnt der Begriff Entfremdung selbst fragwürdig zu werden. Man muß schon von einer fortgeschrittenen Stufe der Entfremdung sprechen. »Diese ist gänzlich objektiv geworden; das Subjekt, das entfremdet ist, wird seinem entfremdeten Dasein einverleibt. Es gibt nur eine Dimension, und die ist überall und tritt in allen Formen auf«. Um das zu verhindern, müßten die herkömmliche Sozialisierung abgeschafft, die falschen durch die wahren Bedürfnisse ersetzt und auf repressive Befriedung verzichtet werden. »Das Individuum wäre (dann) frei, Autonomie über ein Leben auszuüben, das sein eigenes wäre.«
Soziologen würde es zwar noch interessieren, welches die wahren Bedürfnisse im einzelnen konkret sind und wie ausgeprägt die geforderte Autonomie des einzelnen möglich ist. Hier genügt es jedoch zu se-

hen, wie breit angelegt soziologisches und sonstiges humanwissenschaftliches Denken auf Sozialisierung abhebt. Die Grenze der Soziologie als empirisch orientierter Einzelwissenschaft ist dann natürlich erreicht, wenn man das Freiheitsproblem so grundsätzlich wie vorhin sieht. Nicht als ob der Soziologe keine menschlichen Grundbedürfnisse anerkenne und als ob ihn Repressionen jedweder Art wissenschaftlich (und persönlich) kalt ließen. Wenn von Repression auffällig häufig gesprochen wird, ist ihm das eine wissenschaftlich beachtenswerte Wirklichkeit, die es zu erklären gilt. Und ihn interessiert gleichfalls jene Wirklichkeit, die sich in der kritisierten Identfikation mit der auferlegten Wirklichkeit zeigt, die es ebenfalls zu erklären gilt. Wie das alles im einzelnen erklärbar ist und welche Veränderungen möglich sind, das läßt sich vermutlich nicht von der Soziologie allein und schon gar nicht nur wissenschaftlich ausmachen [13].

7.4 Abweichende Sozialisationsvorgänge. Wenn Gesellschaften oder sonstige soziale Gruppen in der Zeit überleben wollen, dann müssen Zeugung und Sozialisierung der Nachkommenschaft gewährleistet sein. Hier handelt es sich also um zentrale Funktionen, und in allen bekannten Gesellschaften sind diese Bereiche sozialer Beziehungen institutionell geregelt. Gemeinhin spricht man von *Familie* und hinsichtlich Zeugung und Sozialisierung von *familialen Grundfunktionen.* In der Primärgruppe Familie sind die sozialen Beziehungen vergleichsweise stark persönlichkeitsbezogen. Die Gruppenmitglieder tauschen nicht vorwiegend spezifische Leistungen aus wie in Sekundärgruppen, sie begegnen sich vielmehr als Individuen im Insgesamt ihrer Gefühle, Einstellungen und Stimmungen. Die notwendige emotionale Fundierung des Kleinkindes erfordert gefühlsmäßige Zuwendung – und diese setzt ein bestimmtes Maß affektiver Beziehungen der Sozialisierungsträger untereinander voraus. Vieles spricht dafür, daß die sozialkulturelle Geburt »einzig und allein in der Familie geleistet werden kann, denn hier ist die Gruppensolidarität derart eng, daß sie den Menschen bis in die letzten Tiefen erreicht, die für nahezu alle anderen Gruppen ... unzugänglich sind« *(R. König)*. Von daher gesehen ist die so verstandene Familie fraglos universal.

Dem widersprechen natürlich nicht die nach Zeit und Ort unterschiedlichen ehelichen und familialen Strukturen, wie beispielsweise polygame Familie (Ausdehnung der Gattenbeziehungen), erweiterte Familie (Ausdehnung der Eltern-Kind-Beziehungen) und verselbständigte Kernfamilie auf monogamer Grundlage (Kleinfamilie). Erfolgreiche Sozialisierung erfordert auch nicht unbedingt die leiblichen Eltern, denn geeignete Ersatzpersonen könnten diese Aufgabe ebenfalls leisten. Schließlich setzt erfolgreiche Sozialisierung nicht notwendig die ausschließliche Verfügung der Eltern über das Kleinkind voraus, wie etwa das Avunkulat und die Kibbuzim zeigen.

7.4.1 Nicht in allen Gesellschaften erwartete und kannte man soviel

Emotionalität in Ehe und Familie, wie das gegenwärtig üblich ist. Liebe als Voraussetzung für Eheschluß und eheliches Zusammenleben war nicht die Regel. Die Herkunftsfamilie und die weitere Verwandtschaft übten oft eine weitreichende Eheschließungskompetenz aus. Das erscheint übrigens verständlich angesichts der Verheiratung von Kindern als eines wirtschaftlich bedeutenden Vorgangs, so etwa in bäuerlichen Kulturen und Schichten. Hier sind nicht die Umstände zu erörtern, deretwegen sich das Leitbild von der Ehe als gefühlsbetonter Lebensgemeinschaft allmählich in unserer Gesellschaft ausbreitete. In Verbindung mit der Kleinfamilie ist es zur Zeit jedenfalls sehr einflußreich, und einige Begleiterscheinungen und Auswirkungen betreffen nicht zuletzt die Sozialisierung. Werden nämlich Ehe und eheliche Beziehungen innerhalb der Familie sehr ausgeprägt als Liebes- und Paargemeinschaft verstanden, dann lebt man ja tendenziell ›hautnah‹, ›in enger Tuchfühlung‹, sozusagen distanzlos miteinander. Unvermeidbare Reibereien, Schwierigkeiten und Enttäuschen werden deswegen leicht überstark betont. Sofern man Ehe und Familie vornehmlich als partnerschaftliches Gebilde, als gefühlsbetonte Lebensgemeinschaft sieht, erstrebt und bejaht, hängen Funktionieren und Beständigkeit letztlich ab von dem Grad der gegenseitigen Erfüllung dessen, was Liebe, Treue, Vertrauen, Solidarität, Achtung heißt. Wird diese Basis brüchig oder fehlt sie ganz, dann spricht man leicht von Nicht-Zusammenpassen, kommt es leicht zur inneren Entfremdung, eventuell zur Trennung.

Besondere Probleme mit der Folge eines abweichenden Sozialisationsvorganges könnten auftreten, wenn Eltern trotz innerer Distanz wegen Rücksichtnahme auf die Umwelt, wegen einer religiösen Überzeugung und/oder wegen des Kindes zusammenbleiben. Ganz allgemein besteht dann beispielsweise die Gefahr, daß wegen der nunmehr affektiv-neutralen Beziehungen zwischen den Eltern die gefühlsmäßige Zuwendung auf das Kind zu kurz kommt. Erschwerend wirken sich mögliche Koalitionen und Konkurrenzkämpfe der Eltern um das Kind aus. Die Mutter nutzt vielleicht ihre natürliche Bindung ans Kind und die durch Arbeit bedingte häufige Abwesenheit des Mannes aus, das Kind von sich abhängig zu machen. Von ihr übertrieben ›fürsorglich‹ behandelt, erfolgt diese emotionale Zuwendung jedoch nicht primär des Kindes, sondern der Interessen der Mutter wegen – in Abwehr versuchter Einflüsse des Vaters. Einem Jungen kann es dadurch beispielsweise erschwert sein, sich mit der ihm zukommenden Geschlechtsrolle zu identifizieren, weil der Vater als positive Bezugsperson ausfällt. Sodann besteht die Gefahr, daß sich das Kind nicht freimacht, keine ausreichende Ich-Identität entwickelt. Infolge einer Überidentifikation bleibt es gegebenenfalls zeitlebens abhängig von der überstarken Mutter, unfähig, sich von ihrem ›Vorbild‹ zu lösen. Es kann sich dann auch nicht auf Komplementärrollen einstellen. Es hat ja nicht gelernt, sich imaginativ in andere Rollen zu versetzen. Es ist somit schließlich unfähig, stabile Rollenverhältnisse mit Trägern von Komplementärrollen einzugehen. – Wenn das Kind dem Einfluß des anderen Elternteils nicht völlig entzogen wird, ist ihm, hin und her gerissen zwischen Vater und Mutter, eventuell jede Identifikation mit Geschlechts- und Generationsrollen verwehrt.

Solche Zustände und Vorgänge mit der Folge *schwach ausgebauter Ich-Identität* finden inzwischen immer stärkere Beachtung in der besonders im angelsächsischen Raum schon sehr differenzierten Familienforschung hinsichtlich der Entstehung von Schizophrenie und Psychopathie. Die komplexe Problematik braucht und kann hier nicht ausführlich dargestellt werden; es genügen einige Hinweise, welche die Bedeutung zentraler soziologischer Grundbegriffe und die sachlich bedingte enge Verzahnung verschiedener Humanwissenschaften erkennen lassen. Bekannt geworden sind beispielsweise die Arbeiten von *Th. Lidz, L. C. Wynne,* u. a. über familiäre Entstehungsbedingungen von Schizophrenie. Auch diesen Forschern erscheint »die Familie [als] die erste Lehrmeisterin sozialer Wechselbeziehungen und emotionaler Reaktionen«. Es liegt deshalb nahe, die entscheidenden Umstände psychischer Erkrankungen in der Struktur der Herkunftsfamilien von Patienten zu suchen, die, insofern sie erkennbar psychisch krank machen, auch als pathogene Familien gelten können. Das ist nicht so zu verstehen, als ob wichtige innereheliche und innerfamiliale Defekte bei den Kindern notwendig Schizophrenie verursachten. Es geht zunächst nur darum, daß eine Anlage entsteht, die als solche aber eben noch keine Ursache ist; ob die Anlage manifest wird, hängt oft von Lebensumständen in der späteren Biographie der betroffenen Menschen ab. Davon abgesehen wird ausdrücklich darauf hingewiesen, daß es nicht darum geht, »eine unmittelbare Beziehung zwischen ehelicher Disharmonie der Eltern und der Manifestierung von Schizophrenie bei einem der Kinder aufzustellen. (Denn) es ist offensichtlich, daß schlechte Eltern als solche keine Schizophrenie bei den Kindern herbeiführen«. Davon ebenfalls abgesehen scheint doch klar zu sein, daß »ein Paar wechselseitig entsprechende Rollen unter sich wie auch beiderseitig zu den Kindern finden (muß). Ein Fehlen solcher wechselseitiger Rollen bedeutet fortwährend Entscheidung, Unsicherheit und Spannung«.

Die damit angesprochenen Themen soziale Rolle, Komplementärrollen, Rollenidentifikation, Aufbau stabiler Rollenverhältnisse usw. werden variierend expliziert an Abweichungen in Form von *marital schism* = Ehespaltung und *marital scew* = Strukturverschiebung der Ehe. Im Falle der Ehespaltung gibt es keine oder kaum gemeinsame Interessen der Ehepartner, die sich vielmehr gegenseitig mißachten, nicht aufeinander eingehen, prinzipiell mißtrauisch sind – wohingegen bei Strukturverschiebung eine erhebliche Psychopathologie bei einem Ehepartner vorhanden ist, die unter anderem darin zum Ausdruck kommt, daß ein Ehepartner sich vom anderen freiwillig oder unfreiwillig beherrschen läßt. Solche pathogenen Ehe-/Familienstrukturen können sich auf Kinder nachteilig auswirken, indem zum Beispiel diesen die Identifikation mit einem Elternteil unmöglich gemacht wird.

7.4.2 Wegen des besonderen Verhältnisses von Sekundärgruppen und Primärgruppen in der modernen Gesellschaft (3.6.4) sind *familiärer und außerfamiliärer Bereich* ziemlich weit auseinandergerückt. Nicht als ob die Familie außerhalb der Gesellschaft stünde (eine Alternativ-Attrappe) oder sich in einem grundsätzlichem Konflikt mit der Gesellschaft befände. Den weitgehend versachlichten Beziehungen im außerfamiliären Bereich stehen vielmehr die stärker persönlichkeitsbezogenen Beziehungen im familiären Bereich gegenüber. Beide Bereiche ergänzen sich, und eine wesentliche Leistung der Familie besteht darin, daß sie von den sachlichen Beziehungen im außerfamiliären Bereich in gewisser Weise entlastet. Diese positive Funktion sollte jedoch nicht isoliert gesehen werden. Ein zu starkes Sich-Zurückziehen auf den intimen und privaten Bereich der Familie wirkt sich nämlich unter Umständen negativ aus. Die Familie ist ja nicht mehr die einzige bzw. entscheidende Lebensgruppe. Wer keine oder nur wenige Bindungen außerhalb der Familie hat, ist der Gefahr von Handlungsunsicherheit ausgesetzt.

Manche Familien leben sehr isoliert, und der familiäre Binnenraum wird überbetont. Man baut eine Gegenwelt auf und ist dauernd darum bemüht, störende Einflüsse von draußen abzuwehren. Der Distanz von außerfamiliären Rollen entspricht eine Überinterpretation ehelicher und familiärer Rollen. Das kann zu einer Überemotionalisierung der familiären Beziehungen führen. Jeder Streit ist unbedingt zu vermeiden, Harmonie dagegen um jeden Preis zu fördern. *L. Wynne* spricht in teilweise anderem Zusammenhang von *Pseudo-Gemeinschaft*. Nachteilig betroffen ist auf jeden Fall das Kind. Als wesentlicher Bestandteil der Familie wird es übertrieben als Kind behandelt, wird die in der modernen Gesellschaft notwendig frühe Entlassung des heranwachsenden Menschen aus der Herkunftsfamilie nicht vorbereitet, erweist sich die zu lange und zu intensive Bindung an die Familie später für den Jugendlichen als Hindernis. Eine überstarke emotionale Fundierung erschwert die Kontaktaufnahme innerhalb organisierter Gruppen mit ihren vorwiegend affektiv-neutralen Beziehungen. Eine weitgetriebene Verinnerlichung der in der Herkunftsfamilie geltenden sozialen Normen erschwert die später unvermeidbare Auseinandersetzung mit widersprüchlichen Erwartungen. Eine Überidentifikation mit den Generations- und Geschlechtsrollen erweisen Vater und Mutter dann vielleicht als irreale Vorbilder. Insgesamt ist der Grund nicht gelegt für das Verständnis von Komplementärrollen und das Eingehen stabiler Rollenverhältnisse außerhalb der Familie.

7.4.3 Die moderne Gesellschaft wird auch *pluralistische Gesellschaft* genannt. Der Pluralität von sozialen Positionen, Rollen, Gruppen und Normen entsprechen zahlreiche Gruppen-, Normen- und Rollenkonflikte. Wegen der beschränkten Geltung und wegen einer gewissen Konturlosigkeit mancher sozialer Rollen ist die Sozialisierung, vor allem was Enkulturation und Internalisierung angeht, oftmals erschwert.

Viele Eltern sind unsicher wegen der *Erziehungsziele und Erziehungspraktiken.* Eltern »(können) ihr Kind nur noch dazu anhalten, ›möglichst anständig zu sein‹, was immer auch darunter verstanden wird. Es liegt nicht mehr in ihrer Macht, zu bestimmen, was Anständigkeit eigentlich sein soll; dies wird der Schule und den Zeitgenossen überlassen, die dem Kind schließlich dazu verhelfen, sich in der Hierarchie der Werte zu orten« (*D. Riesman).* Deswegen kann es problematisch sein, die Verinnerlichung beschränkt gültiger Werte zu forcieren. Die Sozialisierung hat sozusagen offen zu bleiben für Pluralität und raschen sozialkulturellen Wandel. Das hat nun nicht unbedingt etwas mit abweichenden Sozialisationsvorgängen zu tun, wenngleich die Frage berechtigt erscheint, ob eine solche offenbleibende Sozialisierung ausreichende Ich-Stärke notwendig zur Folge hat (schon 7.3.2).

Dieses Thema ist auch noch anderswo aktuell, nämlich in der Diskussion über die Vor- und Nachteile permissiver Erziehungstechniken. Untersuchungsergebnisse deuten darauf hin, daß solche Techniken »die Entfaltung eines autonomen moralischen Bewußtseins begünstigen. Reaktionen, die auf ein starkes, aber flexibles Über-Ich schließen lassen, treten umso wahrscheinlicher auf, je mehr die Eltern durch Appell an Einsicht erziehen und mit Liebesentzug strafen« (*J. Habermas*). Eine allzu nachgiebige und sich verständnisvoll gebende Erziehung kann allerdings auch gegen eine »Auseinandersetzung mit den Restriktionen der Umwelt« zu sehr abschirmen (*E. K. Scheuch*). Entwürfe einer frustrations- und repressionslosen Welt und Lebensgestaltung werden dann später vielleicht für bare Münze genommen. Scheuch bezieht sich auf Untersuchungen über protestierende Studenten in den USA, von denen der überwiegende Teil aus Familien stamme, in denen man die in den Lehrbüchern empfohlenen permissiven Erziehungstechniken buchstabengetreu angewandt hätte.

Es kommt öfter vor, daß trotz Pluralität und offener Zukunft begrenzt gültige Normen stark verinnerlicht werden. Bedenkt man den raschen sozialen Wandel, dann sind so sozialisierte Kinder tatsächlich in der Gefahr, später »auf dem Personenmarkt außer Mode zu sein« (*D. Riesmann*). Sie haben vorgegebene soziale Rollen stark verinnerlicht und damit Einstellungen und Handlungen gelernt, die eine erfolgreiche Auseinandersetzung mit widersprüchlichen Erwartungen ungemein erschweren, wenn nicht sogar unmöglich machen. Das können dann jene Menschen sein, die trotz allem versuchen, mit heilem Blick durch die Welt zu gehen. Ihre Gegenüber sind ihnen Kompromißler, unfähig, die wirklichen Werte zu erkennen und zu verteidigen. Sie gelten als Moralisten, die keinen Zoll vom Weg abweichen. Unabdingbar bestehen sie auf ihren Ansichten, und jede Anpassung – nur nicht ihre eigene – ist ihnen ein Greuel. Sie sind unter Umständen leicht geneigt, sich einer Minderheitengruppe anzuschließen, die als Gegengesellschaft von der Distanz zur Umwelt lebt. – Der verständnisvollere Typ des ›Moralisten‹ dagegen denkt sich seinen Teil und lebt längst eigenständig, obwohl er noch gelegentlich öffentlich das predigt, was ihm für sich selbst schon problematisch geworden ist. Befragt, warum er denn jetzt anders lebe, als er es früher verkündet habe oder jetzt noch ab und zu verkünde, antwortet er beispielsweise fragend, ob man schon einmal einen Wegweiser gesehen habe, der den aufgewiesenen Weg selbst gehe.

7.4.4 In der Kleinfamilie sind eine intensivere Gestaltung des familiären Innenbereichs und eine Aufwertung der persönlich-emotionalen Beziehungen möglich. In dem Maße jedoch, in dem das Sich-Verstehen und Harmonieren, die Gleichheit der Interessen, Wünsche und Ansichten einschließlich der sexuellen Beziehungen wesentliche Voraussetzungen für Eheschluß und eheliches Zusammenleben sind, nimmt auch die Wahrscheinlichkeit zu, daß es bei fehlender Übereinstimmung zur *Scheidung* kommt.

Trennung als Folge tiefgreifender Störung der persönlichen Beziehungen ist durchaus als Zeichen besonderer Wertschätzung einer funktionierenden Ehe begreifbar. Und es wäre vermutlich sogar besser, wenn manche Ehen gerade der Kinder wegen geschieden würden. Andererseits »können die Sozialisationsschäden von Scheidungswaisen (auch) nicht verharmlost werden« (*F. Neidhardt*) Innerhalb so unvollständig gewordener Familien treten zahlreiche Probleme auf. Man spricht von Desorganisation und meint zunächst die Ausfallerscheinungen im persönlichen Inventar einer Familie, oft von weiterreichenden Funktionsausfällen und Funktionsstörungen begleitet. So erfährt etwa die Mutter eine Doppelbelastung, indem sie – was nur begrenzt möglich ist – die Vaterrolle mit übernehmen muß. Außerhäusliche Erwerbstätigkeit der Mutter erschwert die Situation. Die Folgen für die Sozialisierung des Kindes können sehr verschieden sein. Einflußreich sind beispielsweise: Alter des Kindes, Zahl der Geschwister, finanzielle Lage, hilfsbereite Verwandte, Schichtzugehörigkeit. Manchmal ist Heimunterbringung unvermeidlich. Unter gegebenen Bedingungen ist die Heimerziehung von Kleinkindern sehr oft problematisch (wobei natürlich zu beachten ist, daß diese Kinder nicht nur aus geschiedenen Familien stammen). Heime können nur unter Vorbehalt als familiäre

Einrichtungen gelten. Sie sind es jedenfalls dann nicht, wenn zu wenig Pflegepersonal vorhanden ist und die Kinder »am Fließband« abgefertigt werden. Wegen so verursachter emotionaler Unterernährung treten gerade in Heimen jene Entwicklungsschäden auf, die unter dem Namen Hospitalismus bekannt sind (7.2.1).

7.4.5 Beginnt man erst einmal damit, mögliche Ursachen für abweichende Sozialisationsvorgänge und Sozialisationsschäden ausfindig zu machen, und beschränkt man sich dabei nicht auf eindeutige schwere psychische Störungen, dann zeigt sich ein ganzes Bündel eng miteinander verflochtener Zustände und Vorgänge.

Bekanntlich hat alles mindestens seine zwei Seiten. Die Erleichterung der Ehescheidung beispielsweise wurde und wird begrüßt, weil sie Befreiung ermöglicht. Wer die Verhältnisse einigermaßen unvoreingenommen betrachtet, wird einsehen, daß »das Bild der modernen Ehe und auch das Bild der gegenwärtigen Scheidungshäufigkeit zu unserer Gesellschaft gehört, wie die unauflösliche Ehe zu der früheren Gesellschaft gehörte« *(R. Mayntz)*. Die Ehe war vor allem in bestimmten sozialen Schichten zwar auch früher nicht unauflöslich, aber die Einstellung zur Scheidung hat sich doch grundsätzlich gewandelt. Gewisse nachteilige Auswirkungen auf die Sozialisierung sind jedoch unübersehbar. Ähnlich gilt die außerhäusliche Erwerbstätigkeit der Ehefrau und Mutter vielfach als ein Leitbild. Wer unvoreingenommen genug ist, wird positive Aspekte der Berufstätigkeit von Frauen für die Frau selbst, für Ehe, Familie und Kinder nicht übersehen. Dennoch kann es eben auch nachteilige Folgen für die Sozialisierung geben.

Inzwischen wird verstärkt darüber diskutiert, ob nicht die Kleinfamilie überhaupt an allem schuld sei. Man spricht von Fesseln der Kleinfamilie, deren Mitglieder auf zu wenige soziale Beziehungen eingeschränkt seien – nicht zuletzt erzwungen durch die Umstände in den sekundären Systemen. Das ist ein weites Feld, und man sollte sich vor vorschnellen Verallgemeinerungen hüten. Unbestritten ist die Kleinfamilie bei Ausfallerscheinungen jedweder Art oft unmittelbar in ihrer Existenz bedroht. Gewisse, in bestimmten Situationen überdeutlich hervortretende negativ empfundene Auswirkungen auf die Sozialisierung sind unübersehbar. Will man manche ›Errungenschaften‹ nicht aufgeben, dann sind Veränderungen unvermeidlich. Ob die zahlreichen, am Bild der Großfamilie orientierten Zusammenschlüsse dauerhaft erfolgreich sind, ist noch nicht abzusehen. Die im praktisch-politischen Bereich unter familienpädagogischem Aspekt erwogenen flankierenden Maßnahmen bzw. Einrichtungen wie etwa Kindergärten, Vorschule, Ganztagsschule, Service-Häuser, Nachbarschaftshilfe usw. zeigen deutlich, wie weitreichend bestimmte Tatsachen als problematisch angesehen werden [14].

8. Soziale Kontrolle

8.1 Soziale Kontrolle abweichenden Handelns. In allen Gesellschaften überwachen irgendwelche Menschen die geltende Ordnung sozialer Beziehungen. Täglich und lebenslang sind Menschen von Kontrollinstanzen umgeben. Zum einen sind es *äußere Kontrollen,* die leicht als Zwang und Zumutung empfunden werden können. Zum anderen handelt es sich um die nicht minder einflußreichen *inneren Kontrollen.* Deren Aufbau und Ausbau beginnt mit der primären Sozialisation. Durch Verinnerlichung entsteht eine innere Kontrollinstanz. Ihre Wirksamkeit zeigt sich etwa an Gewissensbissen, Scham, Reue, Annahme von Strafen. Innere Kontrollen wirken wie ein Kreiselkompaß, der Abweichungen automatisch registriert und entsprechende Korrekturen veranlaßt; ausbrechen gilt nicht, die Wiederkehr des Verdrängten ist oftmals sicher. Soziale Kontrolle garantiert allerdings keine dauerhafte Unbeweglichkeit und Stabilität; sozialer Wandel und Geschichte zeigen das.

8.1.1 Vertreter fast aller Sozialen Berufe repräsentieren *Kontrollinstanze*n und üben soziale Kontrolle auf verschiedenen Ebenen aus. Sozialpädagogen beispielsweise erziehen in der primären und sekundären Sozialisierung auf geltende soziale Normen hin und üben soziale Rollen ein. Im Strafvollzug tätige Personen und viele Sozialarbeiter reagieren gemäß bestimmten Vorschriften vor allem nachträglich korrigierend auf abweichendes Handeln. Klienten werden aus ihren bisherigen sozialen Bezügen ausgegliedert, in ihren Lebenskreisen überwacht oder bewußt versuchsweise in ›die‹ Gesellschaft reintegriert. Dabei ist es grundsätzlich gesehen gleichgültig, ob direkter Zwang ausgeübt oder ob versucht wird, die Objekte fürsorgerischen Handelns zur Einsicht in die (tatsächliche oder bloß vermeintliche) Verwerflichkeit und Schädlichkeit ihres Handelns zu bringen, um sich zukünftig innerlich überzeugt selbst zu kontrollieren und erwartungsgemäß zu handeln.

Früher schon beiläufig erwähnte Konfliktquellen verdienen hier besondere Beachtung. Die Fürsorge- und Wohlfahrtsverbände beispielsweise sind ja auch Kontrollorganisationen; ihre Vertreter handeln vielfach in staatlichem Auftrag, überwachen Menschen, greifen in deren Leben ein, üben Zwang aus. Mag auch eine rechtliche Legitimierung vorliegen, sie ist unzureichend bei schwerwiegenden Gruppen-, Normen- und Rollenkonflikten zwischen den Beauftragten dieser Kontrollorganisationen und den Klienten. Rechtlich fixierte Vorschriften können ja fragwürdig werden, was sich im Strafvollzug genauso wie in bestimmten Behandlungstechniken zeigt, mit denen sozial ausgegliederte junge Menschen in Heimen kontrolliert werden. Solche sozialen Kontrollen erscheinen manchen Kontrolleuren selbst als problematisch, ineffizient oder inhuman, gelegentlich begleitet von Inter- und Intra-Rollenkonflikten (6.2.3). Ob und wie die geforderte und ausgeübte soziale Kontrolle in vielen Tätigkeitsbereichen der Sozialen Berufe gerechtfertigt werden kann, ist gegenwärtig strittig. Damit ist man erneut auf die Einsehbarkeit und Geltung sozialer Normen verwiesen. Soziale Kontrolle geschieht ja vor allem deswegen, um Abweichungen von sozialen Normen vorzubeugen oder solche Abweichungen nachträglich zu korrigieren.

8.1.2 Über das Problem der Legitimierung sozialer Kontrolle durch Soziale Berufe ist hier nicht grundsätzlich zu diskutieren. Es interessiert vor allem *abweichendes Handeln* zusammen mit *sozialen Normen.*

Trotz Korrektur der biologischen Weltoffenheit des Menschen ist sein Handeln auch in Umkreis sozialer Normen nicht ein für allemal festgelegt. Darauf hebt der Begriff ›relative Weltgeschlossenheit‹ ab. Warum diese Korrektur nur relativ ist, muß allerdings erklärt werden. Man sagt gelegentlich, daß es die absolute Konformität aller Mitglieder einer Gesellschaft nicht geben könne, weil diese dann völlig unbeweglich wäre. Dieses Argument überzeugt nicht; zu erklären gilt ja, warum es die völlige Unbeweglichkeit aufs Ganze gesehen nicht gab und nicht gibt. Daß Gesellschaften und Normensysteme Menschenwerk sind, ist richtig; diese Tatsache erklärt aber allein nicht, warum Menschen ihre je eigenen Gesellschaften nicht ein für allemal so gestalten, daß alle jetzt und zukünftig gleich handeln. Nur auf sozialen Wandel und Geschichte hinzuweisen, reicht ebenfalls nicht aus; zu fragen ist ja, warum es den überhaupt geben kann. Sozialer Wandel setzt unter anderem irgendwelche Abweichungen von überlieferten Einstellungen und Handlungen voraus. Darauf wurde früher kurz aufmerksam gemacht und abschließend hieß es, daß absolut gelungene Sozialisierung unmöglich sei (6.4.4). Wäre sie umfassend möglich, dann erübrigte es sich eigentlich, zwischen sozialer Rolle und Rollenhandeln zu unterscheiden und von Rollendistanz zu sprechen. Abweichendes Handeln gäbe es nicht, und soziale Kontrolle wäre überflüssig.

Von abweichendem Handeln läßt sich sinnvoll nur zusammen mit sozialen Normen sprechen. Benötigt wird ja ein Maßstab, um bestimmte Handlungen überhaupt als abweichend charakterisieren zu können. Wenn nun soziale Normen universal sind (5.1), dann – so wäre anzunehmen – ist auch abweichendes Handeln eine universale Erscheinung, desgleichen soziale Kontrolle. Dies wird tatsächlich behauptet. Man kennt bislang keine Gesellschaft ohne abweichendes Handeln und ohne soziale Kontrolle. Das ist der Ausgangspunkt für die folgenden Überlegungen. Zunächst wird beispielhaft gezeigt, weshalb irgendwelche Abweichungen normal und vermutlich unvermeidbar sind. Ob solche Abweichungen dann auch kontrolliert und negativ sanktioniert werden, ist eine andere Frage. Deshalb wird zunächst bewußt der vage Terminus Abweichungen verwandt, um alle nur denkbaren und wie im einzelnen auch immer verursachten Abweichungen mit einzubeziehen. Inwieweit einzelne Abweichungen dann vielleicht als abweichendes Handeln etwa in Form von Kriminalität oder Süchten gelten, wird später gesondert behandelt. Einleitend geht es also eigentlich nur um die Reichweite sozialer Normen im Verhältnis von Mensch und Gesellschaft[15].

8.2 Universalität von Abweichungen. Die Universalität von Abweichungen wird hier nur vermittels zweier Zugänge erklärt – und auch dabei keine Vollständigkeit beansprucht. Abweichungen können durch die Art und Weise sozialer Regelung bedingt sein; das betrifft beispielsweise Umfang und Verhältnis sozialer Normen zueinander. Abweichungen können darüberhinaus mehr individuell motiviert sein; das betrifft etwa die Interpretation und Ausgestaltung sozialer Normen und ihrer Sinngehalte.

8.2.1 Eine Voraussetzung für fehlende Abweichungen in einer Gesellschaft wäre, daß die sozialen Normen bei allen Menschen total verinnerlicht sind. Man hat darauf hingewiesen, daß eine so allumfassende und absolute Uniformität schlechthin unmöglich sei, weil die unmittelbare physische Umgebung, die erblichen Vorbedingungen und die sozialen Einflüsse von Mensch zu Mensch schwankten und jedes individuelle Bewußtsein anders gestalteten. Das sind heterogene Dinge. Unterstellt wird ja eine Konformität wegen fehlender unterschiedlicher sozialer Einflüsse. Nimmt man das einmal an, dann verbleiben immer noch die erblichen Vorbedingungen. Jeder Mensch hat seinen eigenen Organismus. Selbst in einfachen Gesellschaften, die sich durch eine vergleichsweise hohe Konformität auszeichnen, gibt es die persönliche Originalität. Die These lautet: Soziale Normen garantieren schon deshalb keine totale Uniformität der Einstellungen, Gefühle und Handlungen, weil es *biologische Unterschiede* geben kann, die sich eventuell modifizierend auswirken. Das ist sicherlich zu global gesehen; unterschiedliche psychische Befindlichkeiten wären eventuell gleichfalls zu beachten.

Eine andere Voraussetzung für fehlende Abweichungen in einer Gesellschaft wäre, daß ein einziger Satz sozialer Normen für alle ausnahmslos gilt. Diese Gesellschaft müßte sozusagen unmittelbar in Individuen zerfallen, das heißt sie dürfte intern nicht differenziert sein. Tatsächlich gibt es jedoch selbst in einfachsten Gesellschaften irgendwelche Untergruppen, etwa nach Geschlecht, Lebensalter, wirtschaftlicher Tätigkeit. Dem entsprechen mehrere, wenngleich miteinander verzahnte Sätze sozialer Normen und damit mehrere Typen von

Handelnden. Die These lautet: wenn Menschen *mehreren Sätzen sozialer Normen* konfrontiert sind, besteht grundsätzlich die Chance ihrer Relativierung. Überdies nimmt mit zunehmender Differenzierung die Eindeutigkeit, Plausibilität und Verbindlichkeit (einzelner) sozialer Normen tendenziell ab, womit sich die Chance von Abweichungen erhöht. Diese können sich beschränken auf gedanklich-gefühlsmäßige Distanz von Rollen. Mit solcher Rollendistanz kann jedoch der Keim für mögliches abweichendes Handeln gelegt sein. Das wiederum muß nicht notwendig kriminalisiert werden. Denkbar ist eine bislang nicht für möglich gehaltene Ausgestaltung der Rolle, die Menschen zwar vielleicht zum Außenseiter und Sonderling stempelt, ohne daß man sie aber deshalb folgenschwer negativ sanktioniert.

Selbst wenn es eine Gesellschaft gäbe, in der mehrere Sätze sozialer Normen eindeutig aufeinander abgestimmt wären und in der kein Mensch daran dächte, vorgeschriebenes Tun zu hinterfragen, dann bedeutete das immer noch nicht unbedingt eine völlige Konformität und Unbeweglichkeit. Tatsächlich gab es aber nur wenige Gesellschaften, die geographisch oder sozial völlig isoliert lebten. Die These lautet: Sobald es zu den in der Geschichte weithin üblichen *Kulturkontakten* kommt, besteht prinzipiell die Chance des Nachdenkens über bislang geltende soziale Normen, was wiederum eine Quelle für mögliche Abweichungen ist. Beachtenswert ist auch die Überlagerung einer durch eine andere Gesellschaft; Eroberer waren und sind oftmals geneigt, ihre Normen absolut zu setzen und davon abweichendes Handeln der Eroberten zu kriminalisieren.

8.2.2 Die bisherigen Annahmen – weil irreal – außer acht lassend, sei nunmehr unterstellt, daß in einer Gesellschaft Stehlen und Morden beispielsweise verboten sind und negativ sanktioniert werden. Wer diese Verbote beachtet, ist dennoch nicht unbedingt frei von Abweichungen. Die Insassen eines mustergültig geführten Klosters werden vermutlich nicht stehlen und morden, dafür gilt jedoch vielleicht ein unfreundliches Wort oder ein neidischer Gedanke als moralische Entgleisung, weswegen man sich anklagt, beichtet, Buße tut. Die These lautet: In dem Maße, in dem bestimmte soziale Normen befolgt werden, erscheinen oftmals bislang nicht für wichtig erachtete Gefühle und Handlungen als fragwürdig und damit als Objekt sozialer Kontrolle und negativer Sanktionen. Man benötigt nicht das Klosterbeispiel, um zu erkennen, wie fähig Menschen sind, *weitere Handlungsbereiche* zu normieren und damit eigentlich abweichendes Handeln allererst zu produzieren. Selbst der Pharisäer erscheint als selbstgerecht, weil er meinte, frei von Abweichungen zu sein – wobei eben diese Einstellung den Anderen schon als Abweichung galt. Bekannt sind entsprechende Vorgänge auch in Kleingruppen primärhafter Art, in denen die unterschiedlichsten Einstellungen und Handlungen als Abweichungen negativ empfunden und sanktioniert werden.

Bestimmte Sätze sozialer Normen reichen auch deshalb nicht ein für allemal aus, weil es immer wieder *neue Situationen* gibt. Die These lautet: Vor allem, wenn sich die Verhältnisse rasch wandeln, werden neue Handlungsbereiche normiert und damit bestimmte Handlungen als abweichend sozial definiert. Ein aktuelles Beispiel bietet die Umweltverschmutzung. Sobald man sie ihrer weitreichenden Auswirkungen wegen als Problem erkennt, sind neue Normen unerläßlich und somit zugleich neue Straftatbestände geschaffen. Ein anderes Beispiel betrifft die immer schon behauptete Abnahme von Gewalttätigkeit gegen Personen und die zunehmende Achtung persönlicher Würde. Nicht als ob wegen der erwähnten Abnahme die Privatsphäre aufgewertet und diese weithin genügend beachtet würde. Hier kommt es nur darauf an, daß der einzelne größeren Schutz genießen sollte, was sich tatsächlich in immer zahlreicheren Rechtsvorschriften niederschlägt. So werden erneut bestimmte Handlungen als Abweichungen sozial definiert. Inzwischen spricht man schon von einer »Krise der Überkriminalisierung« (*S. H. Kadish*).
Schließlich sind *konkurrierende soziale Normen* beachtenswert. Die These lautet: Vor allem in komplexen Gesellschaften gibt es wegen der zahlreichen konkurrierenden Normen tendenziell häufig Abweichungen. Die gesamtgesellschaftlich bedeutsamen und meist rechtlich fixierten Normen sind ja von den konkreten Lebenssituationen vieler Menschen oft weit entfernt, was allein schon deren Verbindlichkeit einschränken mag. Diese Normen sind manchmal zudem unvermeidbar weit gefaßt, übergreifen sozusagen die anderen Gruppenverbindlichkeiten von Menschen und können schon deshalb nur einen Minimalkatalog von Vorschriften enthalten, die dann auch noch als unterschiedlich auslegbar erscheinen. Hinzu kommt nicht selten eine Konkurrenz zwischen gesamtgesellschaftlich bedeutsamen Normen und sonstigen gruppenspezifischen Vorstellungen. Die Handlungsmuster der den einzelnen Menschen näher stehenden sozialen Gruppen sind oft stärker verhaltensprägend, woraus sich Distanz gegenüber und vielleicht Abweichung von übergreifenden Normen leicht ergeben kann. Unter Umständen bilden sich Subkulturen und entstehen Kontergesellschaften mit je ganz oder teilweise eigenständigen Normen. An den herrschenden Normen gemessen, handeln die Mitglieder solcher Gruppen abweichend, und sie werden oft negativ sanktioniert. Ob und wie es gelingen kann, eine zahlenmäßig große und intern vielfach differenzierte Gesamtgesellschaft auf die Einhaltung zentraler Normen einzuschwören und somit auf Dauer zusammenzuhalten, ist schwer zu beantworten.

8.2.3 Besondere Beachtung verdienen zumindest zur Zeit die *Wissenschaften* als ›Produzenten‹ von Abweichungen. Das Handlungsfeld mancher Sozialer Berufe ist davon oft direkt betroffen. Die These lautet: In dem Maße, in dem beispielsweise soziologische, sozialpsy-

chologische, psychologische und psychoanalytische Erkenntnisse zunehmend verbreitet und praktisch genutzt werden, gelten mehr und mehr Einstellungen und Handlungen als Abweichungen.
Als *A. Kinsey* Forschungsergebnisse publizierte, wonach viele Amerikaner sexuell anders als überlieferten Geboten gemäß leben, füllten sich alsbald die Sprechzimmer von Psychiatern mit Menschen, die um Rat fragten, was zu tun sei, um zu der von Kinsey empfohlenen »Katholizität des Geschmacks« zu kommen und also glücklich zu werden. Nicht als ob alle diese Menschen bislang problemlos gelebt hätten. Vielen lieferte aber die Wissenschaft erst den ›Beweis‹ ihrer Unangepaßtheit. Inzwischen ist die Vokabel vom »gestörten Wirklichkeitsverhältnis« sehr verbreitet. Verbal auf dem Bildschirm oder schriftlich durch Psychogramme werden Menschen beispielsweise tiefenpsychologisch analysiert; es wird ein gestörtes Verhältnis zur Wirklichkeit diagnostiziert, bestimmte Einstellungen und Handlungen werden als krankhaft bezeichnet. Politische Gegner lassen sich beispielsweise so aburteilen – bis hin zur Einweisung ins Irrenhaus. Allgemein reicht es wegen der weit verbreiteten Wertschätzung von Wissenschaft oft aus, sich auf wissenschaftliche Erkenntnisse zu berufen, um einzelnen oder Gruppen von Menschen und ihrer Umgebung klarzumachen, daß man es da und dort mit Abweichlern zu tun habe. Nicht als ob alle jeweils betroffenen Menschen eigentlich überhaupt nicht krank seien. Hier kommt es nur darauf an, daß die Wissenschaften vielfach erstmals oder nachträglich den ›Beweis‹ liefern, und somit wesentlich dazu beitragen, daß Einstellungen und Handlungen als Abweichungen bezeichnet und eventuell darüber hinaus als krankhaft sozial definiert werden.
Zwischen und innerhalb von Gesellschaften sind allerdings die Auffassungen über Wirklichkeit, Normalverhalten und Abweichungen sehr verschieden, und es ist schwierig, verbindlich zu bestimmen, was bezüglich welcher Wirklichkeit mit welcher Begründung als Normalverhalten gelten soll; darauf wird später noch ausführlicher einzugehen sein. Hier genügen vorerst folgende Hinweise. Jener Großstadtbewohner, der den durch U-Bahn-Bau verursachten Lärm eines Tages nicht mehr ertrug, mit einem Hammer auf die Bauarbeiter losging und in die Psychiatrische Klinik eingewiesen wurde, war zweifellos gestört. Andauernd starker Lärm kann sich allerdings folgenschwer körperlich und seelisch auswirken. Somit ginge es in dem erwähnten Fall nicht um ein gestörtes Verhältnis zur Wirklichkeit, sondern um eine völlig normale (wegen der Benutzung des Hammers allerdings übertrieben und sinnlos erscheinende) Reaktion. – Anders gelagert erscheint jener Fall, bei dem einem Politiker, der sich gegen eine freiwillige Anerkennung bestimmter Realitäten sperrt, ein gestörtes Verhältnis zur Wirklichkeit einschließlich kranker Züge attestiert wird. Nun gibt es sicherlich Realitäten, die unabdingbar gelten. So dürfte

– trotz einer Erscheinung wie des Fellachismus – die Rückkehr zur vorindustriellen Wirtschaftsweise unmöglich sein. Wer gegen solche Gegebenheiten unabdingbar anrennt, ist tatsächlich extrem unangepaßt, vielleicht sogar unfähig zur Rollenübernahme. Es muß jedoch keineswegs jede politische Realität hingenommen werden. Vielleicht kann man selbst nichts ändern, wohl aber einen Vorbehalt geltend machen, was freilich die Bereitschaft voraussetzt, bestimmte Konsequenzen hinzunehmen. Das wäre gegebenenfells eine politische Entscheidung. Würde sie als Ausdruck eines krankhaft gestörten Verhältnisses zur Wirklichkeit bezeichnet, dann wäre unter anderem zu prüfen, ob nicht vielleicht die Wissenschaft benutzt wird, um gegenteilige politische Auffassungen zu diskreditieren. Manche so verfahrende Menschen weigern sich übrigens ihrerseits strikt, bestimmte Realitäten hinzunehmen. Ihnen werfen dann anders denkende Menschen unter Berufung auf die gleichen oder irgendwelche anderen wissenschaftlichen Erkenntnisse ebenfalls eine realitätsfremde Gesinnung vor.

Bei Wirklichkeit, Normalverhalten und Abweichung handelt es sich also um komplexe Zustände und Vorgänge. Durch die Wissenschaften werden Bewertungsmaßstäbe gesetzt und damit Abweichungen unvermeidbar mit definiert. Der wissenschaftliche Fortschritt hat schon deshalb seine zwei Seiten: Die Analyse ist eine, deren Auswirkungen nebst Chancen der Therapie sind gegebenenfalls eine andere Sache. Das betrifft insbesondere die praktische Verwertung wissenschaftlichen Wissens, die oft eigenen Gesetzen folgt oder doch zu folgen scheint.

8.2.4 Mit den bisherigen Hinweisen auf individuellen Organismus, verschiedene Normsätze, Kulturkontakte, neuartige Situationen, konkurrierende Normen und Wissenschaften läßt sich beispielhaft ansatzweise erklären, warum es keine völlige Konformität und damit keinen Stillstand gab und gibt und auch vermutlich nicht geben wird. Die Frage ist dennoch berechtigt, warum Menschen seit eh und je unterschiedliche Typen von Handelnden schaffen, desgleichen Kulturkontakte, neue Situationen, konkurrierende Normen und wissenschaftlichen Fortschritt. Es ist schließlich nicht unmittelbar einsichtig, was Menschen davon abhält, sich innerhalb ihrer je einzelnen Gesellschaften ein für allemal dauerhaft problemlos zu arrangieren und einzurichten.

In einfachen Gesellschaften blieben die Normensysteme – wenngleich auch nicht völlig unbeeinflußt von außerhalb – über lange Zeiträume hinweg zumindest in den Grundzügen stabil, und sie waren umfassend und tiefgreifend wirksam. Trotzdem gab es die persönliche Originalität. Beachtenswert ist außerdem, daß die Fragen nach dem Lebenssinn etwa angesichts des Todes und nach möglichen Zuständen jenseits des Todes nicht ausgespart blieben. Selbst die kulturellen Leistungen nach Art der Sinngebung und Bedeutungsanreicherung menschlichen Handelns garantierten keine völlige ›innerweltliche‹ Zufriedenheit und Glückseligkeit. Entsprechende Vorstellungen, Riten und sonstige Veranstaltungen sind denn auch unaufhebbare Bestandteile der einzelnen Normensysteme, Lebenseinstellungen und Lebensweisen. Schon angesichts der hier so verstandenen *Sinnfrage* – man gebraucht in diesem Zusammenhang gelegentlich das Wort Religion – ist die biologische Weltoffenheit allemal nur in eine relative Weltgeschlossenheit transformiert. Das alles hat zwar – zumindest direkt – nichts mit Abweichungen und schon gar nichts mit sozialer Kontrolle zu tun, wohl aber mit einer menschlichen Befindlichkeit bzw. Fähigkeit hinsichtlich *Sinndeutung*. Und diese ist einerseits begrenzt und andererseits, aufs Ganze gesehen, ungemein flexibel.

Zum näheren Verständnis wird an die Ausführungen über den Aufbau der Person bzw. den sozialen Erwerb des Selbst erinnert (7.2.1). Der Mensch erlebt sich im Vollzug der primären Sozialisierung als Ich, indem er in seinen Einstellungen und Handlungen zum Objekt eigener Aufmerksamkeit und Nachdenklichkeit wird. So sich selbst wahrnehmend und sich selbst erfahrend, tritt er zugleich sich selbst gegenüber. Man spricht beispielsweise von ›exzentrischer Positionalität‹ des Menschen. Damit ist seine Fähigkeit gemeint, aus sich selbst herausgehen, zu sich in Distanz treten, sich selbst beobachten, loben, kritisieren oder auch an sich selbst verzweifeln zu können. Die als anthropologische Notwendigkeit begriffene Exzentrizität bedarf jedoch einer Ergänzung nach Art eines Gegengewichts, damit ein anthropologisch gesehen ebenfalls für notwendig gehaltenes Gleichgewicht möglich ist. Menschen scheinen folgenlos eben dauerhaft nicht fähig zu sein, in ausschließlicher Distanzhaltung zu sich selbst zu leben. »Exzentrische Lebensform und Ergänzungsbedürftigkeit bilden ein und denselben Tatbestand ... In dieser Bedürftigkeit ... liegt das Movens für ...: *die Kultur« (H. Plessner)*. Damit ist das gleiche gemeint wie dort, wo von der anthropologisch notwendigen Entlastungsfunktion sozialer Normen bzw. Institutionen angesichts der ebenfalls anthropologisch notwendigen Transformation biologischer Weltoffenheit in relative Weltgeschlossenheit die Rede war (5.1, 5.4). Hier ist der Hinweis in dem Zitat auf Kultur wichtig, vor allem eben auf deren Sinn- und Bedeutungsaspekt (5.5). Die These lautet: Sinnhaftes und bedeutungsgeladenes Handeln ist zwar allemal sozial vermittelt, aber die mit sozialen Normen vorgegebenen Sinngehalte sind dennoch prinzipiell und aufs Ganze gesehen niemals endgültig. Menschen schaffen zusammen mit anderen Menschen jenes Gegengewicht, das (relative) Gerichtetheit und Bestimmtheit des Handelns überhaupt erst ermöglicht. Andererseits handelt es sich auch ›nur‹ um ein Gegengewicht, das in seinen jeweils erreichten Konkretionen immer wieder bedeutungslos werden kann.

Solch prinzipielle Offenheit schließt vergleichsweise starke Konformität über lange Zeit hinweg keineswegs aus, wenngleich auch einfache Gesellschaften nicht völlig unbeweglich waren. Immer gibt es Menschen, die vorgegebene Zustände, überlieferte Normen und Sinngehalte nicht fraglos hinnehmen. Wenn man den Begriff Abweichungen weit genug faßt, dann reicht er von aktiver Neugestaltung der Umwelt über versuchte Neuantworten auf die Sinnfrage bis hin zu wissenschaftlichen Erfindungen und Entdeckungen – die als Abweichungen durchaus negativ angesehen werden können. Wann, warum und von wem das In-Frage-Stellen gesellschaftlicher Vorgaben positiv oder negativ bewertet wird, läßt sich nicht allgemein beantworten. Jedenfalls »galten in der Geschichte jeder Gesellschaft ... einige ihrer Helden eben deshalb als heroisch, weil sie den Mut und die Vorstellungskraft besaßen, von den jeweils geltenden Gruppennormen abzuweichen. Bekanntlich sind der Rebell, der Revolutionär, der Nicht-Konformist, der Individualist, der Häretiker und der Abtrünnige von einst die Helden von heute« *(R. K. Merton)*. – Das hat übrigens früh schon *E. Durkheim* erkannt, dem oft unterstellt wird, als sei seiner Ansicht nach die Gesellschaft eine Zwangsanstalt und menschliches Handeln ein bloßes Reagieren im Angesicht des allumfassend vergewaltigenden Kollektivbewußtseins. Er betont jedoch ganz entschieden die »individuelle Originalität«. Ihre Wirkkraft zeige sich nicht nur in der Individualisierung, Nuancierung und Ausgestaltung vorgegebener Handlungsanweisungen, die eben nicht einfach alle passiv hingenommen würden, sondern wesentlich auch in ihrer Bedeutung für Abweichungen. »Damit sich das moralische Bewußtsein entwickeln kann, erscheint es notwendig, daß sich die individuelle Originalität durchzusetzen imstande ist; und damit die Moral des Individualisten, der seinem Jahrhundert voraus sein will, sich entfalten kann, muß die unterhalb des Zeitniveaus stehende Moral des Verbrechens möglich sein. Eines bedingt das andere.« Sokrates sei, gemessen am Athenischen Recht ein Verbrecher gewesen – und doch habe er eine neue Moral und einen neuen Glauben vorbereitet. Wäre jene Norm, die Gedankenfreiheit verbot, nicht nachhaltig wirksam verletzt worden, könnten wir uns heute nicht der Gedankenfreiheit erfreuen. (Manche) Verbrechen seien also durchaus nützlich für notwendige Veränderungen, und unabhängige Philosophen sollten ihre Vorläufer besser bei Häretikern jeder Art suchen[16].

8.3 Normengerechtes und abweichendes Handeln: Normalitätsbegriffe. Bewußt wurde bisher ganz allgemein von Abweichungen gesprochen. Distanz gegenüber sozialen Normen und Sinngehalten etwa in Form abweichender Gefühle und Gedanken werden oft nicht zusammen mit sozialer Kontrolle gesehen – obwohl auch Gefühle und Gedanken als Abweichungen gelten können und Anlaß für Selbstanklagen und Bußbereitschaft sowie für Bevormundung und sonstige Reaktionen durch Kontrolleure der Eigengruppe sind. Das interessiert hier aber nicht weiter. Es reicht, das breite Spektrum zu sehen, innerhalb dessen soziale Kontrolle von Abweichungen möglich sein kann. Wenn man abweichendes Handeln im engeren Sinne näher bestimmen will, dann ist ein genauerer Maßstab erforderlich. Wie bisher bloß auf soziale Normen hinzuweisen, reicht nämlich nicht aus. Man muß angeben, um welche Normen es sich handelt. Das wiederum betrifft unter anderem die schwierige Abgrenzung von normalem und anormalem Handeln, wobei erhebliche praktische Probleme auftauchen.

8.3.1 Wer abweichend handelt, verstößt gegen soziale Normen. Fragt man, welche Normen als Maßstab dienen, dann bieten sich zunächst einmal die Normen einer bestimmten Gesellschaft oder sonstigen sozialen Gruppen an. Das auszusprechen erscheint trivial, es zu sehen, ist aber dennoch wichtig. In soziologischer Sicht wird ja normgemäßes und normverletzendes Handeln an den nach Ort und Zeit höchst unterschiedlichen gesellschafts- bzw. gruppenspezifischen Vorstellungen gemessen.

8.3.1.1 Man hat immer wieder versucht, jenseits der Universalität sozialer Normen als einer anthropologischen Voraussetzung weiterreichende menschliche Gemeinsamkeiten ausfindig zu machen. Die gibt es auch, wie etwa die Regeln hinsichtlich Sicherung der Nachkommenschaft, Wirtschaften, Politik und Behandlung von Kranken zeigen. Menschliches Handeln und normative Regelung sind jedoch auf solche Bereiche nicht beschränkt, und die Art und Weise normativer Regelung ist im übrigen sehr verschieden. Die zahlreichen ehelichen und familialen Formen sind dafür nur ein Indiz. Interessiert man sich nun – was gerade in diesem Zusammenhang notwendig ist – für solche unterschiedlichen inhaltlichen Ausprägungen sozialer Beziehungen, dann bringen Hinweise auf derartige weiterreichende Gemeinsamkeiten wenig ein.

Das trifft ebenfalls für manche *naturrechtliche* Aussagen zu. So wird beispielsweise auf die Allgemeinen Rechtsgrundsätze als eines Minimums an sittlichen Werten hingewiesen, wozu unter anderem die Norm »pacta sunt servanda« gehöre – denn Vertragstreue sei Voraussetzung etwa für dauerhafte zwischenstaatliche Beziehungen. Auch die Ehe wird gelegentlich als eine naturrechtlich begründete Personengemeinschaft bezeichnet – denn Zeugung und Erziehung der Nachkommenschaft seien für Gesellschaften nötig, um in der Zeit zu überleben. Manchem gilt die öffentliche Strafgewalt als naturrechtlich begründet – denn die Sicherung der höchsten Rechtsgüter sei nötig wegen verbrecherischer Angriffe. Soziologen leugnen nicht, daß es solche Regeln gibt und daß sie notwendig sind. Dauerhafte zwischenstaatliche Beziehungen erfordern tatsächlich unter anderem Vertragstreue, für die Sozialisierung sind bestimmte Handlungsweisen nötig, und angesichts schwerwiegender Abweichungen ist soziale Kontrolle unver-

meidbar. – Das zugestanden, liegt das eigentliche Problem jedoch in gewissen weiterreichenden inhaltlichen Annahmen. So wird beispielsweise die Ehe gelegentlich als eine naturrechtlich begründete Personengemeinschaft angesehen und zugleich auf Einheit und Unauflöslichkeit als Wesenseigenschaften hingewiesen sowie die Wahrung der hierarchischen Stellung des Mannes in einer den Umständen gemäßen Weise als naturrechtliche Aufgabe bezeichnet. In einem anderen Fall wird mit der tieferen, d. h. naturrechtlichen Begründung der öffentlichen Strafgewalt für die Beurteilung der Schuld im Strafrecht zugleich der naturrechtlich fundierte Gedanke der freien und sittlich verantwortlichen Persönlichkeit betont und sodann noch gefordert, mit der Strafe das Bewußtsein von ihrer sühnenden und vergeltenden Funktion für schuldhaft begangene Taten lebendig zu erhalten.
Die in einer Gesellschaft oder sonstigen sozialen Gruppe geltenden sozialen Normen können eben verabsolutiert werden. a) Befangen von den Einstellungen in der Eigengruppe wird beispielsweise einfach die Universalität einer Norm behauptet. Für die Unauflöslichkeit der Ehe etwa trifft das nicht zu. Lebenslange eheliche Gemeinschaft ist keine universale Erscheinung, sie wird nicht überall gefordert, und schon gar nicht unter Berufung auf die Natur des Menschen und menschlichen Zusammenlebens. b) Die Unauflöslichkeit der Ehe wird als notwendig behauptet, vor allem wegen der unvermeidbaren Sicherung des Nachwuchses. Tatsächlich müssen sich irgendwelche Menschen des Neugeborenen dauerhaft und intensiv annehmen. Für eine erfolgreiche Sozialisierung ist aber weder die generelle Unauflöslichkeit der Ehe erforderlich, noch ist diese nach erfolgter Sozialisierung allein mit dem Hinweis darauf begründbar. c) Die Unauflöslichkeit der Ehe wird unter Hinweis auf die Natur begründet. Dem widersprechen schon die Bemerkungen unter a) und b), und es bleibt im übrigen erklärungsbedürftig, warum sich so viele Menschen seit eh und je von ihrer vorgeblichen natürlichen Anlage entfernen können. In soziologischer Sicht hängen solche ›Naturwidrigkeiten‹ mit bestimmten gesellschaftlichen Konstellationen notwendig zusammen, und sie sind so gesehen ganz natürliche Vorgänge. Selbst die erwähnten Übertreibungen haben ihrerseits leicht einsehbare soziale Ursachen.
8.3.1.2 Man hat einmal darauf hingewiesen, daß die in einzelnen Gesellschaften vorhandenen Auffassungen über menschliche Triebe eigentlich mehr über die Befindlichkeit dieser Gesellschaft verraten als über die Natur des Menschen. Das trifft hier sinngemäß ebenfalls zu. Zahlreiche ›natur‹-bezogene verallgemeinernde Aussagen über natürliches und unnatürliches, normales und anormales Handeln sind ethnozentristisch bedingte Übertreibungen. Die überragende Bedeutung der Einbindung des Menschen in eine bestimmte Gesellschaft oder in eine sonstige soziale Gruppe zeigt sich hier besonders deutlich. Wirklichkeit ist ja für die Menschen weithin das, was im jeweiligen

Bezug als wirklich erlebt, erfühlt und erkannt wird. Wirklichkeit ist sowohl sozial vermittelt als auch sozial relativiert, d. h. bezogen auf und gebunden an einzelne Gesellschaften oder sonstige soziale Gruppen. Das führt leicht zu *Realitätsverschätzungen*, in dem das gruppenspezifische Wissen dazu dient, die vertraute Umgebung und Realitätssicht zu verabsolutieren und von da aus die fremdartig anmutenden Einstellungen, Handlungen und Wirklichkeitsdeutungen der Anderen negativ wertend abzulehnen.
Solch verengte Sicht ist dort unmittelbar praktisch bedeutsam, wo die sozialen Normen der Eigengruppe als entscheidender Maßstab dienen, um zwischen normgemäßen und normverletzenden Handeln verbindlich zu unterscheiden. Ein gutes Beispiel ist das päpstliche »Pillen-›Verbot‹« und dessen versuchte naturrechtliche Begründung. Es wird dabei zugleich deutlich, wie weit die diesem Verbot zugrunde liegende Realitätsverschätzung reicht. Zumindest in hochindustrialisierten Gesellschaften stößt nämlich das Verbot auf eine veränderte Wirklichkeit, welche die Menschen unvermeidbar stark beeinflußt. Man verhält sich ja auch weithin anders, und selbst manchen betroffenen Wissenschaftlern fällt es schwer – und sie äußern es öffentlich –, die Ableitung des Verbots aus einer verbindlich-geltenden natürlichen Ordnung einzusehen. Ähnliche Entwicklungen gibt es in anderen Bereichen. So erscheint etwa angesichts humanwissenschaftlicher Erkenntnisse über die weit- und tiefgreifende soziale Formung des Menschen auch die beiläufig erwähnte naturrechtliche These von der freien und sittlich verantwortlichen Persönlichkeit problematisch. Wenn Menschen wegen widriger, von ihnen nicht zu verantwortender Umstände straffällig geworden sind, erscheint es absurd, die vergeltende Funktion der Strafe hervorzuheben.
8.3.2 Begreift man nun abweichendes Handeln als Verstoß gegen geltende gesellschafts- bzw. gruppenspezifische Normen, dann liegt es gegebenenfalls nahe, normverletzendes Handeln negativ und normgemäßes Handeln positiv einzuschätzen. Normgemäßes Handeln erscheint vielleicht als normal und normverletzendes Handeln als anormal. Es ist aber zu beachten, daß Normen zwar gelten können, eben weil Verstöße negativ sanktioniert werden, daß manche Menschen aber dennoch normwidrig handeln und vielleicht sogar die verhängten Strafen als unbedeutend ansehen. Vor allem in der modernen, intern stark differenzierten Gesellschaft lassen sich die verschiedenen Vorstellungen kaum übersichtlich ordnen sowie Normalität und Anormalität nicht eindeutig und verbindlich bestimmen. Soziale Berufe sind davon unmittelbar dann betroffen, wenn etwa die sozialpädagogische Praxis das »›Normale‹ stützen und fördern, den Abweichungen vorbeugen, und, sofern mit pädagogischen Mitteln möglich, die eingetretenen Schäden (aufheben) will. Es fällt aber schwer, das ›Normale‹ positiv zu beschreiben . . .« *(K. Mollen-*

hauer). Das zeigen auch die folgenden Hinweise auf verschiedene Normalitätsbegriffe.
Wer von der Normalität abweichenden Handelns einschließlich Kriminalität spricht, orientiert sich an einer *statistischen Norm.* Normal ist, was in einer bestimmten Gesellschaft regelmäßig vorkommt. Selbstmord, Prostitution, Alkoholismus und Abtreibung sind demnach normale, weil regelmäßig auftretende Erscheinungen. Erst wenn beispielsweise die Kriminalitätsrate vom üblichen Durchschnittswert abweicht, ist es angebracht, von krankhaft, pathologisch oder anormal zu sprechen. Das trifft auch zu für eine Abnahme. In Kriegszeiten nimmt der Selbstmord ab, was man jedoch nicht vorschnell als eine Besserung bezeichnen sollte. Wenn sich einzelne Gesellschaften grundlegend verändern, dann betrifft das natürlich auch den Durchschnittstyp, an dem gemessen Abweichungen nach oben und unten als anormal gelten. Die Selbstmordhäufigkeit beispielsweise hat in vielen industrialisierten Ländern gegenüber dem vorindustrialisierten Zeitalter zugenommen und sich auf einer höheren Ebene eingependelt.
Es ist ein Vorteil dieser Betrachtungsweise, daß zunächst ausschließlich soziale Ursachen abweichenden Handelns interessieren. Der (sicherlich schwer exakt zu bestimmende) Durchschnittstyp und die Zu- und Abnahmen werden allein aus gesellschaftlichen Verhältnissen erklärt, deretwegen die jeweiligen Abweichungen unvermeidbar und – so gesehen – auch normal sind. Eine moralische Bewertung ist ausgeschaltet. Der Nachteil dieser Betrachtungsweise liegt darin, daß mit dem Hinweis auf die Normalität abweichenden Handelns im statistischen Sinne zumindest direkt noch nichts darüber ausgesagt ist, wie die Abweichungen in einer Gesellschaft bewertet werden.
8.3.3 Von daher gesehen bietet sich ein anderer Normalitätsbegriff an, nämlich der sozialethische Normalitätsbegriff bzw. die *ideale Norm.* Abweichungen sind nicht deshalb normal, weil sie regelmäßig geschehen. Der Bewertungsmaßstab ist vielmehr ein gewünschter Zustand, an dem gemessen bestimmte Handlungen selbst dann als anormal gelten, wenn sie regelmäßig vorkommen und also statistisch gesehen normal sind. Der Vorteil dieser Betrachtungsweise liegt darin, daß man erfährt, was Menschen über abweichendes Handeln denken. In der modernen, intern hochgradig differenzierten Gesellschaft sind allerdings die Vorstellungen über wünschbare Zustände verschieden. Was der einen Gruppe als normal gilt, erscheint der anderen als anormal. Die verschiedenen Einstellungen etwa zu Ehescheidung, Einnahme von Drogen, Abtreibung, Prostitution oder Selbstmord zeigen das deutlich genug. Bezugspunkt der an einer idealen Norm orientierten Analyse sind also die sozialen Normen einzelner Gruppen.
Soziale Berufe beispielsweise können sich nicht ohne weiteres an x-beliebigen gruppenspezifischen Normen orientieren. Sie handeln oft in staatlichem Auftrag und sind dann auf Rechtsnormen verpflichtet.

Demnach wäre vielleicht das den Rechtsnormen entsprechende Handeln normal, das ihnen widersprechende Handeln abweichend und anormal; Bezugspunkt wären dann also rechtlich fixierte Normen einer Gesellschaft, die dem Anspruch nach für alle Gesellschaftsmitglieder gelten. Es ist jedoch zu beachten, daß solche herrschenden Werte nicht unbedingt allgemein akzeptiert werden müssen. Die Verstöße werden zwar vielleicht negativ sanktioniert, die normverletztenden Handlungen aber dennoch nicht allseits grundsätzlich mißbilligt und schon gar nicht als anormal angesehen. Das Rechtsbewußtsein kann sich eben ändern, und man bewertet dann die statistische Normalität von Abweichungen auch als normal. Das betrifft beispielsweise die rechtlich schon zunehmend erleichterte Ehescheidung oder die Einstellung zur Abtreibung.

Bei alledem ist wichtig, ob die Meinung einiger oder vieler Menschen entscheidend sein soll für die Bewertung von normalem und anormalem Handeln. Viele Menschen wollen die Freigabe der Pornographie zumindest für Erwachsene, wenige Menschen bestehen als Gesetzgeber auf dem überlieferten rechtlichen Verbot. Vielleicht repräsentieren aber diese wenigen Menschen zahlreiche andere Menschen. Unterstellt man einmal, daß wirklich nur eine Minderheit auf dem Verbot besteht und dennoch Erfolg hat, verschärft sich das Problem der Legitimierung von Rechtsnormen.

Manche Menschen haben zwar eine Vorstellung von einem wünschbaren Zustand, sie handeln aber dennoch anders. So mögen viele Menschen den Sinn des (allerdings nicht umfassenden) Alkoholverbots für Autofahrer an sich einsehen, sie verstoßen aber dennoch dagegen. Ähnliches gilt für den Alkoholismus allgemein, obwohl Trinken, selbst exzessives Trinken, nicht verboten ist. In beiden Fällen wird die statistische Normalität einer Abweichung gemessen an einer idealen Norm negativ bewertet, aber trotzdem wird abweichend gehandelt.

8.3.4 Mit dem dritten Normalitätsbegriff, der *funktionalen Norm*, ist sehr Verschiedenes gemeint und zwischen funktionaler und idealer Norm läßt sich nicht immer eindeutig trennen.

8.3.4.1 Für das Überleben einer Gesellschaft oder einer sonstigen sozialen Gruppe ist die *Sicherung der Nachkommenschaft* unerläßlich und sind somit *Zeugung und Übernahme von Sozialisierungsrollen* funktional. Wer nicht dazu bereit ist, handelt abweichend, gilt oft als verantwortungslos, manchmal sogar als anormal. Für einfache Gesellschaften war eine hohe Geburtenziffer lebenswichtig. Eigentlich galt das für alle Gesellschaften bis zur beginnenden Industrialisierung. Mit sinkenden Sterbeziffern und steigender Lebenserwartung verlor dann die hohe Geburtenziffer ihre ursprüngliche Funktion, nämlich die hohe Kindersterblichkeit auszugleichen. Heute erscheint in vielen Ländern eine hohe Geburtenziffer geradezu schädlich, weil sie in vielen Entwicklungsländern zum Massenelend beiträgt.

Nicht als ob sich überall die Menschen in ihrem Fortpflanzungsverhalten bewußt am Überleben ihrer Gesellschaft orientierten. In fast allen bekannten Gesellschaften sind die einschlägigen Normen zusätzlich bedeutsam. Zu ihrer tieferen Begründung und Rechtfertigung wird etwa auf Gebote und Verbote irgendwelcher überirdischer Mächte verwiesen. Solche Bedeutungen erlangen leicht ein Eigengewicht, motivieren Handeln primär und überdauern in der Zeit. Diese Bedeutungsanreicherungen sind auch dann noch handlungsrelevant, wenn jene Umstände sich längst verändert haben, deretwegen die Handlungsanweisungen (in dieser Sicht jedenfalls) ursprünglich sinnvoll waren. So blieb beispielsweise die Geburtenziffer im ausgehenden 19. Jahrhundert bei uns nach wie vor sehr hoch, obwohl wegen medizinischer Errungenschaften die Sterbeziffern sanken. Dafür waren nicht zuletzt religiöse-kirchliche Vorstellungen etwa über den Sinn und Zweck der Ehe verantwortlich. Aber auch unabhängig davon galten Kinder als Wert für sich – und das trifft gegenwärtig bei uns noch ebenso zu wie in Entwicklungsländern. Die Funktionalität des gemeinten Handelns ist hier also anders begründet. – Wie wirkkräftig solche selbständig gewordenen Vorstellungen nach wie vor sind, erfahren beispielsweise kinderlose Ehepaare immer wieder. Manchen wird von den einen Zeugungsunfähigkeit unterstellt, von den anderen schlichtweg Egoismus, unnatürliche, verantwortungslose Lebenseinstellung. Staatlicherseits verhängte negative Sanktionen gibt es zwar nicht, es sei denn, man empfände die unterschiedliche steuerliche Belastung als ausreichende Bestrafung. In diesen Bereich mischen sich so zahlreiche Motive und Zielvorstellungen, daß jede allgemeine Aussage unsinnig erscheint.

Die Sicherung der Nachkommenschaft kann im übrigen unterschiedlich geregelt sein. Dafür sprechen die zahlreichen ehelichen und familialen Strukturen. Wo etwa Monogamie üblich ist, erscheint sie im allgemeinen als eigenständiger Wert, und die ihr gemäße Lebensweise wird meist primär nicht der Nachwuchssicherung wegen gefordert, sondern um der Einehe willen. Diese wird dann oft zugleich verabsolutiert und von der Natur der Sache her begründet. Außereheliche sexuelle Beziehungen einschließlich Prostitution gelten dann als abweichende, unnatürliche Handlungen.

8.3.4.2 Im *wirtschaftlichen Bereich* lassen sich ebenfalls verschiedene Begründungsebenen hinsichtlich funktionalem und abweichendem Handeln auseinanderhalten. Zum Überleben einer Gesellschaft ist *Wirtschaften* unerläßlich und also wirtschaftliches Handeln funktional. Wie aber gewirtschaftet wird, in welchen Formen es geschieht, auf welche Ziele hin, im Rahmen welcher Wirtschaftsordnungen – das kann sehr verschieden sein. In kleineren, einfachen Gesellschaften werden alle arbeitsfähigen Mitglieder gebraucht und ›unnütze‹ kranke und alte Menschen oft sogar ausgesetzt. Die entsprechenden Kontrollsysteme reichen sehr weit und beziehen selbst Heiratsregeln mit ein, denn in vielen Fällen steht die Eheschließung unter dem Diktat des Erwerbs von Arbeitskräften. Das alles trifft so ausgeprägt für die moderne Gesellschaft nicht zu. Manche arbeitsunlustigen Menschen vor allem unter Jugendlichen haben dennoch mit negativen Sanktionen zu rechnen. Diese sind jedoch meistens anders motiviert, ergeben sich etwa aus überlieferten Einstellungen über Sinn und Zweck der Arbeit. Sogar Privateigentum erscheint als Wert für sich, und sachlich begründbare Korrekturen gelten als Verrat am Postulat freier Entfaltung der Persönlichkeit, was alles dann zugleich noch von der Natur des Menschen her zu begründen versucht wird.

8.3.4.3 Sehr allgemein formuliert könnte man sagen: All das gilt als funktional, was der *Erhaltung einer gegebenen Ordnung* sozialer Beziehung dient. Jedes Handeln, das die Stabilität eines gesellschaftlichen Systems stört, ist dann abweichend, dysfunktional. Soziale Kontrolle zielt darauf ab, entsprechenden Abweichungen vorzubeugen oder die Abweichungen nachträglich zu korrigieren.

Der Übergang zur idealen Norm hin ist fließend, begreift man z. B. ein bestehendes System als einen wünschbaren Zustand. Die Grenzen dieser Betrachtungsweise sind offenkundig. Erstrebt man nämlich eine neue Ordnung sozialer Beziehungen, dann sind soziale Veränderungen nötig. Gemessen daran ist sozialer Wandel funktional und übliches konformes, auf Stabilität ausgerichtetes Handeln abweichend, dysfunktional. Darüber wird noch zu sprechen sein (9.2, 9.3). Hier genügt es, auf einige Probleme hinzuweisen, die auftauchen, wenn man sich an funktionaler Norm orientiert. Ohne irgendwelche Ziele geht es nicht. Soziologisch interessant und praktisch oft direkt relevant ist eben die Art und Weise ihrer Begründung und Legitimierung. Dabei mischen sich unter anderem überlieferte Vorstellungen, bewußt formulierte sowie planmäßig verschleierte gruppenspezifische Interessen. Faßt man den Begriff des Politischen weit genug, dann wird man *H. Becker* sicherlich zustimmen können, wenn er in seinem Buch ›Außenseiter der Gesellschaft‹ darauf hinweist, daß die funktionale Betrachtung der Abweichung unser Verständnis begrenzt, weil sie den politischen Aspekt des Phänomens außer acht läßt.

8.4 Normalitätsbegriffe: Zusammenhänge und Praxis. Zwischen statistischer, idealer und funktionaler Norm gibt es einige, gerade auch für Soziale Berufe beachtenswerte Querverbindungen (8.4.1), die sich ihrerseits praktisch auswirken können (8.4.2).

8.4.1 Mit einer an statistische Norm orientierten Betrachtungsweise erfährt man nicht unbedingt etwas darüber, wie die Abweichungen bewertet werden, aber das quantitative Argument ist dennoch aufschlußreich. »Auch wer selbst gegen eine bestimmte Norm nicht verstößt, dürfte angesichts deren häufiger Übertretung an ihrer absoluten Gültigkeit zu zweifeln beginnen« *(P. R. Hofstätter).*

8.4.1.1 Als allgemeine These formuliert, stimmt das wohl nicht – obwohl es Zusammenhänge zwischen *statistischer Norm und idealer Norm* zweifellos gibt. Häufige Übertretungen können sich jedenfalls entsprechend auswirken, vor allem dann, wenn die Zahl der Abweichler stark zunimmt. Infolge weitverbreitet praktizierter Empfängnisverhütung haben inzwischen auch viele jener Menschen ihre Meinung geändert, die bislang überlieferten religiös-kirchlichen Vorstellungen gemäß lebten und vor allem die künstliche Empfängnisverhütung als abweichendes, naturwidriges Handeln verstanden. Manche auf Sinnfragen sowie Lebenshilfe spezialisierte und als solche zugleich professionalisierte Gruppen-Kontrolleure fragen inzwischen sogar, wie unauflöslich die Ehe denn eigentlich wirklich sei. Hinsichtlich Abtreibung wird nach wie vor ernsthaft darüber diskutiert, von wann ab Mord vorliegt, wobei noch zu beachten ist, daß die Ansichten sich ändern, und daß man zum Beispiel im Mittelalter fast allgemein annahm, der männliche Fötus sei erst am 40. und der weibliche Fötus erst am 60. Tage beseelt. Die schon durchgeführten und noch geplanten Reformen des Strafrechts deuten ebenfalls auf veränderte Einstellungen und Handlungsweisen hin, deretwegen man kritisch über Sinn und Zweck einer Aufrechterhaltung überlieferter Normen nachdenkt. Infolge verstärkter Übertretung einer Norm kann mithin die Strafwürdigkeit eines bislang als abweichend charakterisierten Handelns zunehmend fragwürdiger und schließlich sogar ganz geleugnet werden. Man spricht auch von Entkriminalisierung, einer Aufhebung bestimmter Rechtsnormen – die dann trotzdem für irgendwelche anderen Menschen verbindlich bleiben können.

8.4.1.2 Was das Verhältnis zwischen *statistischer Norm* und *funktionaler Norm* betrifft, so können sich die Vorstellungen über Funktionalität ändern. Bisher übliche und gebilligte Handlungen erscheinen nicht mehr nötig, um ein bestimmtes Ziel zu verwirklichen; bisher für abweichend geltende Handlungen erscheinen nunmehr als geeignete Mittel, um ein bestimmtes Ziel zu verwirklichen. Gemessen an den Pflichten der Frau als Ehefrau und Mutter wurde lange Zeit die außerhäusliche Erwerbstätigkeit verheirateter Frauen und Mütter weithin als dysfunktional abgelehnt. Inzwischen denkt man vielfach anders darüber. Es gibt zwar keine allseits übereinstimmende Auffassung, aber man kann doch verallgemeinernd sagen: Die Berufstätigkeit unverheirateter Mädchen gilt als selbstverständlich, die von kinderlosen verheirateten Frauen als vertretbar, die von Müttern mit Kleinkindern gegebenenfalls als problematisch und die von Müttern mit älteren Kindern als normal. Die Grundfunktion bzw. funktionale Norm Sozialisierung wird damit keineswegs in Frage gestellt. Vor allem für die primäre Sozialisierung erscheint die außerhäusliche Erwerbstätigkeit von Müttern mit Kleinstkindern nach wie vor problematisch, wenn kein Ersatz verfügbar ist. Die Rolle der Frau wird

trotz allem nicht mehr vorwiegend durch die Rollensegmente Ehefrau, Hausfrau und Mutter bestimmt und die ausschließliche Beschränkung auf Haus und Familie kaum noch gefordert – wie das dem, keineswegs einflußlos gewordenen, bürgerlichen Leitbild entsprach. Früher als abweichend geltende, weil den ›natürlichen Aufgabenkreisen‹ der Frau widersprechende Handlungen erscheinen nunmehr weithin als normal – ja sogar als funktional.
Denn hinzu kommen gewisse Veränderungen der Ziele selbst. Unabhängig von der Grundfunktion Sozialisierung hat sich die Eheauffassung gewandelt. Es ist damit das vielzitierte, sicherlich noch nicht durchweg verwirklichte, aber dennoch als solches bemerkenswerte Leitbild von der Partnerschafts- bzw. Gefährtenschaftsehe gemeint. Partnerschaft bedeutet mehr als bloße rechtliche Gleichberechtigung. Partner können miteinander reden, sie sind informiert, das Wissen ist nicht auf den nur hausfraulichen oder beruflichen Bereich beschränkt. Eine Frau, deren Interessen über den vergleichsweise privaten und abgeschlossenen Bereich der Primärgruppe Familie hinausreichen, »bleibt leichter ein interessierter, erfahrener, urteilsfähiger und gleichwertiger Partner und kann im Zusammenwirken mit dem Ehemann das zu enge Verhältnis von innen heraus gestalten« *(E. M. Kätsch)*. Angesichts der hervorragenden Bedeutung des Berufs in der modernen Gesellschaft bemißt sich das Ansehen vor allem an der beruflichen Stellung. Das Prestige überträgt sich zwar vom berufstätigen Ehemann auf die Ehefrau, aber für sie ist es doch nur ein abgeleitetes Prestige. Das mögen manche Frauen als unzureichend empfinden, ganz abgesehen von fehlendem eigenen Verdienst. Sicherlich sind die Verhältnisse viel komplizierter, wären überdies schichtenbedingte Unterschiede zu beachten; auch ist die Situation sehr vieler berufstätiger Frauen weniger rosig, als es scheinen mag. Hier genügt es aber, den bemerkenswerten Wandel der Auffassung über Sinn, Zweck und Gestaltung der Ehe zu sehen.
8.4.1.3 Am Beispiel der Ehescheidung läßt sich ein sachlicher Zusammenhang zwischen *funktionaler und idealer Norm* aufzeigen. Als ideale Norm sei einmal im Sinne eines wünschbaren Zustandes die prinzipielle Unauflöslichkeit der Ehe unterstellt. Daran gemessen wäre Ehescheidung eine Abweichung. Sie wäre das auch dann, wenn man von der notwendigen Sozialisierung als einer funktionalen Norm ausginge und von daher die Unauflöslichkeit der Ehe begründete. Nun läßt sich aber zeigen, daß Ehescheidung unter ungünstigen Sozialisationsbedingungen gerade der Kinder wegen sinnvoll sein kann. Als abweichend bezeichnetes Handeln erscheint somit funktional. Verfechter einer grundsätzlichen Unauflöslichkeit der Ehe gerieten damit in einen Zielkonflikt. Hinzukommt, daß vielen Menschen die prinzipielle Unauflöslichkeit überhaupt nicht als ideal erscheint. Beider Umstände wegen wird die ideale Norm relativ einflußlos.

8.4.2 In der Praxis können sich die einzelnen Normalitätsbegriffe unterschiedlich auswirken. Das soll hier nur am Beispiel der *Prostitution* bloß modellhaft skizziert werden.

8.4.2.1 Gemessen an einer *statistischen Norm* ist die Prostitution normal. Sie war bislang auch nicht ausrottbar. Wer sich als zuständiger Praktiker ausschließlich daran orientierte, hätte nur wenig zu tun. Er nähme die Prostitution einfach hin, als unvermeidbare und deswegen normale Erscheinung. Selbst Jugendschutz erschiene wenig ergiebig, denn eine völlige Abschirmung der Jugendlichen sei unmöglich. Sinnvoll wären allenfalls vorbeugende Kontrollen zur Verhinderung und/oder Eindämmung von Geschlechtskrankheiten. Schließlich seien nicht alle Menschen prostitutiv tätig, und es sei nicht einsehbar, warum Unbeteiligte gefährdet sein sollten. Vertretbar wäre eventuell noch eine Betreuung jener Frauen, die aus dem Geschäft aussteigen wollen oder schließlich doch einmal aussteigen müssen. Das setzte freilich schon Ziele voraus, derentwegen man sich verpflichtet fühlte, diesen Menschen zu helfen. Vielleicht orientierte man sich an einer funktionalen Norm und ginge beispielsweise davon aus, daß Prostituierte schließlich nicht unbedeutende Dienstleistungen erbrächten.

Erst wenn die Prostitution stark zunähme und somit pathologisch würde, erschiene es vertretbar, einzugreifen. Oft reagierten Teile ›der‹ Öffentlichkeit ja auch erst dann, wenn eine auffällige Steigerung zu verzeichnen sei. Um einzugreifen, benötigte man aber irgendein Ziel, denn einer bloßen Zunahme wegen erschienen Kontrollen nicht schon gerechtfertigt. Man müßte begründen, weshalb die Zunahme problematisch und wer dadurch in welcher Weise offenkundig gefährdet sei. Ein auffälliger Rückgang beispielsweise der kasernierten Prostitution wäre gleichfalls beachtenswert. Sein Bedeutungsschwund ginge vielleicht einher mit einer allgemeinen Lockerung überlieferter Sexualmoral, aufweisbar an weithin üblichem und von den Beteiligten vielfach gebilligtem vor- und außerehelichem Geschlechtsverkehr. Der wiederum wäre gegebenenfalls statistisch gesehen normal, und weitreichende Eingriffe erschienen deshalb nicht sinnvoll. Ob jedoch ein Rückgang kasernierter Prostitution wirklich eine Besserung sei, wäre im einzelnen noch genau zu prüfen. Vielleicht handelte es sich nur um eine scheinbare Besserung, begleitet von nachteiligen Auswirkungen in anderen Bereichen.

8.4.2.2 Gemessen an einer *idealen Norm,* wonach sexuelle Beziehung ausschließlich innerhalb der Ehe naturrechtlich oder sonstwie begründet erlaubt ist, erscheint die Prostitution als abweichend, unnatürlich, anormal. Wer sich dieser Norm rückhaltlos verpflichtet fühlte, würde vielleicht Prostitution umfassend bekämpfen. Der Kampf eines oder weniger Menschen reichte aber vermutlich nicht aus. Es wäre vor allem Macht nötig, um einschlägige gesetzliche Verbote und weitreichende Kontrollmaßnahmen zu erzwingen. Schlagkräftige Organisationen würden dann beauftragt, die äußeren und inneren Kontrollen durchzuführen. Ein systematisches Studium gesellschaftlicher Wirklichkeit und möglicher Ursachen der Prostitution wäre unnötig und auch unerwünscht, denn das führte eventuell nur zu Zweifeln. Die Wirklichkeit erschiene eben als durch und durch verderbt. Die Menschen seien schließlich um der Sittengesetze und diese nicht um der Menschen willen da, weshalb man die verderbte Wirklichkeit radikal bekämpfen müßte. Mangelhafter Erfolg wäre kein Grund, zu verzweifeln und mit dem Kämpfen aufzuhören. Schließlich gäbe es meistens nur wenige auserwählte Menschen, denen es vergönnt sei, den Dingen auf den Grund zu gehen und die Wurzeln aller Übel zu erkennen. Sofern sich die kämpfenden Kontrolleure auf gleiche Interessen einer breiten Mehrheit stützen könnten, wäre das dem Kampf um Recht und Sitte nur förderlich. Schwieriger würde es angesichts weiterreichender gruppenspezifischer unterschiedlicher Auffassungen über wünschbare Zustände. Dann wären vermutlich Kompromisse nötig, würde soziale Kontrolle eingeschränkt, versagte sich der Gesetzgeber einer rechtlichen Legitimierung umfassender Kontrollmaßnahmen. Einschlägig tätige Praktiker wären verpflichtet, differenzierend vorzugehen und mögliche konkurrierende ideale Normen zu beachten.

Während nämlich dem einen die Konzentration allen sexuellen Handelns auf die Ehe als ein wünschbarer Zustand erscheint, fordert ein anderer vielleicht die freie Entfaltung der Persönlichkeit auch auf sexuellem Gebiet. In der modernen, intern hochgradig differenzierten Gesellschaft sind konkurrierende Normen unmittelbar praktisch bedeutsam. Irgendwelche Idealvorstellungen können kaum noch überzeugend allgemein verbindlich und rechtlich fixiert wirksam vertreten werden. Missionarische Gesinnung und entsprechendes Handeln sind deswegen nicht unmöglich und illegitim. Die Mittel sind jedoch begrenzt, und die Ansichten anderer Menschen sind zu respektieren. Der Gesetzgeber kriminalisiert denn auch tendenziell nur solche Handlungen, die das Zusammenleben gefährden, die Rechte und die mögliche Freiheit der Mitmenschen beeinträchtigen. Vermittels Begriffen wie Gemeinwohl oder Sozialschädlichkeit versucht man, entsprechende Handlungsfelder etwa für Soziale Berufe zu bestimmen und praktisches Handeln zu legitimieren. Das leitet schon unmittelbar über zur funktionalen Betrachtungsweise.

8.4.2.3 Gemessen an einer *funktionalen Norm*, wonach sexuelle Beziehungen wegen der Sicherung von Ehe und Familie nur innerhalb der Ehe erfolgen sollen, erscheint Prostitution ebenfalls als abweichend, wenngleich auch nicht unbedingt als unnatürlich und anormal. Das mögliche Argument: Zum Überleben einer Gesellschaft sei ausreichender Nachwuchs nötig; das Kleinkind bedürfe lang andauernder und intensiver Pflege; diese erfordere ein dauerhaftes Zusammenleben der Eltern und affektive Beziehungen untereinander; außerehelicher Geschlechtsverkehr beeinflusse nachteilig die Gefühlswelt; darunter leide die Sozialisierung des Kindes. Angesichts anderer wirkkräftiger menschlicher Bedürfnisse erschienen prostitutive Interessen zwar vielleicht als verständlich, sie seien aber dennoch möglichst zu unterdrükken. Praktische Maßnahmen zielten deshalb etwa auf Ehe- und Familienberatung, moralische Aufrüstung, gelegentliche Kontrollen, Entzug des Sorgerechts. Prostituierte würden behindert, in ihrer Bewegungsfreiheit begrenzt, aber dennoch nicht rücksichtlos verfolgt. Schließlich seien nicht alle Menschen mit Sozialisierung beschäftigt und hätten viele ihre Pflichten erfüllt.

In einer anderen Sicht erscheint Prostitution zwar auch als abweichend, aber dennoch als nützlich. Rotte die Dirnen aus der menschlichen Gesellschaft aus, und Du bringst alles durch die Begierden durcheinander – meinte *Augustinus*, was *Thomas von Aquin* später zustimmend zitierte. Die Prostitution ist oft schon als Begleiterscheinung strenger Monogamie gesehen und erklärt worden. Letztere erhebt ja einen rigorosen Moralanspruch, der »außerordentlich starke, wenn auch kulturell sehr fruchtbare persönliche und soziale Spannungen aufwirft. Diese können im gesellschaftlichen Energiehaushalt nicht immer auf außersexuelle Leistungen und Ziele abgeleitet werden, sondern bedrohen in ihrer Stauung dann gerade das hohe Moralgefüge« *(H. Schelsky)*. Man hat deshalb die Prostitution auch eine Ventilsitte *(A. Vierkandt)* genannt. Es ist ein eigens institutionalisierter Bereich. Prostitutives Handeln bleibt zwar irgendwie verachtet – was meistens allerdings nur die Prostituierten betrifft –, aber dennoch zugleich sozial erlaubt. Angesichts von Monogamie zusammen mit Patriarchalismus und Jungfräulichkeitsideal erscheinen beispielsweise prostitutive voreheliche Beziehungen des unverheirateten Mannes als funktional. In vielen Kulturen – wenngleich meist auch nur innerhalb bestimmter sozialer Schichten – ist Bordellbesuch eine gesellschaftliche Konvention, routiniert und ritualisiert, und sie wird durch die Jahrhunderte selbst von Vertretern der christlichen Kirche stillschweigend oder ausdrücklich zumindest als kleineres Übel angesehen. – Dort, wo ein Zusammenhang zwischen einer bestimmten ehelichen Sexualverfassung und der kasernierten oder sonstwie öffentlich regulierten profanen Prostitution gesehen wird, könnte nun praktisches Handeln auch darauf ausgerichtet sein, die Prostitution selbst ausdrücklich zu schützen und zu fördern. Man kämpfte nicht rücksichtslos gegen die Prostitution an, sondern verschaffte ihr eigens ein Betätigungsfeld, erleichterte den Zugang. Es läge vielleicht sogar im – wie im einzelnen auch immer begründeten – öffentlichen Interesse, diesen Bereich sozialer Beziehungen ausdrücklich zu regeln. Das schlösse gewisse, von den unmittelbar Beteiligten vermutlich negativ empfundene Sanktionen keineswegs aus. Dazu rechneten etwa Schutz der Interessen andersdenkender Menschen, Krankheitskontrolle, Abwehr von kriminellen Aktivitäten. Die Prostitution wirklich stark beeinträchtigende Maßnahmen erschienen allenfalls dann angebracht, wenn sie auffällig zunähme. Das könnte beispielsweise unter Berufung auf die im Sinne einer idealen Norm zu verstehende Monogamie geschehen.

Wer allerdings die Monogamie etwa zusammen mit Herrschafts- und Klasseninteressen sähe und sie grundsätzlich, zumindest als allgemein verpflichtendes Leitbild, ablehnte, der wäre vielleicht geneigt, die Prostitution umfassend praktisch zu fördern. Eine neue Ordnung sozialer Beziehungen einschließlich des ehelichen und familiären Bereichs erforderte ja weit- und tiefgreifende soziale Veränderungen. Dafür wäre eine Ausweitung der Prostitution vielleicht nützlich. Sie erschiene so gesehen nicht einmal bloß als das kleinere Übel, sondern als eine funktionale Voraussetzung für umfassenden sozialen Wandel. Normgerecht handelnde Menschen wären dann eigentlich die Abweichler, gemessen etwa am Leitbild einer herrschafts-, repressions- und frustrationsfreien Gesellschaft – was immer man darunter im einzelnen verstehen mag [17].

8.5 Arten abweichenden Handelns und Bereiche sozialer Kontrolle. Angesichts der vorhin – nur ansatzweise – skizzierten komplexen Wirklichkeit bleibt selbst jene soziologisch sinnvolle Definition blaß, wonach abweichendes Handeln »1. ein normverletzendes Handeln ist, und 2. ein Verhalten, das von den Bezugspersonen auch als normverletzend gesehen und beurteilt wird« *(H. P. Dreitzel)*. Mit dieser Definition ist nämlich noch nichts über den gesellschaftlichen Stellenwert jener Bezugspersonen ausgesagt, welche Handeln als abweichend für sich und andere Menschen definieren. Das und anderes mehr kann nur in soziologischen Detailuntersuchungen angegangen und beantwortet werden. Hier interessieren zur Illustration bloß einige Arten von Abweichungen, durch die – wie es heißt – *gesamtgesellschaftliche Interessen* direkt oder indirekt berührt werden – wie schwierig es auch im einzelnen sein mag, diesen Begriff exakt zu definieren. Es geht um Abweichungen im engeren Sinne, die oft rechtlich, insbesondere strafrechtlich bedeutsam sind. Der Begriff Kriminalität beinhaltet im allgemeinen solche Handlungen, die gegen strafrechtlich fixierte Normen verstoßen. So wie die Rechtsnormen nach Zeit und Ort inhaltlich verschieden sind und sich überdies ändern können, so auch die Vorstellungen über kriminelles Handeln. Hier können nicht einmal für die Gegenwart ein vollständiger Katalog aller kriminellen und sonstigen weiterreichend bedeutsamen abweichenden Handlungen aufgestellt und mögliche Bedeutungsunterschiede gemessen an gesamtgesellschaftlichen Interessen dargestellt werden. Einige beispielhafte Bemerkungen mögen genügen, nämlich über Delikte gegen Personen (8.5.1), über Eigentums- und Vermögensdelikte (8.5.2) und über sonstige schwerwiegende Devianz (8.5.3).

8.5.1 Bei *Delikten gegen Personen* verdient zunächst Tötung erwähnt zu werden. Tötung gilt allgemein als strafwürdig und ist weithin kriminalisiert. Zwischen manchen Eigengruppen und Fremdgruppen wurde und wird Töten allerdings – wie beispielsweise die Normalität der Kriege zeigt – nicht nur gebilligt, sondern sogar ausdrücklich gefordert. Wenn unterschiedliche Normensysteme aufeinanderprallen, dann zählt die Einheit des Menschengeschlechts wenig. Feinde gelten als ausrottbare Lebewesen, als Untermenschen, als Heiden. Sie massenhaft beseitigt zu haben, erscheint vielen Menschen sogar ein Dankopfer wert zu sein. Innerhalb von Gesellschaften oder sonstigen sozialen Gruppen gibt es ebenfalls Ausnahmen. Bei Gefahr für Leib und Leben gilt nämlich Töten als entschuldbar. Hinzu kommen Differenzierungen etwa nach Mord und Totschlag zusammen mit Motivanalyse bis hin zur Diagnose von Affekthandlungen. Ein generelles Verbot jeder physischen Vernichtung ist jedenfalls nicht die Regel, dennoch das Tötungsverbot eine universale Norm. Und das ist auch verständlich. Durch exzessives Morden wäre beispielsweise der Bestand einer kleineren Gesellschaft unmittelbar gefährdet. Selbst innerhalb der Institution Blutrache gab es Regeln, wonach aus wohlverstandenem gegenseitigem Interesse verboten war, alle Gegner zu vernichten. In größeren Gesellschaften gefährdet Töten zwar nicht deren Bestand und Überleben, aber es bringt doch zumindest Unsicherheit mit sich.

Auch für die primäre Sozialisierung ist eine eindeutige Regelung sozialer Beziehungen erforderlich. Irgendwelche Menschen müssen sich der Neugeborenen intensiv und dauerhaft widmen. Aus welchen gesellschaftlichen und sonstigen Gründen auch immer Eltern ihre Kinder extrem vernachlässigen mögen – wer etwa Körperverletzung in Form von Kindesmißhandlung nicht will, wird sie eindeutig verbieten müssen. Kontrollmaßnahmen wie Entzug der elterlichen Gewalt sind demnach funktional (weiterreichende sinnlose Strafen deswegen jedoch nicht unbedingt nötig). Diese Waffe kann allerdings stumpf werden, wenn beispielsweise wegen konkurrierender gesamtgesellschaftlicher Erwartungen (Heiraten, Zeugen, Konsumieren, Lebensstandard erhöhen usw.) Konflikte auftreten, von Vernachlässigung der Kinder gelegentlich ›notwendig‹ begleitet. Sicherlich wird die Kriminalisierung der Kindesmißhandlung bei uns im allgemeinen nicht von der Bestandssicherung der Gesellschaft her begründet. Es gibt nämlich noch andere, meist primär handlungsbedeutsame und weithin anerkannte Werte, so etwa Schutz des Lebens und Recht des Kindes auf Förderung und Entfaltung.

Außer Töten und Körperverletzung sind Sittlichkeitsdelikte zu erwähnen. Deren Kriminalisierung – womit hier wie auch im folgenden noch nichts über mögliche und sinnvolle vorbeugende und/oder nachträglich korrigierende soziale Kontrollen, vor allem was Strafen und

Resozialisierung angeht, gesagt ist – erscheint zumindest dann unerläßlich, wenn sich entsprechende Handlungen eindeutig gegen den Willen der Betroffenen richten. Das trifft beispielsweise für Vergewaltigung zu. Inwieweit werdendes Leben grundsätzlich geschützt werden soll, erscheint strittig; in manchen Gesellschaften ist jedenfalls die Abtreibung grundsätzlich freigegeben und gilt überhaupt der Zeitpunkt des ›Menschseins‹ vielen als unbestimmt. Auch eine eindeutige Regelung des Schutzes der Privatsphäre bietet sich an, sofern Privatheit innerhalb des gesellschaftlich Möglichen als Grundwert gilt.

8.5.2 *Wirtschaften* ist für das Überleben von Gesellschaften unerläßlich. Güter und Leistungen müssen ausgetauscht werden, sehr umfassend in und zwischen hochgradig arbeitsteiligen Gesellschaften. Das erfordert eindeutige Tauschregeln. Verläßlich tauschen kann man nur, wenn z. B. Verträge eingehalten, Güter nicht unterschlagen, Waren nicht mutwillig beschädigt, Vertragspartner nicht getäuscht werden. Entsprechende Verstöße gelten im allgemeinen als schwerwiegend und sind weithin kriminalisiert.

8.5.2.1 Solche Hinweise besagen jedoch wenig. Sieht man genauer hin, dann zeigen sich andere, meistens primär bedeutsame Ziele wirtschaftlichen Handelns. Dabei verdient die jeweilige Wirtschaftsordnung besondere Beachtung. Dort, wo Privateigentum ein zentraler Wert ist, schützen zusätzliche Normen in besonderer Weise Eigentum und Vermögen, gibt es eigens die Gruppe *Eigentums- und Vermögensdelikte.* Während von Delikten gegen Personen die Möglichkeit zwischenmenschlicher Beziehungen überhaupt betroffen ist, geht es hier zunächst ›nur‹ um den wirtschaftlichen Bereich und zudem ›nur‹ um eine mögliche Grundlage bzw. eine mögliche Ordnung des Wirtschaftens. Änderungen sind hier, prinzipiell gesehen, eher möglich als dort, es sei denn um den Preis ein- und/oder beidseitiger physischer Vernichtung willen.

Diese Unterscheidung gilt jedoch nur eingeschränkt. Aus Geschichte und Gegenwart weiß man schließlich, wie massiv ›die‹ Gesellschaft, vertreten durch die Interessenten und den sie schützenden Erzwingungsstab, auf Eigentumsdelikte reagieren kann. Heute noch wird ein einfacher Diebstahl oft strenger bestraft als fahrlässige Körperverletzung. Eine bestimmte Wirtschaftsordnung gilt eben unter Umständen so sehr als eigenständiger Wert, daß Abweichungen als Verrat an der natürlichen Ordnung und der menschlichen Freiheit erscheinen bzw. so gedeutet werden. Die Unterscheidung von vorhin ist trotzdem nicht unsinnig. In der modernen Gesellschaft sind nämlich Eigentums- und Vermögensdelikte sehr zahlreich, und sie rangieren weit vor aller anderen Kriminalität. Mord und Totschlag machen trotz starker Zunahme nur einen kleineren Teil aller Straftaten aus. Diese Differenz deutet vielleicht hin auf eine größere Flexibilität in den Einstellungen gegenüber einer überlieferten Wirtschaftsordnung, über die ja zugleich auch von vielen anderen, sich nicht abweichend verhaltenden Menschen kritisch nachgedacht wird. In gleichem Ausmaß stehen die von Delikten gegen Personen betroffenen sozialen Beziehungen eben nicht zur Disposition.

8.5.2.2 Am Beispiel der umfänglichen Eigentums- und Vermögensdelikte innerhalb der Kriminalität, die auch einen großen Teil der Jugendkriminalität ausmachen, soll hier noch kurz andeutungsweise gezeigt werden, wie (manche) Soziologen dieses Phänomen erklären. Von der notwendigen sozialen Regelung für menschliches Handeln ausgehend, wird darauf hingewiesen, daß Menschen bei unzureichender oder fragwürdig erscheinender Regelung der Gefahr von Handlungsunsicherheit ausgesetzt sind. Man spricht von *Anomie* – Nomos = Gesetzlosigkeit, Zügellosigkeit – und bezeichnet damit einen Zustand relativer Normlosigkeit bzw. Normschwäche. Bei uns gelten Erfolg und hoher Status sehr viel. Sie bemessen sich nicht zuletzt am Besitz materieller Güter und an der Möglichkeit zum demonstrativen Konsum. Beachtenswert ist in diesem Zusammenhang eine Diskrepanz zwischen solchen Zielen und den Möglichkeiten, sie zu verwirklichen. Als legitime Zugangswege gelten gemeinhin vor allem ausreichende Schulbildung, ausgeprägtes Erfolgsstreben sowie Ausnutzung beruflicher und ökonomischer Chancen. Jede genauere Analyse zeigt nun aber, daß nicht alle Menschen in der Lage sind, diese legitimen Zugangswege zu gehen. Die dazu notwendigen Einstellungen und Fähigkeiten sind nämlich sozial ungleich verteilt. Damit sind Konfliktstellen in einer Gesellschaft angelegt. Sie sind eine bedeutende Quelle für abweichendes Handeln in Form kriminalisierter Vermögens- und Eigentumdelikte einschließlich Bereicherungsdelikten wie Urkundenfälschung, Betrug, Unterschlagung, Begünstigung, Hehlerei, Untreue bis hin zu Erpressung und Raub und eventuell sogar Mord.

Angehörige unterer Sozialschichten scheinen von Eigentums- und Vermögensdelikten besonders betroffen zu sein. Dabei ist allerdings zu berücksichtigen, daß die kriminalstatistisch ausweisbare größere Belastung der Unterschicht zumindest teilweise auch mit einer verschärften sozialen Kontrolle durch die Anderen zusammenhängen kann. In anderen Gruppen und Schichten gibt es nämlich ebenfalls viele Eigentums- und Vermögensdelikte. Die *Wirtschaftskriminalität* ist schließlich weitverbreitet. Bei vielen Geschäftspraktiken wird die Grenze rechtlich erlaubter Mittel überschritten, was man oft gegenseitig stillschweigend akzeptiert, sofern der Erfolg gewiß ist. Deswegen erscheint es auch problematisch, die gemeinten Delikte vorwiegend Mitgliedern von Subkulturen zuzuschreiben. Wenn quer durch die Bevölkerung hindurch überlieferte und rechtlich legitimierte Mittel zunehmend bedeutungslos werden, dann ist eben Normschwäche in diesem ganzen Bereich weit verbreitet. Unbedingte Ehrlichkeit gegenüber den Steuerbehörden beispielsweise gilt weithin als dumm und

Diebstahl in Kaufhäusern oft bloß als Kavaliersdelikt. Immerhin sind viele dieser Delikte für Subkulturen charakteristisch. Sieht man in der Jugend eine Durchgangsphase zwischen der Rolle des Kindes und der des vollgültigen Erwachsenen, dann erscheinen auch viele Bereicherungsdelikte bei Jugendlichen begreiflich. Sie leben schließlich nicht abgeschlossen von der übrigen Gesellschaft, und manche von ihnen erleben die Diskrepanz zwischen sozial definierten und vor allem durch Werbung propagierten Erfolgszielen sowie begrenzter legitimierter Mittelwahl verschärft.

8.5.3 Der Begriff abweichendes Handeln beinhaltet nicht nur Kriminalität als Inbegriff von Verstößen gegen strafrechtlich fixierte soziale Normen. Es geht vielmehr auch um *Alkoholismus*, sonstige *Süchte, Selbstmord* und *Geisteskrankheiten*. Die folgenden Hinweise dienen allerdings weniger einer Erklärung von Ursachen als vielmehr der Zuordnung dieser Handlungen zum Bereich sozial kontrollierten abweichenden Handelns.

8.5.3.1 Diese Arten abweichenden Handelns werden zwar im großen und ganzen strafrechtlich nicht verfolgt, was aber erhebliche negative Sanktionen keineswegs ausschließt. Solche ›Zurückhaltung‹ hat mindestens zwei Gründe.

Kriminelle bedrohen Leib und Leben ihrer Mitmenschen, schädigen Hilflose, verletzen Privatsphären, nehmen fremdes Eigentum an sich, gefährden Menschen im Verkehr. Dagegen bringt ein Selbstmörder sich selbst um und tötet keinen anderen, trinkt sich ein Alkoholiker selbst zum Ruin, gefährdet sich ein Rauschgiftsüchtiger selbst usw. Unmittelbar betroffen sind zunächst nur die Privatsphären der jeweiligen Abweichler, nicht dagegen die sozialen Beziehungen in weiteren Bereichen, die freilich als Ursachen für das abweichende Handeln in Frage kommen können. – Die indirekten und mittelbaren Folgen etwa bei Alkoholismus sind allerdings unverkennbar und weitreichend. Sie betreffen sowohl die Privatsphäre der Angehörigen von Alkoholikern je nach Ausmaß der Sucht in unterschiedlicher Weise als auch die weitere Gesellschaft dann, wenn sich die Fälle häufen und der Alkoholismus damit zu einem gesellschaftspolitischen und also gesamtgesellschaftlich bedeutsamen Problem wird.

Zum anderen gelten die meisten dieser Abweichler weithin nicht so als verantwortlich für ihr Handeln wie Kriminelle. Dementsprechend erscheint auch eine strafrechtliche Verfolgung ungerechtfertigt. Man weiß allerdings inzwischen, daß selbst bei Kriminellen ein Rekurs auf subjektive Schuld und Verantwortlichkeit das kriminelle Handeln nicht hinreichend erklärt und den Umständen nicht gerecht wird, die es vielfach erzwingen. Deshalb werden ja verstärkt Sozialwissenschaftler und Psychologen als Gutachter bemüht, viele kriminelle Delikte als krankhaft-fehlgeleitete Handlungen interpretiert und ›Strafen‹ zunehmend häufiger auf Hilfe, Besserung, Resozialisierung und dergleichen mehr hin gefordert. Immerhin sind aber sozialwissenschaftlich-psychologisch orientierte medizinische Deutungen bei Geisteskrankheiten, Selbstmord und Süchten schon länger üblich als bei kriminellen Handlungen. – Hier ist noch beiläufig ein Normalitätsbegriff erwähnenswert, bei dem von psychisch ›gesund‹/›normal‹ ausgegangen und psychische Erkrankungen als Abweichungen begriffen werden. Der engen Verzahnung von Mensch und Gesellschaft entsprechend, sieht man psychopathologische zusammen mit sozialpathologischen Zuständen und Vorgängen, erscheinen psychische Defekte als Ergebnis abweichender Sozialisationsvorgänge. Eine umfassend exakte Bestimmung von psychisch ›gesund‹/›normal‹ ist allerdings außerordentlich schwierig.

8.5.3.2 Am Beispiel des *Selbstmords* läßt sich eine teilweise veränderte Einstellung verdeutlichen und zugleich die Zuordnung dieser und ähnlicher Abweichungen zum Bereich sozialer Kontrolle begreiflich machen. Es ist keine Gesellschaft bekannt, in der Selbstmord allgemein rückhaltlos anerkannt wäre. Exzessiver Selbstmord würde sicherlich Bestand und Überleben einer Gesellschaft gefährden, aber die entscheidenden Gründe für eine bislang weit verbreitete ablehnende Haltung liegen im allgemeinen doch anderswo. Bei uns sind nicht zuletzt religiös-kirchliche Vorstellungen beachtenswert, und zwar als durchaus eigenständig wirkende Kontrollen. Als diese kollektiv an Einfluß verloren, wurde auch der Selbstmord verstärkt ›freigegeben‹. Früher übliche kirchliche Strafen wie Begräbnisverweigerung oder staatliche Sanktionen wie Einzug des Erbes sind entweder aufgehoben oder wirkungslos. Man fordert gelegentlich schon Selbstmordkliniken: Es sollte den Menschen möglich sein, ihrem irreparablen Leidensdruck zu entfliehen, wobei es den Mitmenschen wohl anstünde, ihnen dabei zu helfen. Dennoch ist ›die‹ Gesellschaft im allgemeinen nach wie vor prophylaktisch tätig.

Dabei mag zum einen die Erkenntnis eine Rolle spielen, daß die Selbstmordhandlung der Endpunkt eines komplizierten Prozesses ist. In ihm sind zwar unterschiedliche Ursachen und Motive unentwirrbar verknüpft, aber äußere Lebensumstände, unglückliche Konstellationen, enttäuschte Erwartungen, Einsamkeit und vieles andere mehr setzen doch einen entscheidenden Rahmen. Nicht als ob alle Selbstmordfälle im einzelnen verständlich würden; es werden jedoch gesellschaftliche Bedingungen sichtbar, angesichts derer prophylaktische Maßnahmen in Grenzen möglich sind. Damit verliert der Selbstmord etwas von seiner bisherigen Unbegreiflichkeit, was eben entsprechende vorbeugende praktische Maßnahmen nahelegt.

Damit ist aber noch nicht hinreichend erklärt, warum ›die‹ Gesellschaft prophylaktisch tätig wird. Schon der Tod und dessen Unvermeidbarkeit gelten zwar naturwissenschaftlich gesehen als begreiflich, aber ansonsten doch nicht als fraglos. Erst recht erscheint Selbstötung aufs Ganze gesehen als ein außergewöhnlicher Vorgang – selbst dort übrigens, wo er als Opfertod bzw. restlose Hingabe für die Gruppe angesehen wird. Und das betrifft eben den Selbstmord viel stärker als gegenseitiges Töten und massenhaft organisierten Kriegsmord. Um irgendwelcher Ziele und missionarischer Gesinnung willen sind Menschen offensichtlich eher bereit, Töten zu billigen, als sich selbst umzubringen oder den Selbstmord anderer Menschen unbesehen zu akzeptieren. Bei der Selbsttötung geht es eben meistens nicht um ein sozusagen positiv aufweisbares Ziel, denn die physische Selbstvernichtung bedeutet ja ein Ende. Die Selbstzerstörung stellt im übrigen den – nach Ort und Zeit höchst verschieden und mit unterschiedlichem Erfolg – sozial definierten Lebenssinn grundsätzlich in Frage. Zumindest der unmittelbar Betroffene hat seine Entscheidung gefällt, die Umgebung aber noch nicht. Sie wird durch Selbstmorde tendenziell selbst verunsichert.

Wie sie darauf reagiert, hängt wesentlich ab von den gesellschaftlich gefundenen Antworten auf die Sinnfrage und deren Glaubwürdigkeit für menschliches Handeln. Kollektive und weitreichende Unsicherheit in diesem Bereich fördert auch die Verständnisbereitschaft für den Selbstmord – ohne daß indessen auf prophylaktische Maßnahmen verzichtet würde. Ganz im Gegenteil! Es entstehen immer mehr Einrichtungen für Lebensberatung und Lebensgestaltung bis hin zur Selbstmordprophylaxe. Ihnen allen zusammen einschließlich der dabei verstärkt geforderten praktischen Verwertung einschlägigen wissenschaftlichen Wissens kommt die (zumindest latente) Funktion zu, angesichts weitverbreitet erfahrener und erlebter Sinnlosigkeit die sozialen Beziehungen versuchsweise sinndeutend zu stabilisieren. – Über Sinn und Unsinn staatlicherseits verordneter Maßnahmen bei verhindertem Selbstmord wie etwa Anzeige beim Staatsanwalt, eventuell Einweisung in psychiatrische Klinik, Überwachung, und gar noch schichtenspezifisch gehandhabt usw., ist damit natürlich noch nichts gesagt.

8.5.3.3 Ohne wichtige Unterschiede innerhalb der und zwischen den einzelnen Arten abweichenden Handelns wie Selbstmord, Alkoholismus, sonstigen Süchten und Geisteskrankheiten zu übersehen, darf man doch wohl verallgemeinernd sagen: »Es ist kein spezifisches Sichversagen, sondern signalisiert die Unempfindlichkeit der betreffenden Personen gegenüber geltenden und weithin akzeptierten Formen sozialer Selbstverwirklichung und gesellschaftlicher Anerkennung. Das aber stellt die bestehende Ordnung radikaler und kompromißloser in Frage als das Verhalten des Kriminellen, der sich im allgemeinen hinsichtlich der erstrebenswerten Ziele von dem gesetzestreuen Mitglied der Gesellschaft nicht so sehr unterscheidet, sondern lediglich in der Wahl seiner Mittel zur Erreichung dieser Ziele« *(F. Sack)*.

Es ist ein langer, manchmal vermutlich schon in der primären Sozialisierung grundgelegter Prozeß, der Menschen langsam, aber stetig auf Rollendistanz gehen läßt, zu bewußtseinsmäßig erlebten Normen- und Rollenkonflikten führt, zu grundsätzlichen Zweifeln Anlaß gibt, zu Mitteln der Beruhigung greifen läßt – bis schließlich zunächst latent, dann manifest und der Umgebung unverkennbar eine *abweichende Rolle* ›gespielt‹ wird. Schon längere Zeit vorbereitet, wird jetzt offenkundig, daß solche Menschen ihren Pflichten nicht nachkommen, soziale Positionen nicht einnehmen, diesen gemäße soziale Rollen nicht übernehmen und stabile Rollenverhältnisse nicht einhalten können. Das gilt vor allem für Familie und Beruf als den zentralen Bereichen sozialer Beziehungen, wobei natürlich zu beachten ist, daß es ja gerade die Zustände im familiären und außerfamiliären Bereich sowie deren Verhältnis zueinander sind, welche zu Identitätsproblemen bis hin zu schweren psychischen Erkrankungen führen können. Aus der besonderen Radikalität dieser Abweichungen erklärt sich vielleicht auch deren – trotz oftmals fehlender strafrechtlicher Verfolgung – durchaus starke Kontrolle. Die besondere Art sozialer Kontrolle entspricht vielleicht der negativen Faszination, die von solchen Abweichungen in ihren extremen Ausprägungen ausgeht. Sprüche wie: glückliche Irre, zufriedene Säufer oder friedlich-versunkene Rauschgiftsüchtige verdecken gelegentlich nur mühsam Angst und Schrecken bei jenen Menschen, die mehr schlecht als recht um fragwürdig gewordene Anpassung und Normalität bemüht sind und die doch zugleich immer wieder gegen die Versuchung anrennen, es jenen gleichzutun, deren desolater Zustand ihnen jedoch den Sinn auch dieses Unternehmens fragwürdig erscheinen läßt. – Über Sinn und Unsinn vorbeugender und nachträglich korrigierender Kontrollen und deren Grenzen etwa angesichts jener gesellschaftlichen Zustände, als deren Folge es zu Abweichungen kommt, ist damit natürlich noch nichts gesagt [18].

8.6 Funktionen abweichenden Handelns und sozialer Kontrolle. Ganz allgemein geht es bei sozialer Kontrolle darum, überlieferte Normen, Sinngehalte, Einstellungen, Gefühle und Handlungen aufrechtzuerhalten. Das läßt sich in einem ersten Schritt erklären aus der Unvermeidbarkeit sozialer Regelung. Sicherlich ist diese Definition sinnvoll. Soziale Normen sind schließlich universal, Abweichungen normal und Kontrollen unvermeidlich. Soziale Kontrolle ist aber aufs Ganze gesehen nicht total – es gibt sozialen Wandel und Geschichte – und nicht alle Abweichungen werden unbedingt negativ sanktioniert. Die allgemeine Definition von sozialer Kontrolle reicht deshalb nicht aus. Sie könnte ja leicht den Eindruck vermitteln, als sei jede versuchte Aufrechterhaltung überlieferter Normen und Sinngehalte unerläßlich und als würden sämtliche Abweichungen verfolgt. Das ist nicht der Fall. Mitunter sind Abweichungen auch nützlich.

8.6.1 Wer abweichendes Handeln im statistischen Sinne als normal begreift, muß es deswegen nicht billigen. Und wer ein bestimmtes kriminelles Handeln ablehnt, kann dennoch dessen Funktionalität und Nützlichkeit einsehen. Denn nur wenn von den in einer Gesellschaft geltenden sozialen Normen offenkundig abgewichen wird, bleiben die Gebote und Verbote im öffentlichen Bewußtsein als solche gegenwärtig. Die Abweichungen dokumentieren, daß es bestimmte soziale Normen gibt. Sie tragen überdies dazu bei, daß über die Geltung dieser Normen immer erneut nachgedacht wird. Abweichungen dienen somit der *Normverdeutlichung*. Sie sind also nützliche Handlungen, indem sie eine bestehende Ordnung sozialer Beziehungen stützen. Zu den Abweichungen müssen natürlich noch irgendwelche Reaktionen hinzukommen, etwa nachträglich korrigierende Kontrollen. So hat Strafe durchaus »die nützliche Funktion, (die Kollektivgefühle) auf dem nämlichen Intensitätsgrad zu erhalten; denn jene Gefühle würden bald erschlaffen, wenn die ihnen zugefügten Verletzungen nicht gesühnt würden« *(E. Durkheim)*. – Solche funktionale Betrachtung abweichenden Handelns gibt es nicht nur in der Soziologie, sondern beispielswiese auch in der Sozialpsychologie und Psychoanalyse. Kontrolle kriminellen Handelns wird etwa als ein Sicherheitsventil begriffen, das den Abfluß aufgestauter Aggressionen ermöglicht. Kriminelle erscheinen demnach als Objekte für aufgestaute Aggressionen. Sie sind somit zugleich nützlich, indem sie die Solidarität unter den übrigen Gesellschaftsmitgliedern festigen. Vor allem Minderheiten erscheinen als geeignete Objekte, um eigene abweichende Gefühle und Einstellungen abzureagieren. Das wiederum legt nahe, die Kontrollen und deren Billigung als Ersatzbefriedigung zu deuten. Solchen und ähnlichen Auffassungen liegt oft die Annahme zugrunde, daß Gesellschaften oder sonstige soziale Gruppen eigens die Position und Rolle des Kriminellen benötigen.

Diese Art funktionaler Betrachtungsweise ist allerdings zu statisch. Es gibt schließlich *sozialen Wandel*, und Normensysteme sind veränderbar. Sie sind zunächst einmal nie so umfassend und total, als daß keinerlei individuelle Ausgestaltung möglich wäre. Es könnten sich sodann die Lebensbedingungen ändern, denen bestimmte soziale Normen ihre Entstehung verdanken. Sicherlich ist der Bereich erlaubter Variationen gemessen an vorgegebenen Normen und Rollen begrenzt. Menschen als die einzig aktiven Elemente einer Gesellschaft sind dennoch fähig, die von anderen oder von ihnen selbst geschaffenen Gebote und Verbote kritisch zu hinterfragen. Das bedeutet prinzipiell gesehen immer schon eine Abweichung, die selbst als Verbrechen zukünftige Veränderungen vorbereiten helfen kann. »Wie oft ist das Verbrechen wirklich bloß eine Antizipation der zukünftigen Moral, der erste Schritt zu dem, was zukünftig sein wird« (*E. Durkheim*).

8.6.2 Die Wirklichkeit ist komplexer, als die grobe Unterscheidung zwischen Nützlichkeit von Abweichungen hinsichtlich Normverdeutlichung sowie hinsichtlich sozialem Wandel anzunehmen nahe liegt. Um das zu erkennen, verläßt man am besten die Ebene gesamtgesellschaftlicher Betrachtung zahlenmäßig großer Gesellschaften und untersucht innerhalb einer Gesamtgesellschaft *Gruppenarten* und ihnen entsprechende *Funktionen von Abweichungen.*

Ein Fall betrifft die Ablehnung der Abweichler und die Stärkung der Gruppensolidarität; das ist vorhin schon besprochen worden. – Ein zweiter Fall betrifft Anerkennung von Abweichlern und Stärkung der Gruppe. Der Abweichler verletzt zwar Normen, aber er wird trotzdem nicht zurückgewiesen und zum Sündenbock. Er gilt vielmehr als Schützling der Gruppe, was Toleranz als Gruppenwert gegenüber dem Abweichler voraussetzt. Allerdings sind auch für solche Gruppen (wie beispielsweise Quäker) die Abweichler durchaus nützlich, erlauben sie es doch, die öffentlich geforderte und gepredigte Toleranz zu praktizieren, was wiederum der Normverdeutlichung und Solidarisierung der Gruppenmitglieder dient. – Ein dritter Fall betrifft Ablehnung der Abweichler und Schwächung der Gruppe. Hier handelt es sich um vergleichsweise abgeschlossene Gruppen, deren Normen allseits verpflichtend sind und eindeutiges Handeln gebieten. Abweichungen gefährden unmittelbar die Existenz der Gruppe. Toleranz gilt als Zeichen fehlender Überzeugung, als Verrat an den auf Weltverbesserung ausgerichteten Zielen einer verschworenen Gemeinschaft. Um abweichenden Gedanken und Handlungen vorzubeugen, werden die Gruppenmitglieder umfassend geschult, regelmäßig kontrolliert und bei Abweichungen unnachsichtig negativ sanktioniert. Über die authentische Auslegung der ›Heiligen Schriften‹ wird dauernd gekämpft, wenn nötig bis hin zum Mord, der um irgendwelcher höchster Ziele oder Instanzen willen geboten und gerechtfertigt erscheint. Solche Kämpfe sind oft von Spaltungs- und Auflösungstendenzen begleitet. Abweichler werden ausgestoßen oder sondern sich freiwillig ab und bilden eine neue Eigengruppe, die den Kampf mit der nun zur negativen Bezugsgruppe gewordenen bisherigen Eigengruppe aufnimmt. Solche Prozesse findet man häufiger in kleineren als in größeren Gruppen, und sie gefährden dort den Gruppenbestand direkt. Aber auch größere Gruppen wie religiöse Gemeinschaften und politische Organisationen sind unter Umständen weit- und tiefgreifend betroffen, wenn das übergreifende Wir-Gefühl wegen unterschiedlicher Auslegungen der Ziele einflußlos wird. – Die Funktionen von Abweichungen können mithin sehr verschieden sein, je nach der Art der Gruppe, den Gruppenzielen, der internen Struktur und den Beziehungsverhältnissen zwischen Gruppen. Eine Gruppe, die sozusagen von der Negierung der Umwelt lebt, wird schon den leisesten Versuch der Annäherung an Fremdgruppen unnachsichtlich ahnden müssen – während auf Kooperation angelegte und somit Toleranz

ausübende Gruppen Abweichungen eher vertragen. Die Arten sozialer Kontrolle korrespondieren also mit dem Stellenwert der Abweichungen innerhalb von Gruppen und/oder ihre Bedeutung für die Beziehungen zwischen Gruppen.
In diesem Zusammenhang ist die Unterscheidung zwischen abweichendem Handeln (Kriminalität und sonstige Devianz) sowie Neuerungen der *Nichtkonformisten* nicht unwichtig. Der Nichtkonformist schließt – im Unterschied zum Verbrecher – »viel weniger eine Abweichung von der Norm als vielmehr das Bemühen um eine alternative moralische Basis ein« (*L. A. Coser*). Diese Unterscheidung ist dann problematisch, wenn mit ihr alles abweichende Handeln – im Unterschied zu Neuerungen – als bar jeder moralischen Gesinnung bezeichnet und den Abweichlern schlechthin persönlich-egoistische Motive sowie antisoziale Einstellung unterstellt werden sollte. Das gilt nicht einmal – jedenfalls was die Legitimierungsversuche betrifft – für politischen oder sonstigen Gesinnungsmord. Und das gilt schon gar nicht für kriminalisierte Handlungen wie manche bewußte Regelverletzungen etwa im Bereich von Eigentum und Vermögen. *Coser* sieht sich denn auch gezwungen, den Kriminellen als einen Menschen zu bezeichnen, der seine Taten möglichst geheim halte, während der Neuerer an maximaler Publizität interessiert sei. Dieser Hinweis klärt den Sinn der Unterscheidung, die ja auch nur auf Typen aus ist, die allemal künstlich sind. So gesehen hat die Trennung zwischen manchen abweichenden Handlungen sowie nichtkonformen Einstellungen und Handlungen einen gewissen Erkenntniswert. »Mit einem Neuerer wird man vielleicht diskutieren, mit einem Kriminellen dagegen kaum«. Letzteres trifft sicherlich auf einen Kindesmörder zu, mit dem man zwar über seine Behandlung spricht, aber nicht ernsthaft über eine mögliche Aufhebung der Norm. Schon anders gelagert ist der Fall von Homosexuellen, die gegebenenfalls plausible Gründe dafür angeben können, warum sie so handeln, wie sie handeln, und die ein striktes Verbot auch der homosexuellen Handlungen zwischen Erwachsenen sowie deren strafrechtliche Verfolgung nicht einsehen können.
Ob und wie ausgeprägt die nichtkonformen Einstellungen und Handlungen von Neuerern ernstgenommen, bedacht, diskutiert und honoriert werden, hängt wiederum vor allem von Gruppenart, Gruppenstruktur, Gruppennormen, Gruppenbeziehungen ab. So gelten etwa in den Wissenschaften die nichtkonformen Gedanken und Äußerungen als normal und eigentlich sogar als eine wesentliche Voraussetzung für den Erkenntnisfortschritt. Bis heute ist die Geschichte der Wissenschaften allerdings angefüllt mit der Abwehr abweichender Auffassungen. Es gab und gibt genügend formelle und informelle Kontrollmittel, um die jeweils herrschenden Lehren zumindest zeitweise nachdrücklich zu verteidigen – gleichgültig um welche gruppenspezifischen herrschenden Lehren es sich handelt. Immerhin kennen andere

Gruppen und Institutionen eine so offiziell bekundete und weithin praktizierte positive Einstellung gegenüber Neuerungen nicht und werden einschlägige soziale Kontrollen entsprechend eingesetzt.

8.6.3 Viele bisherige Überlegungen zusammenfassend lassen sich drei Arten sozialer Kontrollen skizzieren, die speziell für Soziale Berufe unmittelbar bedeutsam sind. Die erste Möglichkeit besteht darin, den Abweichler aus der Gesellschaft auszugliedern, die zweite, ihn zu reintegrieren, und die dritte, Abweichungen vorzubeugen – drei Methoden, die in der Wirklichkeit durchaus gemischt angewandt werden können.

Ausschluß kann rasch und endgültig erfolgen, indem man den Abweichler einfach umbringt. Bisher waren und sind Menschen außerordentlich erfindungsreich, wenn es darum geht, Gründe für die Tötung sowie Techniken für einen möglichst langsamen und qualvollen Tod ausfindig zu machen. Davon abgesehen kann zeitweiser oder dauernder Ausschluß verhängt werden. Je nach Schwere des Delikts werden Kriminelle befristet oder lebenslang gefangengehalten oder nach Verbüßung einer Strafe in Sicherungsverwahrung genommen. Schließlich gibt es vorbeugenden Ausschluß als freiwillige Erziehungshilfe (FEH) oder Fürsorgeerziehung (FE). – Zeitweise oder dauernd ausgeschlossen werden auch nichtkriminelle Deviante. Aus psychiatrischen Kliniken dürfen verhinderte Selbstmörder offiziell erst dann entlassen werden, wenn keine Wiederholungsgefahr besteht. Manche Unterbringungsgesetze gestatten die Einweisung schwerer Alkoholiker in entsprechende Anstalten. Alkoholiker werden allerdings weithin zurückhaltender behandelt als andere Süchtige, was sich leicht aus dem bei uns seit langem üblichen und sozial gebilligten Alkoholkonsum erklärt.

Begreift man Strafe für kriminelle Handlungen ausschließlich oder doch zumindest vorwiegend als Sühne und Vergeltung, dann wird Ausschluß, im Prinzip jedenfalls, allein damit begründet. Während des Ausschlusses geschieht dann auch nichts, den (nicht lebenslang) Ausgeschlossenen auf die Übernahme sozialer Rollen nach der Entlassung vorzubereiten. *Reintegration, Resozialisierung* dagegen setzt eine völlig veränderte Einstellung dem Kriminellen und seiner Handlung gegenüber voraus. An die Stelle eines Rekurses auf schuldhaftes Versagen oder mangelnden Willen tritt die Einsicht in die vom Täter nicht zu verantwortenden Lebensumstände. In soziologisch-sozialpsychologischer Sicht sind ja Handeln, Zielvorstellungen, Werte, Normen, Einstellungen und Gefühle zutiefst sozialkulturell vermittelt, werden Selbst und Identität unter dem Einfluß der sozialen Umwelt im Sozialisierungsprozeß aufgebaut, sind sowohl normal wie anormal empfundene Handlungen im allgemeinen sozialkulturell bedingt, erscheint abweichendes Handeln nicht einfach als persönliche Schuld begreifbar, müßte demnach auf abweichendes Handeln verständnisvoll reagiert und ernsthaft versucht werden, den betroffenen Menschen zu helfen. – Bei der Resozialisierung tauchen allerdings zahlreiche Probleme auf. Da sind einmal institutionelle Widerstände zusammen mit Unverständnis bei den nicht direkt betroffenen Menschen. Sodann hängt der Erfolg von Resozialisierung nicht zuletzt vom Ausmaß der Sozialisationsschäden ab. Schließlich ist es schwierig, die Resozialisierungsziele glaubwürdig zu bestimmen. So reicht es – um nur ein Beispiel zu nennen –nicht aus, bloß von Reintegration und Anpassung zu sprechen. Man müßte dann nämlich fragen, wie denn sinnvoll und erfolgreich in eine Gesellschaft hinein resozialisiert werden kann, die gleichzeitig als verantwortlich dafür angesehen wird, daß bestimmte Menschen zu resozialisierungsbedürftigen Fällen wurden. Es ist unbedingt nötig, die komplexe Struktur und Kultur der modernen Gesellschaft zu beachten und so globale Begriffe wie Reintegration und Anpassung differenzierend aufzulösen. Vom normal Geltenden kann man auch nicht so einfach als Richtschnur praktischen Handelns ausgehen, dann jedenfalls nicht, wenn das normal Geltende jene Zustände betrifft, welche die Bedürftigkeit von Resozialisierung erkennbar verursachen.

Ähnliche Probleme können bei dem dritten Typ sozialer Kontrolle auftauchen. *Vorbeugung* geschieht in Abwehr kriminalisierter oder auch nichtkriminalisierter Devianz. So werden beispielsweise Jugendliche mit Verwahrlosungserscheinungen rechtzeitig und zeitlich befristet in Heime eingewiesen. Man behandelt sie dort und bereitet sie auf das übliche Leben vor. Oft muß ja die primäre Sozialisation je nach Schwere des Falles ganz oder teilweise nachgeholt werden, um Sozialisationsschäden rückgängig zu machen. Man lernt, Positionen einzunehmen, Rollen zu übernehmen, Komplementärrollen zu begreifen, stabile Rollenverhältnisse einzugehen. – Um Devianz mit der möglichen Folge kriminalisierter Abweichungen gar nicht erst entstehen zu lassen, hat man zahlreiche Einrichtungen geschaffen wie Jugendheime, Häuser der offenen Tür und dergleichen mehr. Das betrifft den weiten Bereich des sogenannten positiven Jugendschutzes und der Jugendpflege, verstanden als eine »Vorverlagerung der fürsorgerischen Eingriffe« (*H. Peters*). Es sind nicht äußere und direkte Kontrollen üblicher Art, man versucht vielmehr, durch geeignet erscheinende Beeinflussung innere Kontrollen aufzubauen bzw. vorhandene innere Kontrollen zu stärken, um so möglicher Devianz vorzubeugen. Auch hier ist der Problemkreis soziale Normen, deren Geltung und Legitimierung unmittelbar angesprochen. Was Devianz ist, bemißt sich ja an sozialen Normen, deren Geltung aber eben fragwürdig werden kann[19].

9. Sozialstruktur und sozialer Wandel

9.1 Entwicklungsgesetze und sozialer Wandel. Das Thema sozialer Wandel ist speziell für Soziale Berufe besonders aktuell. Viele Praktiker sind als Agenten von Kontrollinstanzen nicht nur damit beschäftigt, eine überlieferte Ordnung sozialer Beziehungen unter allen Umständen und mit allen Mitteln zu verteidigen. Oft wirken sie auch – gewollt oder ungewollt – sozial innovativ. Das geschieht jedenfalls dann, wenn sie veränderte Lebenseinstellungen und deren Ursachen ernsthaft bedenken, Neuerungen nicht einfach verdammen, wissenschaftliche Erkenntnisse praktisch verwerten, sich im Sinne aktiver Anpassung betätigen, auf finanzielle oder nicht finanzielle Weise helfen. Konkret geschieht das bzw. kann das geschehen beispielsweise dort, wo berufstätige Mütter unterstützt werden; wo berufswilligen Frauen durch Kurse die Rückkehr in den Beruf ermöglicht wird; wo durch Ehe- und Familienberatung veränderte Einstellungen empfehlend verdeutlicht und sozusagen eingeübt werden; wo Resozialisierung praktisch betrieben wird; wo Gemeinde-, Stadt- und Regionalplaner auf die notwendige Sozialplanung hingewiesen werden; wo hinsichtlich Rehabilitation beratend und praktisch gearbeitet wird; wo auf experimentierende Weise sozialpädagogische Vorstellungen verwirklicht werden; wo Kooperation einzelner Familien unterstützt wird; wo überhaupt die Interessen von devianten und nicht devianten Klienten gegenüber eingefahrenen Vorstellungen im staatlichen Bereich und in sonstigen Organisationen vertreten werden.
Verallgemeinernde Aussagen sind nicht unproblematisch. Es gibt dennoch einige Indizien dafür, daß beispielsweise die Fürsorgeorganisationen »geradezu freigesetzt (sind) aus der die Armenpflege ursprünglich kennzeichnenden politischen Intentionalität, und die damit verbundenen Funktionseinbußen sie dazu disponieren, nach neuen Handlungschancen zu suchen« *(H. Peters)*. Nicht als ob die Organisationen schlechthin und bewußt auf Veränderung hinarbeiteten. Viele Aktivitäten zielen ab auf Bewahrung überlieferter Vorstellungen von Normalität und Anormalität. Wichtig ist hier zunächst nur die behauptete Chance – die aber zugleich mehr bedeutet, wenn man zahlreiche fürsorgerische Aktivitäten entsprechend würdigt. Gerade das ist jedoch sehr schwierig. In der keineswegs meinungskonformen Gegenwart gilt dem einen etwas als fortschrittlich, was dem anderen als Ausgeburt konservativer, an Bewahrung des Status quo orientierter Gesinnung erscheint. Solche unterschiedlichen Auffassungen ergeben sich teilweise unmittelbar aus unterschiedlichen wissenschaftlichen Deutungen

der Gesellschaft, hier insbesondere: aus der Art und Weise, wie die moderne Gesellschaft begriffen wird und wie man dabei Geschichte und sozialen Wandel hinsichtlich wünschbarer Zukunft einschätzt.

Das ist eines der schwierigsten Themen, mit dem sich Soziologen – und nicht nur diese – seit den Anfängen ihrer Wissenschaft bis heute beschäftigen. Wenn irgendwo unterschiedliche Auffassungen wirklich hart aufeinanderprallen, dann hier. Die jeweiligen Positionen entscheiden teilweise wesentlich über Erkenntnisinteresse, Fragestellung, Stoffauswahl, Methode und Interpretation der Forschungsergebnisse. Sie ermöglichen auch teilweise unterschiedliche Bestimmungen der Ziele und Aufgaben praktischen Handelns. Bei manchen Sozialen Berufen zeigt sich das unter anderem dort, wo etwa viele fürsorgerische Aktivitäten als »soziales Flickmittel« (*J. van Doorn*) gelten, weil es nur systemimmanentes Tun sei, durch das eine überlieferte Ordnung sozialer Beziehungen verfestigt, nicht aber grundlegend verändert würde. Damit sind zwei wichtige Begriffe angesprochen, nämlich System und Wandel. Ein zentrales soziologisches Thema ist jedenfalls das Verhältnis von sozialem System und sozialem Wandel - in der älteren Soziologie unter der Bezeichnung Statik und Dynamik bekannt. In Verbindung mit System spricht man auch von Struktur bzw. Sozialstruktur. Und das Wort Struktur ist bedeutsam innerhalb der strukturell-funktionalen Theorie, die in der Soziologie eine große, wenngleich auch umstrittene Rolle spielt.

9.1.1 In den Werken vieler Vorläufer und Begründer der Soziologie sind tiefgreifende Veränderungen das beherrschende Thema. Die beginnende und zunehmende Industrialisierung wirkte sich auf nahezu alle Lebensbereiche aus. Diese Folgen wurden nicht von allen als segensreich, sondern von vielen Menschen als problematisch empfunden. Das erklärt zunächt einmal die Charakterisierung der entstehenden Soziologie als Gegenwartswissenschaft, deren Vorläufer und Begründer sich dem Studium ihrer Zeit widmeten. Sie taten das in kritischer Absicht und in der Hoffnung auf eine bessere Welt. Das erklärt dann die Kennzeichnung der entstehenden Soziologie als Oppositions- und Krisenwissenschaft.

Wird somit auch das erkenntnisleitende Interesse vieler früher Forscher deutlich sichtbar, so noch nicht die Funktion, welche man der wissenschaftlichen Forschung hinsichtlich erwünschter Änderungen beimißt. Heutzutage wird viel von Planung gesprochen, die nur dann erfolgreich sein könne, wenn die Planer genügend über wirkliche Zustände und Vorgänge wüßten, um die Gegenwart auf eine wünschbare Zukunft hin zu gestalten. Dabei geht man oft von einer offenen Zukunft aus, was zugleich mehrere Zukunftsalternativen bedeutet, auf die hin planend gehandelt werden könnte. Viele Vorläufer und Begründer der Soziologie dachten da anders. Savoir pour prévoir, prévoir pour pouvoir – sagt beispielsweise *A. Comte*, und ihm schwebt dabei zugleich ein bestimmtes Ziel vor, das sozusagen unabdingbar feststeht. Ausgehend von einer als Krise gedeuteten Gegenwart und beseelt von der Vorstellung einer humanen zukünftigen Gesellschaft, ist man zunächst darum bemüht, die Ursachen ausfindig zu machen, die für diese krisengeladene Gegenwart verantwortlich sind. Zugleich interessiert aber die wahrscheinliche zukünftige Entwicklung. Überzeugt, daß sich die Fragen nach dem Woher und Wohin wissenschaftlich verbindlich beantworten lassen, sucht man nach Bewegungsgesetzen in der Menschheitsgeschichte von den Anfängen über die Gegenwart bis in die Zukunft. Wie ist diese Geschichte bisher verlaufen? An welcher Stelle im Entwicklungsprozeß befindet man sich? Wo steuert man hin? Wie ist die zukünftige Entwicklungsrichtung? – Solche Fragen bewegen jene Denker zutiefst, die ihre Gegenwart als krisenhaft erleben und sich mit den bestehenden Zuständen und Vorgängen nicht abfinden können und wollen. Krisenwissenschaft verbindet sich mit Standortbestimmung und dem Glauben an ein gutes Ende. Die erstrebte humane Zukunft ist nicht einfach Utopie, kein bloß wünschbarer Zustand, sondern eine geschichtliche Notwendigkeit.

Solche Deutungen vom Wesen und Sinn des geschichtlichen Geschehens im ganzen mit endzeitlichem Charakter gibt es seit eh und je (5.5.2). Von den neueren Vorstellungen ist die von *Marx* besonders bekannt, dessen Lehre die Welt nach wie vor bewegt. Bei *Hegel* sei die Welt philosophisch geworden, sagt *Marx* – und er fordert, daß die Philosophie wieder weltlich wird. Die Welt, das sind die sozialen Auswirkungen eines rücksichtslos-egoistischen Kapitalismus. Sie sind aufweisbar zum Beispiel an Hunger, Wohnungsnot, überlanger Arbeitszeit, Kinderarbeit, Ausbeutung und Entfremdung des Menschen als einem der Anlage nach schöpferischen, inzwischen aber zum Sklaven seiner Produkte gewordenen Lebewesen. Erst in einer wieder weltlich gewordenen Philosophie könne man erkennen, daß es keine Einheit von Vernunft und Wirklichkeit gebe, daß Denken und Sein nicht übereinstimmten, daß die Dialektik nicht aufgehoben sei. Das belege der Kampf zwischen (noch wirksamem) Kapitalismus und (notwendigem) Sozialismus. Die Geschichte aller bisherigen Gesellschaften sei die Geschichte von Klassenkämpfen – und diese Geschichte sei noch nicht beendet. Der gegenwärtige Klassenkampf führe notwendig zur Diktatur des Proletariats, zur Aufhebung aller Klassen und zur Beseitigung aller Krisen. Wenn Marx darauf hinweist, daß die Philosophen die Welt bisher nur verschieden interpretiert hätten, es jetzt aber darauf ankäme, sie zu verändern, dann ist eben zu beachten, daß diese Veränderung unvermeidbar geschehe. Es genüge nicht, »daß der Gedanke zur Verwirklichung drängt, die Wirklichkeit muß sich selbst zum Gedanken drängen«. Und das tue sie unaufhaltsam. Die Eingeweihten, die Wissenden, die Auserwählten kennten den notwendigen Gang der Geschichte auf das Ziel aller Geschichte hin. Praktisch-politisches Handeln sei deswegen nicht unnötig, aber den Menschen »bleibt doch letztlich nichts anderes übrig, als der Geschichte Hebammendienste bei der Geburt des Kommunismus zu leisten« (*A. Künzli*). Das die Geburtswehen abkürzende Handeln sei nicht bloß eine zurückhaltende Hilfestellung, sondern es erfordere – wenn nötig – rücksichtslose Gewalt. Die Endkatastrophe sei zwar gewiß und notwendig, aber bis zur »totalen Revolution« werde »am Vorabend jeder allgemeinen Neugestaltung der Gesellschaft das letzte Wort der sozialen Wissenschaft stets lauten: Kampf oder Tod; blutiger Krieg oder das Nichts. So ist die Frage unerbittlich gestellt...« (*K. Marx*).

9.1.2 Diese Zitate sind natürlich aus ihrem Zusammenhang gelöst. Es geht hier aber nicht um eine ›authentische‹ Marx-Interpretation, es genügen vielmehr einige Hinweise auf einen Prototyp jener Denkweise, deren Anhänger von universalen Bewegungsgesetzen mit endzeitlichem Charakter ausgehen. Solche geschichtsphilosophischen, umfassenden Deutungen des Ablaufs der Menscheitsgeschichte im ganzen bleiben in der neueren Soziologie des sozialen Wandels vor allem deshalb weitgehend unberücksichtigt, weil sie sich erfahrungswissenschaftlich nicht überprüfen lassen – ohne daß sie deswegen jedoch soziologisch gesehen uninteressant wären.

Solche Zurückhaltung betrifft noch andere Konzeptionen. Erwähnenswert ist zunächst der *sozialbiologische Evolutionsimus*. Nach *Ch. R. Darwin* werden im »Kampf ums Dasein« die schwächeren Lebewesen ausgemerzt, und es findet so eine natürliche Auslese statt. Grundgedanken des biologischen Darwinismus/Evolutionismus wurden bald dazu verwandt, auch menschliches Leben und Zusammenleben zu erklären. Sehr einflußreich war dabei *H. Spencer* (»Soziale Reform hemmt den Fortschritt«) zumindest als Wegbereiter sozialbiologisch/evolutionistischer Deutungen gesellschaftlichen Lebens. Es gab auch eine rassenhygienische Ausprägung, den sogenannten Sozialdarwinismus. Dessen Vertreter lehnten alle praktisch-politischen Maßnahmen ab, welche die Ausmerzung der Schwachen, Kranken und Untüchtigen im Kampf ums Dasein, der ›Ausjätemaschine‹, verhindern. – Von heute aus gesehen erscheint es vor allem problematisch, Biologie und Soziologie vorschnell und damit kritiklos zu verquikken. Es gibt sicherlich Zusammenhänge zwischen Naturgeschichte und Menschheitsgeschichte. Gesellschaft und Organismus gleichzusetzen, ist jedoch nicht gerechtfertigt. Selbst bloße Vergleiche zwischen biologischem Organismus und Gesellschaft nach Art eines (sozialen) Organismus führen leicht zu Mißverständnissen. Soziales Handeln ist nicht angeboren, sondern wird erlernt. Kultur pflanzt sich nicht über Keimzellen fort, sondern wird in der Tradition weiter gegeben. Erfindungen sind nicht das Ergebnis von Mutationen, sondern Synthesen angehäufter Erfahrungen. Was speziell Geschichte und sozialen Wandel angeht, so beruhen im übrigen alle mit biologischen Analogien arbeitenden evolutionistischen Theorien auf einer unsicheren Grundlage hinsichtlich der Bestimmung des Zieles geschichtlich-sozialer Entwicklung.

Auch die geschichtsphilosophische Deutung von Geschichte und sozialem Wandel als *sozialem Fortschritt* erscheint vielen problematisch. Oft wird ein vom jeweiligen Forscher (aus welchen gesellschaftlichen oder sonstigen Gründen auch immer) als wertvoll, gut, richtig oder natürlich empfundener Zustand für die Gegenwart festgestellt oder für die Zukunft gewünscht. Dem entspricht dann leicht eine Deutung der bisherigen oder der künftigen Geschichte als sozialen Fortschritt. Es ist der wertende Aspekt in vielen dieser Theorien, die sie verdächtig macht. Daß beispielsweise der Wandel von der Agrarwirtschaft zur Industriewirtschaft, von der Großfamilie zur Kleinfamilie, von der oralen zur technischen Kommunikation, von der Pferdestärke zum Verbrennungsmotor, vom Armenhaus zur psychiatrischen Klinik schlechthin ein Fortschritt sei – das alles sind zunächst einmal bloße Behauptungen, über die sich sinnvoll streiten läßt. Man ist inzwischen ja auch skeptisch geworden angesichts solch globaler Bewertungen.

Selbst die Vorstellungen von einer *sozialen Entwicklung* gelten manchen Beobachtern als problematisch. Von Entwicklung kann man eigentlich nur dann sprechen, wenn – wie etwa bei Zeugung – ein Anfang gesetzt wird, der alles weitere – also Wachstum, Entfaltung der Körperteile usw. – sozusagen schon in sich enthält. Wenn man im sozialen Bereich von Entwicklung spricht, dann besteht leicht die Gefahr, die bisherige und zukünftige Geschichte als ein unbedingt notwendiges Geschehen zu deuten. Willkürliche Interpretationen liegen hier allerdings nicht so nahe wie bei den Begriffen Evolution und Fortschritt. Wenn etwa *M. Weber* von der Entwicklung des Kapitalismus spricht oder wenn die Entwicklung von der Agrargesellschaft zur Industriegesellschaft untersucht wird, so sind das wissenschaftlich zulässige und im übrigen auch empirisch überprüfbare Aussagen. Innerhalb solcher Entwicklungen gibt es sicherlich unvermeidbare Prozesse; schließlich beibt die industrielle Wirtschaftsweise nicht folgenlos. Innerhalb gewisser Grenzen waren und sind auch zutreffende Prognosen möglich; schließlich kann man weiterreichende Auswirkungen zunehmender Automatisierung einigermaßen verläßlich abschätzen. Insgesamt sind die entsprechenden Aussagen jedoch nicht eingebettet in eine sich verbindlich gebende allgemeine Geschichtstheorie, die zugleich in die Zukunft hinein verlängert ist. Die Zukunft erscheint vielmehr als tendenziell offen, wenngleich Offenheit auch nicht Willkür bedeutet.

9.1.3 So eingeschränkt, ist der Begriff soziale Entwicklung eigentlich identisch mit dem Begriff *sozialer Wandel*. Dieser wird jedoch wegen

seiner neutralen Fassung meistens vorgezogen. Der Soziologe stellt Veränderungen fest und erforscht deren Ursachen. Von weiterreichenden Deutungen nach Art des Evolutionismus oder in Anlehnung an Fortschrittsideen hütet er sich, weil sie ihm zu spekulativ sind. Selbst in Untersuchungen über soziale Entwicklungen läßt er vorschnelle Behauptungen nicht gelten, wonach es ein umfassend unabdingbar notwendiges Geschehen gebe.
Trotz solcher Zurückhaltung ist der Forschungsbereich sozialer Wandel für die Soziologie nach wie vor ungemein komplex. Ein Problem betrifft die nähere Bestimmung der Ursachen sozialer Veränderungen. Immer wieder wurde versucht, einzelne Wandlungsvorgänge einem Faktor als der entscheidenden Ursache zuzuschreiben, sei es der Technik, ökonomischen Basis, Kultur, Religion oder dergleichen mehr. Diese sogenannten *monokausalen Theorien* gelten vielen Wissenschaftlern seit langem als unbrauchbar, um die komplexe Wirklichkeit zutreffend erklären zu können. Man geht aus von einer weitreichenden Interdependenz zwischen den einzelnen gesellschaftlichen Bereichen und Handlungsfeldern. Dementsprechend kommen für sozialen Wandel mehrere Ursachen, Ursachensyndrome also, in Frage. Technik, Wirtschaft, Ideen, Religion, Recht usw. sind so eng miteinander verwoben – was übrigens Diskrepanzen zwischen und Nachhinken einzelner Sektoren hinter anderen Bereichen keineswegs ausschließt –, daß jede monokausale Erklärung unzulässig vereinfacht.
Bedenkt man die Menschheitsgeschichte und die Entwicklung innerhalb einzelner Gesellschaften, dann zeigen sich regelmäßig irgendwelche Veränderungen. Deshalb erscheint es auch gerechtfertigt, den sozialen Wandel als eine normale Erscheinung zu bezeichnen. Gleichzeitig ist jedoch zu beachten, daß Veränderungen teilweise erheblich verzögert stattfinden. Mal länger mal kürzer gelten bestimmte soziale Normen und Institutionen; formen materielle und immaterielle Kultur menschliches Zusammenleben; handeln Menschen gemäß vorgegebener sozialer Rollen; erfolgen Sozialisierung, sozialer Erwerb des Selbst, Enkulturation und Verinnerlichung hinsichtlich überlieferter gesellschaftlicher Vorgaben; gibt es typische Formen abweichenden Handelns und Arten sozialer Kontrolle – kurzum: handeln Menschen gleich oder doch annähernd gleich. Viele einfache Gesellschaften zeichnen sich durch stabile Verhältnisse über lange Zeiträume hinweg aus. In den sogenannten Entwicklungsländern kann man die Wirkungen verfestigter sozialer Beziehungen, Normen und Sinngehalte, gut beobachten. Selbst in der modernen Gesellschaft beeinflussen überlieferte Vorstellungen die Ansichten, Gefühle und Handlungen vieler Menschen. Es gibt eben nicht nur Dynamik, sondern ebenso regelmäßig und durchgängig auch Statik.
Die wissenschaftlichen Probleme, Statik und Dynamik, System/Struktur und Wandel je einzeln und in ihrem Verhältnis zuein-

ander genauer zu beschreiben und zu erklären, sind allerdings außerordentlich groß. Das hängt teilweise damit zusammen, daß die Termini System, Struktur und Wandel nicht eindeutig und allgemein verbindlich definiert sind. Die Art und Weise der begrifflichen Verwendung beeinflußt ihrerseits die Einstellung zu einer bestimmten Gesellschaft, die Erklärung sozialer Veränderungen sowie die Ausrichtung und Begründung praktisch-politischen Handelns. Handlungsziele wie system-/strukturverändernde und system-/strukturimmanente Maßnahmen zeigen das deutlich. Ausdrücke wie Handlanger und Sklaven des Systems belegen zugleich die politische Relevanz der Begriffe[20].

9.2 Struktur und Funktion. Die Verbundenheit von Menschen innerhalb relativ dauerhafter Flechtwerke sozialer Beziehungen ist nach wie vor ein zentrales Thema soziologischer Forschung.

9.2.1 Schon der Begriff Gesellschaft beinhaltet ja im allgemeinen Vorstellungen von einem Aufbau, von wechselseitigen Zusammenhängen und vom Funktionieren von Teilen. Deutlicher sichtbar wird das Forschungsinteresse dort, wo man *Gesellschaftstypen* bildet. Der Begriff des Typs spielt auch in anderen Wissenschaften eine große Rolle. In der Psychologie typisiert man Menschen beispielsweise nach introvertiert, extrovertiert, leptosom, athletisch, neurotisch und psychotisch. Nationalökonomen sprechen etwa von Marktwirtschaft, Zentralverwaltungswirtschaft und dual economie. In der Ethnologie sind Begriffe gebräuchlich wie Wildbeuter- und Sammlergesellschaften, Jäger- und Hirtengesellschaften. Historiker unterteilen unter anderem grob nach Altertum, Mittelalter und Neuzeit. Innerhalb der neueren Soziologie in Verbindung mit Kulturanthropologie und Geschichtswissenschaft sind Begriffe gebräuchlich wie: einfache Gesellschaft, Hochkultur und industrielle Gesellschaft; traditionale, transitionale und moderne Gesellschaft; primäre und sekundäre Systeme; Agrargesellschaft, Industriegesellschaft und postindustrielle Gesellschaft.

›Gesellschaftstypen‹ sind zunächst einmal gedankliche Konstruktionen der jeweiligen Forscher. Ob und wie ausgeprägt diese Entwürfe der Wirklichkeit entsprechen, ergeben erst genauere empirische Untersuchungen – wenngleich natürlich in solchen Konstruktionen schon empirische Befunde eingehen. Daß es gesamtgesellschaftlich bedeutsame Unterschiede gibt, ist eigentlich unbestritten. Vergleicht man etwa vorindustrielle Agrargesellschaft und Industriegesellschaft genauer, so gilt beispielsweise, daß (unter anderem) wegen der gestiegenen Arbeitsproduktivität die Erwerbsstruktur verändert wurde. Der Einsatz des Faktors Arbeit in der Landwirtschaft (primärer Sektor) geht zurück, steigt in der Industrie (sekundärer Sektor) und nimmt später verstärkt im Dienstleistungsgewerbe (tertiärer Sektor) zu. Das alles beeinflußt nicht nur die Erwerbs- und Berufsstruktur, sondern führt auch zu einem veränderten Verhältnis von Arbeitszeit und Freizeit. Die zunehmende Freizeit wirkt sich ihrerseits aus auf die Einstellung zur Arbeit. Sie hat darüber hinaus weiterreichende, im einzelnen noch gar nicht absehbare Folgen in anderen Bereichen sozialer Beziehungen. Ein anderes Beispiel betrifft die Auswirkungen industrieller Wirtschaftsweise zusammen mit der Teilung von Heim und Arbeitsstätte auf die ehelichen und familiären Beziehungen. Die Zwei-Generationen-Kleinfamilie ist inzwischen üblich. Hinzu kommen unter anderem verringerte Kindersterblichkeit, niedrigere Geburtenziffer, Geburtenplanung, Empfängnisverhütungsmittel und vergleichsweise folgenloser Einsatz der Sexualität. Überlieferte kirchlich-religiöse Vorstellungen sind zwar nicht einflußlos, sie erscheinen aber doch weithin als fragwürdig. Das wiederum bedeutet nicht schlechthin Areligiosität, wohl aber ein weit verbreitetes Gefühl der Sinnlosigkeit, womit die zunehmende Bedeutung sogenannter ›quasi‹-religiöser Bewegungen eng zusammenhängt. Schließlich sind erhebliche Unterschiede zwischen einzelnen Schichtungssystemen nach Art von Kasten, Ständen und Klassen ebenso wenig zu übersehen wie Einstellungsänderungen hinsichtlich mancher Formen abweichenden Handelns und Arten sozialer Kontrolle. Kurzum: Es gibt so viele Indizien für unterschiedliche Ausprägungen sozialer Beziehungen, daß eine differenzierte Betrachtung nach Gesellschaften bzw. Gesellschaftstypen sich geradezu aufdrängt.

9.2.2 Über Möglichkeiten und Grenzen solch umfassender soziologischer Forschung wird trotzdem heftig diskutiert. Die Meinung ist weitverbreitet, daß man, um viele Einzelprobleme richtig verstehen und praktisch lösen zu können, die *gesamtgesellschaftlichen Zusammenhänge* kennen müßte.

9.2.2.1 Umfassend erfolgreiches praktisches Handeln erscheint in der Tat nur dann möglich, wenn es eine empirisch ausreichend belegte allgemeine *Theorie der modernen Gesellschaft* gibt. Eine solche erfahrungsgesättigte Theorie würde nämlich Aufschluß geben über alle gesamtgesellschaftlich bedeutsamen Faktoren und Zusammenhänge nebst sämtlicher Auswirkungen in jedem Lebensbereich. Mit Hilfe dieses Wissens könnten Praktiker dann auch mit angebbarer Wahrscheinlichkeit erfolgreich handeln.

Das inzwischen angehäufte Einzelwissen reicht jedoch (noch) nicht (vielleicht niemals) aus, um eine derart umgreifende und zugleich verbindliche, weil sämtliche Tatsachen und Zusammenhänge berücksichtigende Theorie der modernen Gesellschaft aufzustellen. Wer eine solche Theorie dennoch versucht, muß sich mit einem theoretischen Vorgriff auf das Ganze der modernen Gesellschaft begnügen. Dieser Vorgriff besteht aber streckenweise nur aus Vermutungen, eben weil man über alle Tatsachen und Zusammenhänge nebst Auswirkungen nicht genügend weiß. Wissenschaftliche Forschung kommt nun eigentlich nie ohne solche theoretisch-spekulativen Vorgriffe aus. Diese sind dann unproblematisch, wenn man bereit ist, die im gedanklichen Vorgriff vermuteten und behaupteten Zusammenhänge nachträglich ernsthaft empirisch zu untersuchen. Selbst wenn man das vor hat, kann jedoch durch solch einen Vorgriff die Gesellschaft im ganzen und in ihren Teilen eventuell einseitig-falsch gesehen und gedeutet werden. Zugleich wird vielleicht sogar die empirische Forschung in eine bestimmte Richtung gelenkt, die sich gegebenenfalls als Sackgasse erweist. Übertrieben vereinfacht ausgedrückt: Wer sucht, der findet – und was dem einen der (Spät)-Kapitalismus mit herrschaftsbezogener Konfliktregelung, Manipulation und Entfremdung ist, erscheint dem anderen bloß als pluralistische Gesellschaft, innerhalb derer die Konflikte von den gesellschaftlichen Gruppen durch Kompromisse letztlich zum Wohle aller gelöst werden.

Trotz solcher Probleme gesamtgesellschaftlicher Theoriebildung ist jedoch zu beachten, daß man mit der Aufzählung, Beschreibung und Erklärung von einzelnem und Einzelproblemen an sich nie fertig wird. Das Ganze einer Gesellschaft kommt also auf diese Weise niemals in den Blick. Jede Beschränkung auf Einzelheiten führt leicht dazu, bestimmte Zusammenhänge zwischen einzelnem zu übersehen. Wer etwa nur auf die Obdachlosen der Großstadt X starrt und sich als Praktiker um deren Eingliederung (meistens ziemlich erfolglos) bemüht, übersieht gegebenenfalls gerade jene gesamtgesellschaftlichen Zustände, welche die verstärkte Ausweisung aus Mietwohnungen und die zunehmende Einweisung in Obdachlosenasyle geradezu erzwingen. »Die Beschränkung auf herausgeschnittene, scharf isolierte Gegenstände ... verwehrt nicht nur temporär, sondern prinzipiell die Behandlung der Totalität der Gesellschaft« – sagt *Th. W. Adorno*. Das ist ein ernstzunehmender Hinweis, und seine Bedeutung wird noch deutlicher dort, wo es heißt: »Die Frage nach dem Sinn von Phänomenen gilt vielfach für müßig, die nach der gesellschaftlichen Gesamtstruktur, die dem einzelnen solchen Sinn verleiht, wird allenfalls auf spätere Synthesen vertagt.« Nun fordert und betreibt *Adorno* gesamtgesellschaftliche Analyse nicht um ihrer selbst willen. Sein erkenntnisleitendes Interesse ist eindeutig kritischer Natur. Davon kann man aber vielleicht abstrahieren und feststellen, daß andere Forscher theoretische Vorgriffe auf das Ganze einer Gesellschaft ebenfalls für notwendig halten. So hält beispielsweise *R. König*, der ansonsten gegenüber umfassenden Theorien der Gesellschaft zurückhaltend ist, die Vorstellung für »abwegig, über den Einzelproblemen die gesamtgesellschaftlichen Beziehungen zu vernachlässigen ... (Es) zeigt sich genau umgekehrt, daß theoretisch überhaupt keine Betrachtung des Einzelproblems möglich ist, ohne vorherige Bestimmung des strukturellen Gesamtrahmens, in den es sich einbaut«.

In beiden Zitaten wird das Wort Struktur verwandt. Während es aber *Adorno* bedauert, daß das gesellschaftskritische Motiv aus der empirischen soziologischen Forschung weithin verbannt sei, fordert und begrüßt dies *König* um der Soziologie als Erfahrungswissenschaft willen ausdrücklich. Diese unterschiedlichen Positionen wirken sich unter anderem auf die Art und Weise struktureller Analyse von Gesamtgesellschaften ebenso aus wie auf Fragestellungen und Deutung der Forschungsergebnisse.

9.2.2.2 Vom Wort her meint *Struktur* ein im einzelnen wie auch immer geartetes relativ dauerhaftes Gefüge, ein die Zeit überdauerndes Aufeinanderbezogensein von Teilen bzw. Elementen. In zahlreichen Wissenschaften interessiert man sich für Strukturen, so etwa in der Philosophie, Biologie, Mechanik, Physiologie, Linguistik, Wirtschaftswissenschaft, Rechtswissenschaft, Ethnologie, Kulturanthropologie, Psychologie und Soziologie. Das Wort Struktur ist gebräuchlich beispielsweise in Verbindung mit Atom, Materie, Kristallen, Landwirtschaft, Märkten, Verwaltung, Herrschaft, Gruppen, Person und Ich. Immer geht es darum, die Art und Weise der Zuordnung von Teilen bzw. Elementen ausfindig zu machen, Beziehungsgeflechte aufzudekken, Regelmäßigkeiten im Geschehen herauszufinden, kausale und interdependente Verbindungen nachzuweisen, Handlungsmuster aufzuzeigen, Ordnungsprinzipien ausfindig zu machen.

Hier interessiert ausschließlich die Struktur einer Gesamtgesellschaft, im allgemeinen *Gesellschaftsstruktur* bzw. *Sozialstruktur* genannt. Die letzten Einheiten einer solchen Gesamtstruktur sind natürlich zunächst einmal die in der jeweiligen Gesellschaft lebenden Menschen als den einzig aktiven Elementen. Die Struktur einer Gesamtgesellschaft setzt sich allerdings nicht so direkt aus aufeinander bezogenen und miteinander handelnden Individuen zusammen, wie das etwa für eine Kleingruppe zutrifft. Menschen stehen in sozialen Beziehungen zueinander, bilden soziale Gruppen, nehmen soziale Positionen ein, sind Rollenträger, beachten soziale Normen, handeln innerhalb von Institutionen, schaffen materielle und immaterielle Kultur, sind Mitglieder sozialer Schichten, benutzen Massenmedien, üben Macht und Herrschaft aus, bedienen sich sozialer Kontrollen. Das jeweilige Arrangement vor allem von Positionen, Rollen, Normen, Institutionen, Gruppen, Schichten, Kultur usw. macht die jeweilige Sozialstruktur einer Gesellschaft aus. Eine Sozialstruktur ist das relativ dauerhafte innere Gefüge einer Gesellschaft, das zugleich die Regelmäßigkeit im Handeln, die Handlungsmuster, die geltende Ordnung sozialer Beziehungen also, widerspiegelt.

Die Strukturanalyse ist (meistens) eng verwoben mit einer Funktionsanalyse. Der Fachausdruck heißt *strukturell-funktionale Theorie*. Diese Betrachtungsweise ist gleichermaßen weit verbreitet wie heftig umstritten. Indem man gesellschaftliche Elemente auf strukturelle Züge hin untersucht, interessiert zugleich deren Funktion (schon 8.3 und 8.4). Mit dem Terminus Funktion ist der Beitrag gemeint, den Einrichtungen oder Handlungen hinsichtlich bestimmter Ziele leisten.

Zeugung und Sozialisierung dienen (zwar nicht nur, aber doch wesentlich auch) der Sicherung der Nachkommenschaft – und sie sind an diesem Ziel gemessen funktional. Die Primärgruppe Familie ermöglicht die primäre Sozialisierung – und sie ist daran gemessen funktional. Wirtschaften garantiert das physische Überleben – und es ist diesbezüglich funktional. Soziale Berufe leisten zahlreiche Eingliederungshilfen – und im Hinblick darauf sind sie funktional. Vereinfacht ausgedrückt ist all das funktional, was dazu beiträgt, bestimmte Ziele zu verwirklichen. Dysfunktional ist dann all das, was sich störend auf die Verwirklichung bestimmter Ziele auswirkt. Schließlich wird noch das alles als nichtfunktional bezeichnet, was keinen erkennbaren Sinn hat. Auf Gesamtgesellschaften abgestellt: funktional hinsichtlich Erhaltung, dysfunktional hinsichtlich Gefährdung einer gegebenen Sozialstruktur.

Das ist eine – innerhalb gewisser Grenzen – sinnvolle Betrachtungsweise. Entstehungsgeschichtlich gesehen handelt es sich um eine Reaktion auf übertriebene entwicklungsgeschichtlich-evolutionistische Auffassungen (5.5, 9.1). Diese kritisierend verwiesen zunächst vor allem Kulturanthropologen darauf, daß menschliches Handeln und gesellschaftliche Einrichtungen überhaupt nur begreifbar sind, wenn man sie im Kontext einzelner Gesellschaften/Kulturen und deren spezifischen Strukturen sieht. Was dem Außenstehenden vielleicht unbegreiflich erscheint, hat für die Mitglieder der jeweiligen Gesellschaft durchaus Sinn und Bedeutung. Das betrifft beispielsweise die uns fremdartig anmutenden und auf andere Gesellschaften eben nicht übertragbaren komplizierten Heiratsregeln in einfachen Gesellschaften, die Institution der Blutsbrüderschaft, die Totenkulte und die Ahnenverehrung. Gesellschaften/Kulturen als »funktionale Wirkungs- und Leistungszusammenhänge« *(K. Dittmer)* begreifen, heißt die je nach Raum und Zeit höchst unterschiedlichen Ausprägungen sozialer Beziehungen, die interne Verflechtungen sowie den spezifischen Sinn- und Bedeutungsaspekt all dessen ernst nehmen.

9.2.3 Wenn auch die strukturell-funktionale Betrachtungsweise nützlich ist, so gibt es noch schwierige wissenschaftliche Probleme. Selbst praktisches Handeln kann nachteilig betroffen sein, wenn die strukturell-funktionale Analyse oberflächlich angewandt oder die Forschungsergebnisse unkritisch verwertet werden.

9.2.3.1 Aussagen über einen *strukturellen Gesamtrahmen* orientieren sich zwar an Tatsachen, sie gehen aber doch darüber weit hinaus. Es sind gedanklich-theoretisch konzipierte Entwürfe, die prinzipiell immer vorläufigen Charakter tragen, schon weil ausreichendes Wissen über alle Einzelheiten und Beziehungen fehlt. So gesehen bleibt auch die gerade vorhin für wünschbar gehaltene Sinndeutung von Einzelphänomen (9.2.2.1) ihrerseits, zumindest innerhalb gewisser Grenzen, prinzipiell unsicher.

In dem Zusammenhang ist noch zu beachten, daß es wegen eines bestimmten erkenntnisleitenden Interesses zu einer übertrieben reduzierten Komplexität im gedanklich-theoretisch konzipierten Vorgriff auf das Ganze einer Gesellschaft kommen kann. Es gab und gibt beispielsweise totalisierende Betrachtungsweisen. Danach ist die moderne Gesellschaft ein perfektes, restlos integriertes, in ihren Teilbereichen und in den darin ablaufenden Prozessen strikt aufeinander bezogenes, endgültig gefügtes Gebilde, das keinen beachtlichen sozialen Wandel erlaubt. Alle Veränderungen erscheinen als bloß strukturinterne Vorgänge. Alles praktisch-politische Handeln ist darauf ausgerichtet, den Status quo zu verfestigen. Selbst revolutionäre Gesinnung ändert schließlich nichts an der Macht der Fakten. Wer die moderne Gesellschaft so als festgefügt und auf Dauer gestellt begreift, verkennt jedoch die interne Komplexität dieser Gesellschaft und verrät zudem wenig Sinn für Geschichte – es sei denn, er behauptet das Ende aller Geschichte. Im übrigen sind weiterreichende Auswirkungen strukturinterner Vorgänge oft erst sehr viel später erkennbar – es sei denn, man begreift alle bisherigen und noch stattfindenden Veränderungen als belanglose Vorgänge angesichts einer für durch und durch sündhaft gehaltenen Welt.
In solchen totalisierenden Betrachtungsweisen mischen sich oft theoretisch-spekulativ übermäßig reduzierte Wirklichkeitsauffassungen und Fatalismus oder Utopismus. Je nachdem, wie das Ganze der Gesellschaft gedeutet und damit auch deren Sozialstruktur begriffen wird, reicht die Skala der Einstellungen von totaler, teilweise rückwärts gewandter Resignation über resignative Utopie, Beschränkung auf Korrekturen am Bestehenden bis hin zur revolutionären Gesinnung und Aktion sowie den Glauben an die totale Machbarkeit der Gesellschaft im ganzen. Entsprechend breit kann auch die Spannweite der Zielvorstellungen und Legitimierung praktischen Handelns sein.
9.2.3.2 Ein anderes Problem betrifft die Bestimmung von *Funktionalität und Dysfunktionalität.* Wirklich und umfassend verbindliche Aussagen darüber sind eigentlich nur möglich bei ausreichender Kenntnis über den strukturellen Gesamtrahmen, die einzelnen Elemente, die interdependenten Beziehungen, die direkten und indirekten Auswirkungen von Einrichtungen und Handlungen. Dieses Wissen fehlt. Deshalb bleiben ja auch übergreifende und doch zugleich detaillierte Funktionsanalysen sowie Sinndeutungen von (Einzel-)Phänomenen im Prinzip immer vorläufig und ›fragwürdig‹. Das schließt weiterreichende strukturell-funktionale Analysen jedoch keineswegs aus. So erbringt etwa eine Funktionsbestimmung Sozialer Berufe brauchbare Einsichten a) hinsichtlich Eingliederungshilfen angesichts gesamtstrukturell angelegter Konfliktstellen und b) hinsichtlich Funktionswandel der Sozialarbeit angesichts komplizierter Systeme sozialer Sicherung einschließlich unvermeidbarer Professionalisierung. Eine

exakte Funktionsanalyse ist dennoch schwierig, weil ja die Wirklichkeit so komplex erscheint und weil Soziale Berufe schließlich nur ein Element dieser komplexen Realität sind. Eine allseits verbindliche Auffassung über den strukturellen Stellenwert (vieler) Sozialer Berufe gibt es jedenfalls nicht. Manche sind der Meinung, daß beispielsweise der Sozialarbeit bloß die Funktion eines Lückenbüßers zukomme, weil die üblichen sozialpolitischen Systeme sozialer Sicherung nicht lückenlos genug seien. Andere weisen darauf hin, daß es neben den strukturbedingten Möglichkeiten wesentlich auch strukturbedingte Grenzen vieler Systeme sozialer Sicherung gebe, weshalb beispielsweise der Sozialarbeit eine Funktion zukomme, der das Wort Lückenbüßer nicht einmal ansatzweise gerecht werde. Die Diskussion über diese These spiegelt die Unsicherheit wider, die sich einstellt, wenn es darum geht, auf dem Hintergrund der Totalität der modernen Gesellschaft den strukturellen Stellenwert eines (Einzel-)Phänomens wie der Fürsorge und damit auch deren Funktion sinndeutend exakt zu bestimmen.

Diese Problematik wird noch deutlicher dort, wo man die *Erhaltung einer Sozialstruktur* (zu) stark betont. Das geschieht zunächst vielleicht nur aus methodischen Erwägungen, wobei eine umfassende Stabilität bloß als fiktiver Zustand unterstellt wird. Dieses Verfahren ist innerhalb der Wissenschaften völlig legitim. Dennoch kann eine bestimmte Gesellschaft leicht in einer Art und Weise als wechselseitig zusammenhängende Ganzheit begriffen werden, welche die Annahme eines stabilen Gleichgewichts nahelegt. Das wiederum kann bei einer oberflächlichen Betrachtung leicht dazu führen, daß man Einrichtungen und Handlungen als funktional/dysfunktional ansieht, die das eventuell gar nicht sind. So gilt bei uns im allgemeinen der Parlamentarismus als funktional, um Demokratie zu verwirklichen. Schaut man näher hin, dann zeigen sich gegenwärtig einige beachtenswerte strukturbedingte Grenzen seiner Anwendbarkeit. Sie sprechen nicht unbedingt für die Abschaffung des Parlamentarismus zugunsten einer ihrerseits vermutlich (wenn überhaupt, dann) nur sehr begrenzt realisierbaren Rätedemokratie. Die begrenzenden Bedingungen sind jedoch Anlaß für einige ernst zu nehmende kritische Überlegungen zur gegenwärtig praktizierten parlamentarischen Demokratie. Es kann eben erhebliche Differenzen geben zwischen veränderten Wirklichkeiten und einer nach wie vor offiziell behaupteten, ja sogar weithin geglaubten Funktionalität, die sich dann wissenschaftlich gesehen als Ideologie erweist (ohne daß dies jedoch einer Bevölkerungsmehrheit bewußt sein muß).

Es ist natürlich auch möglich, daß man *Neben- und Folgewirkungen* der als funktional geltenden Einrichtungen und Handlungen nicht genügend beachtet. Soziale Berufe sind sicherlich oft insofern funktional, als sie durch zahlreiche Eingliederungshilfen dazu beitragen, eine bestehende Ordnung sozialer Beziehungen aufrecht zu erhalten und einen (hier einmal unterstellten) Gleichgewichtszustand zu stabilisieren. Die strukturell angelegten Konflikte werden nämlich oft gar nicht beseitigt. Das betrifft etwa die (sozial-)marktwirtschaftlich betriebene Wohnungspolitik, die unter anderem dazu führt, daß die Zahl von Wohnungsgeschädigten regelmäßig-systematisch steigt. Man tut, was man kann, und unterstützt die in Not geratenen Menschen finanziell, damit sie sich möglichst in der gleichen Umwelt arrangieren, die sie zu unterstützungswürdigen Fällen werden ließ. Dabei ist jedoch zu beachten, daß beispielsweise zunehmend stärker notwendig werdende finanzielle Hilfen nach dem Bundessozialhilfegesetz sich mittel- und langfristig auf ›höherer‹ Ebene als eine Belastung erweisen können. Dadurch wird vielleicht das hier einmal angenommene Gleichgewicht empfindlich gestört. Im Falle von Zielkonflikten könnte das dazu führen, eine restriktive Politik zu betreiben und bestimmte Errungenschaften aufzugeben. Denkbar ist aber auch, daß man einen Kompromiß aushandelt, der zu einem neuen Gleichgewichtszustand führt.

Schließlich ist keineswegs gewiß, ob die geleisteten *Hilfen* überhaupt das bewirken, was man von ihnen erwartet. Vielleicht werden mittel- und langfristig Problemlagen nur verschärft oder sogar neue Probleme geschaffen. So könnte ja beispielsweise die gegenwärtig verstärkt geforderte offene Fürsorge anstelle der Anstaltsfürsorge für manche psychisch kranke Menschen dysfunktionale Auswirkungen haben. Mitglieder der Herkunfts- oder Fremdfamilie werden vielleicht nicht nur überfordert und dadurch verunsichert, sondern es bilden bzw. verschärfen sich auch Vorurteile gegenüber psychisch Kranken – ganz abgesehen von einigen, gerade hier beachtenswerten Implikationen des sicherlich zutreffenden Konzepts ›Patient Familie‹.

9.2.3.3 Eine übertrieben einfach praktizierte, vorschnell an Gleichgewichtvorstellungen orientierte Struktur- und Funktionsanalyse kann überdies dazu führen, *soziale Konflikte* einseitig einzuordnen und zu interpretieren. Erscheinen soziale Konflikte dem einen gegebenenfalls schlechthin als dysfunktional, störend, die Stabilität gefährdend – werden sie von anderen vielleicht als bloß sturkturinterne Vorgänge begriffen, die sich zudem noch positiv auf die bestehende Ordnung auswirken könnten. Verkennen die einen eventuell die positiven Auswirkungen von Konflikten auf die Stabilität, unterschätzen die anderen gegebenenfalls weiterreichende, die Ordnung unmittelbar oder mittelbar gefährdende Folgen. Beachtenswert ist außerdem, daß jene Menschen, die individuell oder zusammen mit anderen abweichend denkend und handelnd Konflikte verursachen, unter Umständen als schlechthin unentschuldbare Abweichler und instabile Elemente gelten. In extremen Fällen könnte dann jedes abweichende Handeln als pathologisch gelten.

9.2.4 Das alles sind hier bewußt übertriebene und bewußt vereinfachte Aussagen – um einige Grundprobleme überdeutlich hervortreten zu lassen. Die Darstellung wird jener komplexen Problematik, der sich Struktur-Funktionalisten gegenübergestellt sehen, ebensowenig gerecht wie den zahlreichen differenzierten Forschungsansätzen und kritischen Einwänden innerhalb und außerhalb des Struktur-Funktionalismus. Sicherlich bieten – um nur einiges zu nennen – vor allem das Konzept von *T. Parsons* viel Anlaß für Kritik, ist die Annahme eines stabilen Gleichgewichts per se problematisch, können von einem Gleichgewicht als fiktivem Zustand ausgehende Analysen durchaus Teile der Wirklichkeit verfehlen, wird die Erforschung eines (sicher realistischeren) dynamischen Gleichgewichts noch komplizierter, ist die wissenschaftliche Erfassung, Einordnung und Interpretation sozialer Prozesse überhaupt ungemein schwierig, bleibt die funktionale Konfliktanalyse vielfach unbefriedigend, fehlt bislang eine befriedigende Verbindung von Struktur-Funktion-Wandel. Wie kompliziert die wirklichen Verhältnisse, deren getreuliche Wiedergabe und adäquate Erklärung sind, zeigt gerade die neue Diskussion im Rahmen systemtheoretischer Betrachtung.
Trotz allem ist der strukturell-funktionale Ansatz für die Soziologie sehr fruchtbar. Man sagt zwar gelegentlich, daß ›der‹ Struktur-Funktionalismus zumindest immanent notwendig konservativ sei, aber das ist wohl ebenso übertrieben wie die These, wonach ›die‹ Struktur-Funktionalisten zur Zementierung des Status quo unvermeidbar beitrügen. Weder verwechseln sämtliche Forscher theoretische Zugriffe bedenkenlos mit der Wirklichkeit, noch sind sie wissenschaftlich ausschließlich an Stabilität interessiert, noch spricht eine ideologische Verwertung von Forschungsergebnissen gegen den Sinn dieser Betrachtungsweise.
9.3 Struktur-Konflikt-Wandel. Obwohl es Grenzen der strukturell-funktionalen Betrachtungsweise gibt, erfordert deren Würdigung jedoch ihrerseits eine differenzierte Betrachtung.
9.3.1 Mit dem Wort Grenze ist nicht gemeint, daß innerhalb des Struktur-Funktionalismus der soziale Wandel notwendig verfehlt oder unvermeidbar einseitig gedeutet würde. Aussagen über Strukturen stellen *Momentaufnahmen* dar – als welche sie die Wirklichkeit notwendigerweise verfremden. Ob das in einem bestimmten Moment Aufgenommene sich schon wieder verändert hat, nachdem es aufgenommen wurde, läßt sich nicht so ohne weiteres sagen. Man muß schon Ebenen von Momentaufnahmen unterscheiden. So hat sich vermutlich bei den in unwegsamem brasilianischem Urwald lebenden primitiven Stämmen in den Jahrhunderten vieles geändert. Dennoch erscheint es gerechtfertigt, von einer vergleichsweise dauerhaften Sozialstruktur zu sprechen; denn das Arrangement der Teile blieb während eines langen Zeitraumes gleich oder doch annähernd gleich. Innerhalb

der deutschen Universitäten gab es seit jeher irgendwelche Veränderungen. Deren Struktur als Ordinarienuniversität blieb trotzdem lange erhalten. Innerhalb der Armenfürsorge hat sich schon früh vieles geändert, denkt man etwa an den zunehmenden Einfluß der Frauen. Trotzdem blieb die Struktur der Armenpflege über einen längeren Zeitraum hinweg gleich oder doch annähernd gleich, bis sich durch die sozialpolitische Gesetzgebung und andere Umstände der strukturelle Stellenwert der Fürsorge und ihre Funktion änderte. Aussagen über Struktur und Wandel sind also wesentlich bezogen auf jene Zeitabschnitte, welche in die Momentaufnahmen eingehen.
Eine Relativierung nach Zeitabschnitten reicht noch nicht aus. Die *Bildung von Zeitabschnitten* ist ihrerseits zu erklären und zu rechtfertigen. Einmal unterstellt, daß menschliches Leben seit jeher und für alle Zukunft bis hin zu einer möglichen Erlösung die übliche Mühsal bedeutet, dann wird man vielleicht von einer bis zum ersehnten Ende fortdauernden Stabilität sprechen, angesichts der alle sozialen Prozesse und Veränderungen bloß als Variationen zum Thema immerfort aktueller menschlicher Trübsal erscheinen. Wer ›dagegen‹ an unterschiedlichen Wirtschaftsweisen, wie Agrar- und Industriewirtschaft und deren Auswirkungen interessiert ist, dem bieten sich schon kürzere Beobachtungszeiträume an. Anerkennt man gewisse Unterschiede zwischen Frühkapitalismus und Spätkapitalismus beispielsweise wegen der sozialpolitischen Gesetzgebung – was selbstredend nicht ausschließt, auf einer ›höheren‹ Ebene solche Unterschiede angesichts anhaltender Entfremdung für unbedeutend zu halten –, dann sind nicht nur die Zeitabschnitte kürzer, sondern auch die Ergebnisse der Momentaufnahmen teilweise anders. »Was wir sehen, ob Wandel oder Beständigkeit, ob Schwankungen oder eine stetige Entwicklung, hängt (eben) weitgehend von dem gewählten konkreten oder abstrakten Standpunkt ab« (*I. Seger*).
9.3.2 Schon deswegen erscheint es problematisch, *Struktur und Wandel* übermäßig scharf einander gegenüberzustellen und gegeneinander auszuspielen. So meinte etwa *R. Dahrendorf*: »Nicht der Wandel ist – wie uns viele Strukturtheoretiker gewollt oder ungewollt einsuggerieren – das Pathologische, vielmehr ist der Wandel das Normale und Stabilität und Ordnung sind der pathologische Sonderfall des sozialen Lebens.« Hier wird von einem Konfliktmodell ausgegangen, das seinerseits als Alternative zum Gleichgewichts-Struktur-Modell begriffen wird.
9.3.2.1 Es ist unverkennbar, daß soziale Veränderungen in der Menschheitsgeschichte regelmäßig vorkommen. So gesehen ist sozialer Wandel durchaus normal. Es gibt aber regelmäßig auch die relativ dauerhaften stabilen Ordnungen sozialer Beziehungen. So gesehen sind *Struktur und Stabilität* gleichfalls völlig normal. Struktur und Wandel deshalb als normal zu begreifen, weil es sie regelmäßig fak-

tisch gibt, ist nun eine Sache – Struktur, Stabilität und Ordnung dennoch als pathologischen Sonderfall zu bezeichnen, obwohl es sie regelmäßig faktisch gibt, aber eine andere. Zunächst einmal kann schon strittig sein, ob es sich bei Struktur überhaupt um einen Sonderfall handelt. Sodann ist zu bedenken, daß das Wort pathologisch den Beigeschmack von etwas Negativem bzw. Krankhaftem hat. Man müßte also erklären, was Menschen immer wieder dazu veranlaßt, sich in Form relativ dauerhafter Arrangements einzurichten, und weshalb das pathologisch sein soll. Daß Menschen solche strukturellen Arrangements immer auch wieder verändern, bedeutet ja wohl noch nicht zwingend, daß diese pathologisch sind.

Mit solchen Überlegungen wird man aber vermutlich dem eigentlichen Anliegen der erwähnten Kritik nicht ganz gerecht. Zum einen geht es nämlich um eine Abwehr unzulässig einseitiger bzw. falsch verstandener Aussagen von Struktur-Funktionalisten, zum anderen um eine Zurückweisung von Vorstellungen über eine konfliktfreie Gesellschaft. Dem wird entgegengehalten, daß eine wirklich konfliktfreie Gesellschaft totalitär sei und daß alle Versuche, Konflikte endgültig auszuschalten, letztlich eine totalitäre Gesinnung verrieten. Im übrigen könne es eine wirklich konfliktfreie Gesellschaft gar nicht geben. Für praktisch-politisches Handeln folge daraus, daß man Konflikte nicht unterdrücken, sondern als normale Erscheinungen ernst nehmen solle. »Im Widerstreit der Normen und Gruppen (sind) die jeweils annehmbaren Lösungen zu finden, um sie zugleich wieder kritisch zu relativieren. Konflikt und Wandel, Vielfalt und Geschichte beruhen in diesem Sinne auf der konstitutionellen Ungewißheit der menschlichen Existenz« (*R. Dahrendorf*). Wenn eine überlieferte Ordnung sozialer Beziehungen mit allen verfügbaren Mitteln gegen sämtliche Konflikte verteidigt wird, dann nimmt die bestehende Struktur pathologische Züge an. Wie krankhaft sie wirklich ist, das wird vor allem dann offenkundig, wenn die strukturinternen und nur zeitweise mühsam unterdrückten Konflikte voll ausbrechen und weiterreichende Veränderungen schließlich doch erzwingen. Dennoch: Ordnung und Stabilität sind schlechthin weder ein Sonderfall, noch sind sie pathologisch. Letzteres sind sie allenfalls in ihrer überholten, soziale Veränderungen mißachtenden Form. In dem Sinne kann jedoch gegebenenfalls auch sozialer Wandel pathologische Züge aufweisen.

9.3.2.2 In diesem Zusammenhang von normal und pathologisch zu sprechen, erscheint überhaupt problematisch. Es spricht einiges dafür, daß nicht deutlich genug zwischen *Geschichte und sozialem Wandel* unterschieden wird. Nicht ohne Grund beschäftigen sich viele Soziologen mit sozialem Wandel anstelle des Geschichtsproblems. »Geschichte meint mehr als sozialen Wandel. Das konkrete Geschehen hat immer einen Spielraum des Zufalls und der Offenheit, der bald größer bald kleiner sein kann. Der soziale Wandel meint das von diesen Konstellationen unabhängige Geschehen, nicht die gesamte Geschichte« (*F. H. Tenbruck*). Diese Trennung ist teilweise künstlich. Sozialer Wandel ist ja weder völlig unabhängig vom geschichtlichen Geschehen noch frei von Zufällen und Offenheit. Soziologen versuchen dennoch, den Spielraum des Zufälligen einzugrenzen. Sie leugnen damit nicht Zufälligkeit, Offenheit und Ungewißheit, es geht ihnen vielmehr darum, die trotzdem notwendig ablaufenden Veränderungen und deren Ursachen ausfindig zu machen. Es ist natürlich oft sehr schwer, die eigentlichen Ursachen zu erkennen und zu vermeiden, daß etwas als notwendiges Geschehen behauptet wird, was vielleicht bloß einen zufälligen Charakter hat. Nachträglich erscheint es jedenfalls verständlich, daß die industrielle Wirtschaftsweise weiterreichende sozialkulturelle Auswirkungen hat; daß die Familie als Konsumeinheit anstelle der Familie als weithin selbstgenügsamer Produktionseinheit flankierender Einrichtungen bedarf; daß in dem Maße, wie die Herkunftsfamilie unfähig wird, für kranke und alte Menschen zu sorgen, spezialisierte Leistungsträger in Form funktionsspezifischer Organisationen notwendig sind; daß sich infolge medizinischer Errungenschaften die Bevölkerungsstruktur verändert hat; daß für intern stark differenzierte, hochgradig komplexe Gesellschaften eine umfassende Planung unerläßlich ist; daß die zunehmende Freizeit spezielle Probleme mit sich bringt und entsprechende Einrichtungen erfordert. Solche gesetzmäßigen Wandlungsvorgänge lassen sich nun – soweit das überhaupt möglich ist – zutreffend nur erklären, wenn man sie als Prozesse innerhalb eines strukturellen Rahmens sieht – Wandel *in* der Sozialstruktur –, der freilich davon auch aufgebrochen und grundlegend verändert werden kann – Wandel *der* Sozialstruktur.

Verstellt man sich nicht den Blick auf eine differenzierte und komplexe Wirklichkeit, dann stößt man als Soziologe im Raum und in der Zeit auf im einzelnen wie auch immer gestaltete relativ dauerhafte und vergleichsweise eigenständige Flechtwerke sozialer Beziehungen, innerhalb derer und zwischen denen sich ununterbrochen etwas ändert. Der mögliche Gesamtvorgang von Geschichte etwa nach Art einer Universalgeschichte kommt dabei natürlich genauso wenig ins Visier, wie das mögliche Insgesamt der Geschichte einzelner Völker, Gesellschaften und Kulturen. Im übrigen versteht es sich natürlich von selbst, daß die Wandlungsvorgänge nicht frei von geschichtlichen Zufälligkeiten sind. Zufälligkeiten sind das natürlich zunächst einmal nur auf der vergleichsweise abstrakten Ebene soziologischer Betrachtung. Das zu sehen, ist überaus wichtig – andernfalls liegt es leicht nahe, Wandlungen als quasi-naturbedingte, dem Menschen schlechthin auferzwungene Vorgänge zu begreifen. Wenn das Thema Mensch-Geschichte-Gesellschaft grundsätzlich gestellt wird, dann müssen die menschlichen Handlungsmöglichkeiten und Einzelaktivitäten verstärkt berücksichtigt werden. Der konkrete Gesellschaftsvorgang muß »als schrittweise Verselbständigung der menschlichen Praxis gegenüber ihren jeweiligen geschichtlichen und natürlichen Bedingungen begriffen werden, und zwar als ein Vorgang, der nicht nur angesichts dieser Bedingungen, sondern auch durch und gegen sie sich vollzieht« (*K. H. Tjaden*). Das ist nicht unbedingt eine brandneue Erkenntnis, sie ist aber dennoch bedeutsam für das Thema Möglichkeiten und Grenzen von Soziologie des sozialen Wandels, und zwar in erzwungener Abhebung von (früher beispielhaft erwähnten) umfassenden Geschichtstheorien.

9.3.3 Es empfiehlt sich also, *Struktur und Wandel nicht als Gegensätze* zu sehen, andernfalls arbeitet man leicht mit einer Alternativ-Attrappe. Dadurch könnten Teile der Wirklichkeit übersehen oder fehlgedeutet werden. Weder das Gleichgewichts-Struktur-Modell noch das Konfliktmodell verabsolutierend, je für sich genommen, wird ja allem gerecht. Was in dem einen Modell erfaßt wird, bleibt in dem anderen ganz oder teilweise unberücksichtigt. Während Struktur-Funktionalisten gegebenenfalls Ausmaß und Auswirkungen von Konflikten unterschätzen, werden diese von Konflikttheoretikern eventuell überbetont. Das Problem verschärft sich dann, wenn alles und alles im Sinne monokausaler Theorien auf eine Ursache wie beispielsweise Herrschaft, Ausbeutung und dergleichen mehr zurückgeführt wird. In soziologischer Sicht zählt ja der Zwang beispielsweise nicht (nur) als solcher, sondern (auch) die Art und Weise, wie er empfunden und legitimiert wird. Das ist gleichfalls soziologisch bedeutsame Wirklichkeit und gilt ebenso für soziale Konflikte und die vielfältigen gesellschaftsspezifischen Formen der Konfliktregelung. Diese allesamt als Ausgeburt etwa herrschaftsbezogener Interessen und gezielter Vergewaltigung von Menschen zu deuten, hieße doch wohl Teile sozialer Wirklichkeit und Bedingungen menschlichen Handelns gründlich mißverstehen. Man ist dann auch leicht geneigt, mit teleologischen Sozialtheorien zu arbeiten, deren Funktion für einzelne Menschen oder Menschengruppen eine, deren Richtigkeit eine andere und deren Auswirkungen noch eine andere Sache sind.

Trotz solcher Probleme ist eine Verbindung von strukturell-funktionaler Analyse und konflikttheoretischer Betrachtung zusammen mit gesellschaftskritischer Deutung des strukturellen Gesamtrahmens und seiner Einzelphänomene nicht unmöglich und sinnlos. Was sich, gemessen an bestimmten Zielen und Einrichtungen, als manifest oder latent funktional/dysfunktional erweist, erfordert ja nicht zwingend deren Anerkennung. So ist beispielsweise nicht einzusehen, daß die Tätigkeit vieler Sozialer Berufe unbedingt soziales Flickwerk bleiben muß. Manche Problemlagen lassen sich eventuell durch gezielte Eingriffe so verändern, daß die herkömmlichen Einzelmaßnahmen unnötig werden. Das betrifft etwa viele Obdachlose, deren Zustand ja oft durch individuell nicht zu verantwortende Umstände erzwungen wird. Anstatt sie in Obdachlosenasyle einzuweisen, wären eventuell ausreichende Mietbeihilfen zu zahlen. Eine solche Maßnahme könnte jedoch ihrerseits als soziales Flickwerk erscheinen, weil ja dadurch die bestehenden Verhältnisse nicht geändert, sondern nur noch verfestigt würden. Damit ist man aber wieder angelangt bei der Art des Denkmodells, mit dem eine Gesellschaft im ganzen und in ihren Teilen begriffen wird.

Die von *J. Habermas* untersuchten Zusammenhänge zwischen *Erkenntnis und Interesse* sind gerade hier bemerkenswert. Er macht unter anderem darauf aufmerksam, daß das erkenntnisleitende Interesse des Forschers nicht nur vom Forschungsobjekt, sondern auch von der Stellung des Forschers in der Gesellschaft, in einer Gruppe, von der Kultur, von Traditionen, von überlieferten Einstellungen usw. beeinflußt ist bzw. sein kann. Das alles wirkt sich aus bzw. kann sich auswirken auf die wissenschaftlichen Fragestellungen und die Deutung von Forschungsergebnissen. In hervorragendem Maße trifft das für viele gesamtgesellschaftliche Entwürfe und sinndeutende Analysen des strukturellen Gesamtrahmens und seiner einzelnen Teile zu. Als die einzig aktiven Elemente einer Gesellschaft sind Menschen verständlicherweise geneigt, ihre Wünsche und Vorstellungen in wissenschaftliche Theorien einfließen zu lassen. So sind ja etwa in der »sozialen Pathologie Ärzte und Patienten nicht einmal scharf und offenbar getrennte Personen. Die Nation kann nur durch ... Vertreter sprechen und diese wollen zugleich ihre Ärzte sein. Ob sie, ob Teile von ihr überhaupt für krank zu erachten seien, darüber herrscht keineswegs Übereinstimmung, geschweige über die Natur der Krankheit, über den Sitz des Übels« (*F. Tönnies*).

Angesichts dieses nahezu unentwirrbaren Knäuels einer Pluralität von Wünschen, Zielvorstellungen, Diagnosen und Zukunftsplänen, fällt es schwer, einzelne umfassende Entwürfe über Struktur und Wandel, Ordnung und Konflikt wissenschaftlich verbindlich zu begründen. Innerhalb der Wissenschaften im engeren Sinne scheint das jedenfalls kaum möglich zu sein. Menschliches Handeln erschöpft sich allerdings nicht in wissenschaftlicher Tätigkeit und in Orientierung an wissenschaftlichen Ergebnissen. Damit taucht die – hier nicht zu beantwortende – Frage nach der Funktion weiterreichender wissenschaftlicher und darüber hinausgehender Deutungsschemata auf, in die wissenschaftliches Wissen zwar eingehen mag, aber oft doch in selektiver Weise, ausgewählt und filtriert. Die Konsequenzen für die Praxis sind gegebenenfalls folgenschwer. »Die von Soziologen entwikkelten Vorstellungen... (dienen) mehr und mehr auch als Ansatz zu geplanten Veränderungen im sozialen Gefüge. Zwar wird die Praxis in der Regel extreme Denkfehler und Unterlassungen korrigieren, aber das geschieht erst, nachdem offensichtlicher Schaden angerichtet wurde« (*I. Seger*). Das ist in kritischer Absicht formuliert, und zwar ausdrücklich hinsichtlich der oft als Gegensatz gedeuteten Gleichgewichts-Struktur-Modelle und Konfliktmodelle. Diese Warnung verdient sowohl von Wissenschaftlern als auch von Praktikern ernstgenommen zu werden. Das Etikett wissenschaftlich bedeutet nämlich noch keinen Freischein für erfolgreiches praktisches Handeln und Professionalisierung etwa der Sozialarbeit noch keine Garantie für die Lösung von sozialen Konflikten [21].

9.4 Soziale Schichtung und soziale Mobilität. Einige jener Schwierigkeiten, die bei der Bestimmung von Struktur-Konflikt-Wandel auftauchen, sollen noch an sozialer Schichtung wenigstens umrißhaft erläutert werden. Soziale Schichtung, die im Text schon wiederholt beiläufig angesprochen wurde, ist ein gesellschaftlicher Grundtatbestand, der bei einer Darstellung zentraler soziologischer Begriffe ohnehin gesondert erwähnt zu werden verdient. Es nicht in einem eigenen Kapitel, sondern in diesem Zusammenhang zu tun, empfiehlt sich zum einen deshalb, weil soziale Schichtung als ein bedeutendes Element der Sozialstruktur gilt. Zum anderen läßt sich zugleich zeigen, wie schwierig es ist, diese soziale Realität wissenschaftlich exakt zu bestimmen und das nicht zuletzt hinsichtlich Art und Ausmaß schichtbezogener sozialer Konflikte und sozialen Wandels. Der jeweils gewählte Standpunkt, die Deutung der Totalität einer Gesamtgesellschaft, die Konzeption des strukturellen Gesamtrahmens, der Einfluß von Erkenntnisinteressen und anderem mehr schlägt hier augenfällig durch und wirkt sich auch auf praxisbezogene Einstellungen und praktisches Handeln aus. Gerade Soziale Berufe sind täglich mit sozialer Schichtung konfrontiert. Zahlreiche Klienten entstammen nämlich unteren sozialen Schichten, was allein schon, vor allem aber zusammen mit möglichen sozialen Vorurteilen und sozialer Diskriminierung, erhebliche praktische Konsequenzen hat.

9.4.1 Einzelne Gesellschaften sind intern differenziert etwa nach Gruppen, Positionen, Normen, Institutionen, Rollen – und zu dieser internen Differenzierung gehört wesentlich auch die soziale Schichtung. Jedenfalls ist das in allen komplexeren Gesellschaften so, während man nach wie vor darüber streitet, ob und wenn ja, wie ausgeprägt es soziale Schichten in einfachen Gesellschaften gegeben hat.

Was früher ›typisierte Handlungen‹ bzw. ›Typen von Handelnden‹ genannt wurde (6.1), gilt hier insofern ebenfalls, als je einzelne Menschen eigentlich gar nicht interessieren, sondern soziale Positionen und Rollen. Dabei geht es allerdings nicht um alle, sondern nur um eindeutig *sozial bewertete* Positionen. Eine sozial bewertete Position heißt auch sozialer Status (6.1.3), und soziale Schichtung hat etwas mit sozialem Status, mit interner Differenzierung nach sozialem Status, mit *Statusaufbau* zu tun. Das ist so formuliert aber noch zu ungenau. Es gibt nämlich sozial bewertete Positionen, die hier trotzdem nicht interessieren. So verbindet sich beispielsweise mit der Position Ehefrau bei uns sicherlich eine soziale Wertschätzung in dem Sinne, daß verheiratete Frauen eben weithin sozusagen besser daran sind als ledige Frauen. Die soziale Position Ehefrau ist für das Thema soziale Schichtung dennoch unerheblich. Zumindest kommt niemand bei uns auf den Gedanken, eine Frau der Oberschicht zuzuordnen, weil sie verheiratet ist; oder sie als Angehörige der Mittelschicht anzusehen, weil sie ledig ist; oder sie der Unterschicht zuzurechnen, weil sie geschieden ist. Kurzum: eine Frau kann zwar deshalb höher eingeschätzt werden und deshalb ein höheres Ansehen genießen, weil sie verheiratet ist, aber das ist für die Schichtzugehörigkeit uninteressant.

Nicht uninteressant ist dagegen, mit wem eine Frau verheiratet ist, vor allem was die berufliche Position des Ehemanns angeht. Die berufliche Stellung ist zwar nicht allein entscheidend für die Schichtzugehörigkeit, sie ist aber in der modernen Gesellschaft doch sehr bedeutsam. Beschränkt man sich einmal der Einfachheit halber auf dieses Kriterium, dann ließe sich unter einer *sozialen Schicht* ein Bündel von beruflichen Positionen verstehen, die gleich oder doch annähernd gleich sozial bewertet werden. Anstreicher, Klempner, Friseure und Buchhändler mögen danach sozial gleich bewertete berufliche Positionen sein und Menschen, die solche Positionen einnehmen, hätten den gleichen sozialen Status. Auch Generäle, Minister, Schrottgroßhändler und Bischöfe mögen sozial gleich bewertete berufliche Positionen sein, und Menschen, die solche Positionen einnehmen, hätten den gleichen sozialen Status. Schließlich wirft man Penner, Landstreicher und sonstige ›freischwebende‹ Existenzen gern in einen Topf; sie gelten weithin als sozial Verachtete. Soziale Schichten bilden mithin – nunmehr vom Faktor Beruf abstrahierend und somit verallgemeinernd ausgedrückt – Bündel von sozial gleich bewerteten Positionen, die untereinander als höher- oder geringerwertig eingeschätzt werden. Bei sozialen Schichten handelt es sich also um verschiedene Prestigeebenen, die zusammen und in ihrem hierarchischen Verhältnis untereinander einen bestimmten Statusaufbau, eine bestimmte Rangordnung ergeben. Das ist dann die *soziale Schichtung* einer Gesellschaft.

Wenn man zusammen mit sozialen Schichten bzw. sozialer Schichtung von Position und Status spricht, dann gehört der Begriff soziale Rolle eigentlich mit hierher. Auf soziale Positionen richten sich bestimmte Handlungserwartungen, und das betrifft gleichfalls soziale Status. Dementsprechend bezeichnet man soziale Schichtung auch als *interne Status-Rollen-Differenzierung*. Damit wird zugleich zum Ausdruck gebracht, daß sich die Mitglieder einzelner – als Statusebenen verstandener – sozialer Schichten durch irgendwelche schichtenspezifische Einstellungen und Handlungsweisen auszeichnen können. Soziale Rollen bezeichnen ja Ansprüche an die Träger sozialer Positionen, hier an die Mitglieder der sozialen Schichten im Sinne von Statusebenen. Mit Schichtung oder Schichten hat man es also zu tun, »wenn sich im Statusaufbau der Mitglieder eines sozialen Gebildes deutliche (verhaltensrelevante) Einschnitte erkennen lassen, d. h. die Personen in einem bestimmten Abschnitt des Statusaufbaus eine grundsätzlich höhere oder niedrigere Wertschätzung zugeordnet erhalten als die Angehörigen anderer Abschnitte (Schichten)« *(K. M. Bolte)*.

9.4.2 Die interne Status-Rollen-Differenzierung kann nach Gesellschaften verschieden sein. Je nachdem, welche Positionen schichtungsrelevant sind, wie die sozialen Schichten je einzeln strukturiert und aufeinander bezogen sind, gibt es verschiedene *Systeme sozialer Schichtung*. Das jeweilige Schichtungssystem ist kein x-beliebiges strukturelles Element. Es hat vielmehr weitreichende Auswirkungen in einer Gesellschaft, ist ein entscheidendes Moment des Ordnungsgefüges, ist mitbeteiligt an der Stabilisierung von Zuständen, geht einher mit der Verteilung von Macht und Herrschaft, ist begleitet bzw. Ursache von sozialer Ungleichheit, beeinflußt tiefgreifend menschliches Handeln. Wie bedeutsam soziale Schichtung ist bzw. von den an Schichtungsfragen interessierten Forschern eingeschätzt wird, geht übrigens schon daraus hervor, daß die Konstruktion mancher Gesellschaftstypen wesentlich an unterschiedlichen Schichtungssystemen orientiert ist. Üblicherweise und grob trennt man zwischen Kastengesellschaft, Ständegesellschaft und Klassengesellschaft, wobei Kasten, Stände und Klassen als Arten sozialer Schichten aufzufassen sind. Als Oberbegriffe gelten mithin soziale Schichtung und soziale Schichten – die genannten Schichtungssysteme und sozialen Schichten sind geschichtliche Erscheinungsformen.

Ein Beispiel für extrem abgeschlossene soziale Schichten bietet die indische *Kastengesellschaft*. Sie besteht trotz mancher Veränderungen in ihren Grundzügen bis heute fort und weist bis zu 5 000 Unterkasten auf. Kastengesellschaften gab es auch in Europa im Zeitalter der zentralistisch-bürokratischen spätrömischen Kaiserzeit. Staatliche und/oder religiöse Ordnungsprinzipien garantierten Stabilität und Funktion. Bei Kasten handelt es sich im Prinzip um völlig geschlossene Gebilde ohne soziale Mobilität, ohne sozialen Aufstieg. – Uns schon näher steht die *Ständegesellschaft*, die im Mittelalter bis in die Neuzeit hinein weit verbreitet war. Begriffe wie Feudale Gesellschaft, Feudaler Staat und Ständestaat hängen sachlich damit zusammen. Bekannt ist die Aufteilung nach Adel, Geistlichkeit und Bauern. Die Zugehörigkeit zu den einzelnen Ständen bedeutet wie die in den Kasten gleiche Lebenslage und ähnliches Lebensschicksal. Allerdings fehlt doch die eindeutige Abschließung nach außen wie in den Kasten. Die Mitgliedschaft in Ständen ist zwar im allgemeinen durch Geburt, Herkunft und Erbe festgelegt und somit sozial zugeschrieben, es gab aber doch schon sozialen Aufstieg, so etwa über den geistlichen Stand.

Die Bezeichnung *Klassengesellschaft* bietet nach wie vor Anlaß für zahlreiche Mißverständnisse. Es empfiehlt sich, von der um die Wende des 18. und 19. Jahrhunderts beginnenden sozial-geschichtlichen Epoche auszugehen und die anläßlich Industrialisierung allmählich zerfallende ständische Ordnung zu bedenken *(C. Bauer)*. War – sehr vereinfacht ausgedrückt – die Ranglage im Statusaufbau der Kastengesellschaft primär religiös, der Ständegesellschaft vorwiegend herkunftsmäßig bedingt, so bemißt sich die Zugehörigkeit zu Klassen vor allem nach der jeweiligen Position im Produktionsprozeß. Insbesondere *Marx* hat die Stellung im Produktionsprozeß zusammen gesehen mit der Verfügungsgewalt über die Produktionsmittel sowie einer weiterreichenden Herrschaftsgewalt. Gegenüber stehen sich Kapitalisten/Bourgoisie, die über die Produktionsmittel verfügen – und Proletarier, die sich durch Nichtbesitz an Produktionsmitteln auszeichnen. Die Kapitalisten herrschen damit zugleich über die Proletarier, die über nichts anderes als die eigene Arbeitskraft verfügen. Als logische Folge des Besitzes an Kapital üben die Kapitalisten auch entscheidende politische Macht aus und bedienen sich staatlicher Stellen und Einrichtungen für ihre eigenen Zwecke. Es gibt also die Klasse der herrschenden (aber bald entmachteten) Kapitalisten und die Klasse des unterdrückten (aber bald siegreichen) Proletariats. Solcherlei Klassengesellschaft gibt es keineswegs erst in der Neuzeit. Schon immer hätten sich Menschen durch Besitz oder Nichtbesitz an Produktionsmitteln, Macht und Herrschaft unterschieden, weshalb ja auch die Geschichte aller bisherigen Gesellschaften eine Geschichte von Klassenkämpfen sei.

Man streitet darüber, ob es gerechtfertigt ist, die entwickelten Industriegesellschaften als Klassengesellschaften zu bezeichnen, von einem Zweiklassensystem bzw. einer Zwei-Schichten-Gesellschaft zu sprechen. Betonen manche Forscher die fortwirkende Bedeutung der Stellung im Produktionsprozeß und die damit verbundene differentielle Verteilung von Macht und Herrschaft, so weisen andere Wissenschaftler darauf hin, daß dieses Unterscheidungsmerkmal zumindest nicht ausreiche, um alle gesellschaftlich bedeutsame interne Status-Rollen-Differenzierung zu erfassen. Ihrer Ansicht nach gibt es neben der Aufteilung nach Besitz und Nichtbesitz an Produktionsmitteln noch andere Kriterien, die genauso, wenn nicht vielleicht sogar wichtiger sind für die Ausdifferenzierung sozial folgenreicher und auch handlungsrelevanter Statusebenen. In diesem Zusammenhang werden immer wieder vor allem wirtschaftliche Lage, Ausbildung und Beruf genannt, wobei die Berufsposition sicherlich als (ein) zentraler Indikator gelten kann. Hinzuzunehmen sind ebenfalls eine Chancen-Gleichheit zumindest vor dem Recht – die es in anderen Schichtungssystemen nicht gab – und die im Prinzip allen Gesellschaftsmitgliedern zugänglichen Ausbildungswege. Das und anderes mehr läßt es ratsam erscheinen, von vergleichsweise offenen sozialen Schichten zu sprechen. Hier ist nun ein anderer soziologischer Grundbegriff erwähnenswert, nämlich *soziale Mobilität.* Es gibt sie in unterschiedlichen Formen, vor allem als horizontale und vertikale Mobilität. Letztere im Sinne von sozialem Aufstieg und sozialem Abstieg interessiert an dieser Stelle primär. Man sagt, daß es wegen der genannten Umstände eine tendenziell hohe soziale Mobilität gebe, eben gerade auch nach Art sozialen Aufstiegs.

Zusammenfassend und mangels eines besseren Begriffs wird die moderne Gesellschaft deshalb öfter *offene Klassengesellschaft* genannt. Was die insbesondere an Berufspositionen gemessenen Statusebenen betrifft, so gibt es kein Zweiklassensystem; vielmehr lassen sich grob unterschieden Ober-, Mittel- und Unterschicht feststellen, wobei innerhalb dieser Trias noch wichtige Unterschiede bestehen und in manchen wissenschaftlichen Arbeiten bis zu sechs Schichten genannt werden. Stellt man vorwiegend ab auf Konsum- und Freizeitverhalten, dann gibt es eine auffällige Konvergenz bei den meisten Gesellschaftsmitgliedern in den mittleren Ranglagen, was die Bezeichnung *nivellierte Mittelstandsgesellschaft (H. Schelsky)* gerechtfertigt erscheinen läßt.

9.4.3 Die komplizierten Schichtungsverhältnisse sind hier nicht im einzeln zu diskutieren. Es reicht, die wissenschaftlichen Probleme ansatzweise zu verdeutlichen.

So ist die erwähnte Chancen-Gleichheit sicherlich oftmals nur fiktiv, wenn auch sozial nicht gänzlich folgenlos. Bildungs- und Ausbildungsstand werden vielfach sozial vererbt. Schichtenspezifische Sprachbarrieren hindern große Bevölkerungsgruppen daran, Ausbildungschancen zu nutzen und sozial aufzusteigen. Die Nutzung vieler Chancen wird in der stark leistungsorientierten Gesellschaft oft gar nicht gelernt, und die Ausbildungssysteme wirken nach wie vor selektiv. Das und vieles anderes mehr läßt es sicherlich ratsam erscheinen, die These von offener Klassengesellschaft mit einigen Fragezeichen zu versehen. Dennoch dürften wichtige Unterschiede etwa zwischen ständischer und moderner Schichtung, aber auch zwischen dieser und der zur Zeit von *K. Marx* unübersehbar sein. Manche soziale Positionen sind zumindest nicht mehr so endgültig zugeschrieben wie früher. Die Schichtgrenzen sind weniger scharf abgesteckt. In der Schichtmentalität gibt es oft nicht mehr so deutliche Unterschiede. Ein erhebliches Nivellement des Lebensstils zugunsten einer breiten Mehrheit ist unverkennbar. Der Anteil von Arbeiterkindern an Akademikern ist zwar nach wie vor gering – wenngleich auch die 4/5%-These nicht mehr generell zu stimmen scheint –, aber es wäre doch wohl kurzsichtig, wollte man das Ausmaß sozialen Aufstiegs nur an der Intra-Generations-Mobilität messen. Daß es nach wie vor nur wenigen Menschen gelingt, innerhalb ihres Lebens von ganz unten nach ganz oben aufzusteigen, ist schließlich kein Einwand gegen die These von vergleichsweise offenen sozialen Schichten und höherer vertikaler sozialer Mobilität.

Angesichts solcher Daten liegt es nahe, von einem erheblichen *sozialen Wandel im Bereich der sozialen Schichtung* zu sprechen. Dabei wird zugleich deutlich, wie und in welcher Richtung sich das Schichtungssystem gewandelt hat, nämlich von einem geschlossenen zu einem relativ offenen Schichtungssystem. Als entscheidende Ursachen kommen vor allem die Industrialisierung, deren Begleiterscheinungen und Folgen in Frage. Ohne hier eindeutige kausale Ursache-Wirkungs-Verhältnisse behaupten zu wollen, spielen doch Änderungen in der Erwerbs- und Berufsstruktur, zunehmender Einsatz des Faktors Arbeit im sekundären und später im tertiären Sektor, Bedeutungszunahme des Konsums, Erhöhung des Lebensstandards, Auswirkungen staatsbürgerlicher Freiheits- und Gleichheitsrechte, allgemeines Wahlrecht und anderes mehr eine große Rolle – was alles hier weniger systematisch als nebeneinander gereiht erwähnt wird. Man sieht, wieviele Umstände und Bedingungen auf einen aus der Fülle des Geschehens herausgeschnittenen Wandlungsprozeß einwirken, der seinerseits Änderungen bewirkend auf andere Lebensbereiche ausstrahlt. Zumindest ansatzweise wird deutlich, wie ein Wandlungsvorgang zunächst in der Sozialstruktur andere Elemente der Sozialstruktur beeinflußt und zusammen mit weiteren Vorgängen schließlich einen Wandel der Sozialstruktur bewirkt. Das ist natürlich insofern eine künstliche Unterscheidung, als ja die eine Sozialstruktur nicht bis gestern gilt und die neue Sozialstruktur nicht unmittelbar heute beginnt. Dennoch gibt es wohl – abstrahierend vom pausenlosen Strom sozialer Prozesse – wichtige Unterschiede zwischen einer ständisch verfaßten Agrargesellschaft und einer hochentwickelten Industriegesellschaft, was in ihr nachwirkende feudale Strukturen keineswegs ausschließt. Das ist nur ein Beispiel für Strukturwandel, den man auch als historisches Gesetz im Sinne sozialkulturell notwendiger Veränderung begreifen kann.

Was bisher innerhalb bzw. zusammen mit sozialer Schichtung als erheblicher sozialer Wandel, als Strukturwandel also, beschrieben wurde, muß das jedoch keineswegs sein, wenn man einen anderen Standpunkt bezieht, andere Kriterien für wichtiger hält, die Totalität der Gesellschaft sowie davon ausgehend die (Einzel-)Phänomene anders deutet. Hebt man beispielsweise vorwiegend ab auf Besitz und Nichtbesitz an Produktionsmitteln und die davon begleitete Verteilung von Macht und Herrschaft, dann erscheint die Bezeichnung Klassengesellschaft auch für die Gegenwart durchaus gerechtfertigt und erscheinen vielleicht die genannten Veränderungen als im Grunde belanglose Begleiterscheinungen immerfort währender Herrschaft des Kapitals, der Ausbeutung und Entfremdung. Von daher gesehen gewinnen Bezeichnungen wie *kapitalistische Gesellschaft* oder *spätkapitalistische Gesellschaft* ihren gerade auch gesellschaftskritischen und an systemverändernden Maßnahmen orientierten spezifischen Sinn. Die große Bedeutung der Stellung im Produktionsprozeß nebst sämtlicher und von allen Beteiligten sicherlich nicht problemlos empfundener Begleiterscheinungen zu sehen, ist nun eine Sache – diese Tatsachen nach Art totalisierender Betrachtungsweise zu verabsolutieren und sie für die ganze und eigentliche Wirklichkeit auszugeben, ist aber eine andere Sache. Das gleiche gilt natürlich auch für jene These, wonach es eine vor allem an Berufspositionen gebundene Verteilung des Sozialprestiges nach Art verschiedener Statusebenen gibt, die aufs Ganze gesehen mehr bedeute, als Besitz und Nichtbesitz an Produktionsmitteln. Kurzum: was schon einleitend zu dieser Arbeit als schwierig bezeichnet wurde, nämlich *die* wesentlichen Züge der modernen Gesellschaft ausfindig zu machen und sie wissenschaftlich verbindlich zu umschreiben, erweist sich gerade hier als ein großes Problem, wo es um die hierarchische Anordnung von Menschen geht, begleitet von einer Verteilung nach Macht und Herrschaft, eingebunden in soziale Ungleichheit, verquickt mit sozialen Vorurteilen und sozialer Diskriminierung, sich auswirkend auf die Deutung geschichtlicher Vorgänge[22].

9.5 Arten und Formen sozialen Wandels. Die in der Soziologie des sozialen Wandels zentralen Fragen sind: Was wandelt sich? Wie wandelt es sich? In welcher Richtung wandelt es sich? Warum wandelt es sich? Welches sind die zusätzlichen Bedingungen? Diese Fragen sind bisher im Text wiederholt beiläufig gestellt und gelegentlich ansatzweise beantwortet worden. Erinnert sei etwa an Gruppenwandel, Normenwandel, Rollenwandel, Wandel in der Sozialstruktur, Strukturwandel – oder konkreter etwa: Wandel der Rolle der Frau, Strukturwandel des Bildungswesens, Wandel der Arbeitsbedingungen, Wandel des Freizeitverhaltens, Funktionswandel Sozialer Berufe und zuletzt Wandel im bzw. des Schichtungssystems.

9.5.1 Hier soll abschließend der Vollständigkeit wegen nur nochmals kurz auf die Frage eingegangen werden, warum sich etwas wandelt. Dabei unterscheidet man üblicherweise zwischen *exogenem und endogenem Wandel.* Es ist oft außerordentlich schwierig, wenn nicht sogar unmöglich, äußere und innere Ursachen eindeutig zu bestimmen. Es versteht sich von selbst, daß diese Trennung nur sinnvoll ist, wenn man von relativ selbständigen und dauerhaften sozialen Gebilden ausgeht, wie sie in den bisherigen Überlegungen z. B. hinsichtlich Gesamtgesellschaften und Sozialstrukturen als deren innere Gefüge unterstellt wurden. Denn ob etwas eine innere oder äußere Ursache ist, bemißt sich daran, von welchen Einheiten man ausgeht.

Exogener Wandel ist verbreiteter als endogener Wandel. Selbst einfache Gesellschaften kennen im allgemeinen irgendwelche Außenkontakte. Die Menschheitsgeschichte ist angefüllt von freiwilligen oder unfreiwilligen sozialen Beziehungen zwischen einzelnen Gesellschaften. Kriege, Überlagerungen, Wirtschaftsbeziehungen sind dafür wichtige Indizien (ganz abgesehen von den Veränderungen der natürlichen Umwelt und die dadurch erzwungene aktive Anpassung). Der Fachausdruck heißt Kulturkontakte. Unterschieden wird zwischen Diffusion, d. h. Kulturübertragung; Akkulturation, d. h. Übernahme von fremden Kulturgütern in die Eigenkultur; Assimilation, d. h. Verwendung eines fremden Kulturgutes so, wie es in der Ursprungsgesellschaft üblich ist. Diffusion, Akkulturation und Assimilation sind entscheidende Anlässe für Kulturwandel bzw. sozialen Wandel (sozialkultureller Wandel). Wie ausgeprägt Wandel geschieht bzw. möglich ist, hängt unter anderem ab von dem Grad der Offenheit einer Gesellschaft sowie von der Art und Weise der Kulturkontakte. Mit dem Grad der Offenheit variiert die Bereitschaft zu Neuerungen, welche eben wesentlich bedingt ist durch strukturelle Faktoren wie soziale Mobilität, Normensystem, soziale Kontrolle. Die Art und Weise der Kulturkontakte ist beispielsweise dadurch bestimmt, ob unter Beachtung des Prinzips der Gegenseitigkeit wirtschaftlich gehandelt wird oder ob herrschende Gesellschaften Veränderungen einseitig erzwingen.

Gegenwärtig kann man exogenen Wandel in den sogenannten Entwicklungsländern gut beobachten. Wie immer Kolonialismus und dessen Auswirkungen eingeschätzt werden mögen, unbestritten ist seine Funktion, sozialen Wandel von außen in Gang gesetzt zu haben. Industrialisierung, Verstädterung, importierte politische Ideen und anderes mehr sind die den weiterreichenden Wandel in nahezu sämtlichen Lebensbereichen bedingenden Faktoren. Dieser Wandel ist noch nicht abgeschlossen, und die meisten Entwicklungsländer können dementsprechend als transitonische Gesellschaften bezeichnet werden – im Übergang nämlich von traditionalen zu modernen Gesellschaften. Daß manche Elemente westlicher Fremdkultur nicht übernommen und andere Elemente nicht einfach assimiliert, sondern unter dem nachhaltigen Einfluß gewachsener Eigenkultur teilweise sinndeutend uminterpretiert werden – wie etwa die soziale Bewegung der Négritude zeigt –, dokumentiert nur die Wirkungskraft der gewachsenen, über Jahrhunderte hinweg geltenden Strukturen.

Durch Einflüsse von draußen muß nicht notwendig die Sozialstruktur einer Gesellschaft verändert werden. Es kann bei Wandlungsvorgängen innerhalb der Sozialstruktur bleiben. Das gilt zunächst auch für *endogenen Wandel*, wenngleich der weiterreichende Auswirkungen haben mag. Ein Beispiel für endogenen Wandel ist der Rollenwandel der Frau, erzwungen durch Industrialisierung und alles, was damit zusammenhängt. Ein großer Teil gesellschaftsinterner sozialer Konflikte läßt sich hier einordnen, so etwa die entstehende Arbeiterbewegung, deren Organisierung und Machtzunahme. Auch Erfindungen und Entdeckungen sowie deren praktisch-technische Verwertung nebst sozialen Folgen passen gegebenenfalls in diesen Rahmen. Eindeutig endogen ist ebenfalls der Ersatz alter durch neue Teilstrukturen etwa im Bildungs- und Ausbildungsbereich. Durch strukturbedingte Konflikte verursacht, wandeln sich schließlich Soziale Berufe, etwa hinsichtlich Ausweitung des Tätigkeitsfeldes, Methodik und Legitimierung. – Für weit zurückliegende Zeiten ist eine exakte Bestimmung endogenen Wandels meistens kaum möglich, eben weil ausreichendes Detailwissen fehlt. In dem Maße, wie die modernen Gesellschaften zusammenwachsen und die Entwicklungsländer verstärkt beeinflussen, erweist es sich auch gegenwärtig als zunehmend schwieriger, zwischen exogen und endogen eindeutig zu trennen. Dennoch dürfte es ein erhebliches endogenes Wandlungspotential in einzelnen Gesellschaften geben.

9.5.2 Außer zwischen exogenem und endogenem Wandel wird noch unterschieden nach *sozialen Bewegungen einschließlich Revolutionen* sowie *Erfindungen und Entdeckungen.* In jedem einzelnen Fall handelt es sich um komplexe Vorgänge, die sowohl Ursachen für, als auch Folgen von sozialkulturellem Wandel sind bzw. sein können, wobei es je nach Gesellschaft innere, äußere oder innere und äußere Einflußfaktoren gibt

Soziale Bewegungen sind wohl nur dann endogener Natur, wenn sie innerhalb gleicher oder doch annähernd gleicher Gesellschaften/Kulturen vorkommen. Das trifft sicherlich zu für den umfänglichen Komplex Soziale Frage einschließlich der Arbeiterbewegung und ihrer verschiedenen Formen und Richtungen. Diese soziale Bewegung ist ein typischer Vorgang innerhalb sich industrialisierender Gesellschaften, sozusagen eine Antwort bzw. Reaktion auf die als problematisch empfundene Lebenslage weiter Bevölkerungskreise. Eindeutig exogen bedingt ist dagegen etwa der sogenannte Nativismus, ein »kollektiver Aktionsablauf, der von dem Willen getragen ist, ein durch überlegene Fremdkultur erschüttertes Gruppen-Selbstgefühl wieder herzustellen durch massives Demonstrieren eines ›eigenen Beitrages‹« *(W. Mühlmann)*. Bekannte nativistische Bewegungen, die man oft auch als Vorformen des Nationalismus begreifen kann, sind zum Beispiel der Cargo-Kult und der Mau-Mau-Aufstand.

Erfindungen und Entdeckungen gelten als außerordentlich bedeutsame Faktoren für sozialen Wandel. Dabei sind nicht nur technische Neuerungen bemerkenswert. So haben beispielsweise Erkenntnisse wie die, daß die Erde sich um die Sonne dreht und daß die Erde rund ist, unsere Vorstellungen über das Universum grundlegend verändert, was sich wiederum auf vielfältige Weise in zahlreichen Lebensbereichen bis hin zur Theologie ausgewirkt hat. Nicht jede Erfindung und Entdeckung ist in jeder x-beliebigen Gesellschaft möglich. Entdeckungen setzen Wissen voraus. Erst ein bestimmter Wissensstand ermöglicht darüber hinausgehende Entdeckungen. Von daher gesehen ist es möglich, Arten von Entdeckungen zu klassifizieren und sie nach Gesellschaftstypen zu relativieren. Beachtenswert in diesem Zusammenhang sind die sogenannten Mehrfach-Entdeckungen (double inventions). An verschiedenen Orten zu ungefähr gleicher Zeit entdeckt man das Gleiche – eben weil es einen ungefähr gleichen Wissensstand gibt. (Etwa: Gesetz von der Erhaltung der Materie: Mayer 1843, Joule 1847, Helmholz 1847, Colding 1847 und Thomson 1847.) Man sagt auch, daß Gesellschaften mit ungefähr gleicher Entwicklungsstufe ein gleiches oder doch annähernd gleiches Innovationspotential aufweisen. Damit sind wiederum strukturelle Fragen angeschnitten. Je komplexer, offener und mobiler eine Gesellschaft, desto größer sind tendenziell Innovationspotential und Bereitschaft für Neuerungen [23].

9.5.3 Das alles betrifft nicht zuletzt die *Wissenschaften*, von deren hervorragender Bedeutung in der Gegenwart diese Arbeit ausging. Anerkennung und Entfaltung der Wissenschaften erfordern eine entsprechende strukturelle Offenheit. Wissenschaften bilden sozusagen einen eigens institutionalisierten Innovationsbereich mit den dazu passenden sozialen Positionen, Rollen und Normen. Das schließt gegebenenfalls weitreichende soziale Kontrollen wissenschaftlicher Tätigkeit keineswegs aus, wie Vergangenheit und Gegenwart lehren. So werden beispielsweise bestimmte Forschungsbereiche behindert, Forschungen verboten, Veröffentlichungen beeinflußt, Deutungen von Forschungsergebnissen geregelt. In der modernen Gesellschaft sind jedoch die Wissenschaften so zentral, daß eine umfassende Manipulation dauerhaft erfolgreich wohl nicht gelingen kann. Das gilt zunächst vor allem für die Naturwissenschaften und technischen Wissenschaften. Mögen inzwischen auch da und dort in je unterschiedlichem Ausmaß die durch diese Wissenschaften induzierten Veränderungen sowie die fortschreitend neuen Entdeckungen und Erfindungen einschließlich ihrer praktischen Verwertungen längst nicht mehr allseits als Fortschritt und Segnung empfunden werden – so ist doch der naturwissenschaftlich/technische ›Fortschritt‹ vorerst noch unaufhaltsam, er wird weithin gefördert, gebilligt, erwartet. Aber auch gegenüber den Geistes- und Sozialwissenschaften besteht eine ausgeprägte Bereitschaft für neue Einsichten. Was dabei insbesondere die Soziologie betrifft, so erklärt sich das leicht aus der komplexen und als komplex erlebten Wirklichkeit menschlichen Lebens und Zusammenlebens, die eben vermittels Primärerfahrung kaum noch durchschaubar und überschaubar genug ist, um praktisches Handeln unmittelbar erfolgreich zu ermöglichen.

Davon sind in besonderer Weise die *Sozialen Berufe* betroffen. Sie sind einerseits dem sozialen Wandel ausgesetzt, indem sie etwa neue wissenschaftliche Erkenntnisse zu berücksichtigen haben. Sie sind andererseits (zumindest potentiell) auch Träger des sozialen Wandels, indem sie beispielsweise neue wissenschaftliche Einsichten praktisch verwerten und damit – gewollt oder ungewollt – manche Lebensbereiche (mit)verändern. Nicht als ob in anderen Praxisbereichen nichts hinsichtlich einer Veränderung der modernen Gesellschaft geschähe. Soziale Berufe haben es aber oft direkt mit einzelnen Menschen zu tun, in deren Biographie sie eingreifen. Das erfordert auf jeden Fall eine sorgfätige Ausbildung. Sie sollte sich nicht erschöpfen in bloßer Rezeption wissenschaftlicher Einsichten und schon gar nicht in kritiklos-gläubiger Übernahme wissenschaftsinterner Richtungen. Die Wissenschaften sind nämlich selbst intern hochgradig differenziert, was gerade auch für die Soziologie zutrifft. Wenn das von Praktikern verkannt wird, zielt praktisches Handeln leicht ins Leere. Nicht als ob die Praktiker (allein) ›schuldig‹ wären. Schließlich sind es ja vor allem Wissenschaftler, denen man verstärkt die Ausbildung von Praktikern zuweist. Wer hier ausschließlich richtungsgebunden lehrt, indoktriniert Menschen, die dann ihrerseits zwar irgendwie wissenschaftsbezogen, aber dennoch unkritisch praktisch handeln bzw. zu handeln gezwungen sind – falls nicht der tägliche Kontakt mit der ganzen Wirklichkeit ihnen allmählich die vielen wissenschaftlichen Begriffe, Hypothesen und Theorien insgesamt fragwürdig erscheinen läßt. Auch und gerade die Soziologie ist in ihren Möglichkeiten und Grenzen einschließlich ihrer internen Differenzierungen ausdrücklich darzustellen.

Das wurde hier zunächst nur anhand wichtiger (sozialwissenschaftlich-)soziologischer und als solcher zugleich für andere Humanwissenschaften bedeutsamer Grundbegriffe umrißhaft versucht. Es wäre in Anwendung solcher Grundbegriffe auf die für Soziale Berufe zentralen Handlungsfehler noch zu konkretisieren.

Anmerkungen

1. Die Hinweise auf VERWISSENSCHAFTLICHTE GESELLSCHAFT, Soziologie als GRUNDLAGENWISSENSCHAFT und PROBLEMORIENTIERTE SOZIOLOGISCHE FORSCHUNG bedürfen noch einiger erläuternder Hinweise.

a) Die These von *verwissenschaftlichter Gesellschaft und Praxis* ist durchaus teilweise kritisierbar. Das Ausmaß gegenwärtiger Verflechtung zwischen Wissenschaft und Praxis kann nämlich nicht ohne weiteres als Indiz für die Richtigkeit der These einer verwissenschaftlichten Praxis gelten. Sogleich stellt sich aber die Frage, was dann verwissenschaftlichte Praxis wirklich ist. Hier wird einfach davon ausgegangen, daß sich viele Praktiker an wissenschaftlichen Erkenntnissen in vielfältiger Weise orientieren. In gleichem Ausmaß erteilen auch zahlreiche Wissenschaftler als wissenschaftlich bezeichnete Ratschläge. Diese Tatsachen genügen hier als Beleg für einen zumindest starken Einfluß der Wissenschaften, mag man nun generell von verwissenschaftlichter Gesellschaft und Praxis sprechen oder nicht. — Über die allgemeine Bedeutung und den praxisbezogenen Einfluß der Wissenschaften informieren alle älteren und neueren Arbeiten, die um Deutungen der modernen Gesellschaft und ihrer geschichtlichen Entwicklung bemüht sind, wobei die einen stärker den naturwissenschaftlich-technischen, die anderen stärker den sozialwissenschaftlichen Aspekt hervorheben. Es sind jedenfalls Begriffe geläufig wie ›Technisches Zeitalter‹, ›Technisch-wissenschaftliche Zivilisation‹, ›Verwissenschaftlichte Zivilisation‹ oder ›Sozialwissenschaftliches Zeitalter‹. — Grundsätzlich speziell hinsichtlich Sozialwissenschaften *F. H. Tenbruck:* ›Über Kultur im Zeitalter der Sozialwissenschaften‹, in: Saeculum, 1 (1963), S. 25 ff. Neuerdings bezüglich Soziologie umfassend *H. Braun*: Gesellschaftliches Wissen und Wissenschaft von der Gesellschaft. Soziologie in der sozialen Wirklichkeit, Diss. Tübingen 1970.
Es sind allerdings nicht alle als Wissenschaften bezeichneten Denkweisen in gleicher Weise gefragt. Informationen über Ergebnisse sogenannter *Erfahrungswissenschaften* gelten als besonders bedeutsam. Es ist hier nicht beabsichtigt und auch gar nicht nötig, das Für und Wider der zahlreichen Bemühungen um eine exakte Definition der Erfahrungswissenschaften zu erörtern, die verschiedenen als Wissenschaften bezeichneten Denkweisen gegeneinander auszuspielen und eine grundsätzliche Regelung für die Verwendung von Worten wie Wissenschaft, Tatsache und Erfahrung vorzuschlagen und zu begründen. Im Zusammenhang damit würde es auch zu weit führen, die Diskussion über das Verhältnis von Naturwissenschaften und Sozialwissenschaften zu wiederholen und die Möglichkeiten einer exakten Sozialwissenschaft zu diskutieren. Insgesamt gesehen ist der Sprachgebrauch nicht einheitlich. Zumindest werden Arten von Wissenschaften, Tatsachen und Erfahrungsweisen unterschieden. Es ist jedenfalls unverkennbar, daß viele im Bereich gesellschaftlicher Praxis tätige Personen zunächst vor allem an Erkenntnissen interessiert sind, die als empirisch überprüfbar und als empirisch überprüft gelten.
Hinter Ausdrücken wie empirisch, empirisch überprüfbar und empirisch überprüft verbergen sich allerdings zahlreiche logische, erkenntnistheoretische und methodologische Probleme. Wer sich mit dieser Gesamtproblematik vertraut machen möchte, der muß sich zum einen mit allgemeiner Wissenschaftstheorie beschäftigen. Hingewiesen sei beispielsweise auf *U. Diederichsen:* Einführung in das wissenschaftliche Denken, Düsseldorf 1970. – *R. Wohlgemut*: Was ist Wissenschaft?, Braunschweig 1969. Zum anderen ist die Diskussion speziell über Sozialwissenschaften bedeutsam, die meist unter der

Überschrift Logik der Sozialwissenschaften geführt wird. Kurz gefaßte Übersichten, die sämtlichen Intentionen aller an der Diskussion beteiligten Wissenschaftlern gerecht würden, gibt es nicht. Erwähnt sei deshalb hier nur ein Buch, in dem mehrere Beiträge verschiedener Autoren unterschiedlicher Richtung enthalten sind, *Th. W. Adorno* u. a.: Der Positivismusstreit in der deutschen Soziologie, Neuwied/Berlin 1969.

b) Was die im Text erwähnte *Soziologie als Grundlagenwissenschaft* betrifft, so sahen bedeutende Vorläufer und Begründer in der Soziologie eine Art von Universalwissenschaft. Deutlich zeigt sich das etwa bei *A. Comte* (1798-1857), dessen Ansicht nach der im Drei-Stadien-Gesetz behaupteten Entwicklung eine Entwicklung des menschlichen Geistes auf die Soziologie hin entspricht, als dem Schlußstein, als der Königin der Wissenschaften. Entgegen solchen geschichtsphilosophisch-enzyklopädischen Entwürfen wird die Soziologie schon seit langem als Einzelwissenschaft verstanden, so wie das auch die anderen sozialwissenschaftlichen Disziplinen sind, die aber ihrerseits ihren jeweiligen Gegenstandsbereich zutreffend nicht erklären und erkennen können, wenn sie soziologische Grundeinsichten außer acht lassen. Der Forschungsbereich ›Mensch und Gesellschaft‹ ist so komplex, daß einzelnen Disziplinen nicht eine absolute Vorrangstellung eingeräumt werden kann. Das gilt nicht nur für die gemeinhin als Sozialwissenschaften bezeichneten Disziplinen, sondern auch für die verschiedenen Richtungen in der Psychologie bis hin zur Psychoanalyse, für philosophische ebenso wie für theologische Reflexionen. Hier wird denn auch die Soziologie nicht als *die* Grundlagenwissenschaft verstanden, wohl aber als eine solche, die Informationen liefert über Grundbedingungen menschlichen Handelns, die allerdings raum-zeitlich sehr verschieden ausgeprägt sein können.

c) Die ursprünglich und längere Zeit akzeptierte universalwissenschaftliche Konzeption erklärt sich leicht aus den Entstehungsbedingungen der Soziologie, welche zugleich die von Anfang an vorhandene stark *problemorientierte soziologische Forschung* verständlich erscheinen lassen. Im allgemeinen gilt jener Zeitraum, der sich mit Begriffen wie Bürgerliche Gesellschaft und Kapitalismus/Industrialismus grob umreißen läßt, als bedeutsam. Es mag hier der Hinweis genügen, daß die These von der sich entwickelnden Soziologie als Krisenwissenschaft eng zusammenhängt mit der Auffassung von der Soziologie als »bürgerlicher Oppositionswissenschaft« (*C. Brinkman*). Als Folge des zunehmenden Einflusses des Bürgertums im Laufe der Neuzeit, bedingt vor allem durch die wachsende Bedeutung von Handel und Gewerbe, kam es unvermeidbar zu Auseinandersetzungen um Macht und Herrschaft zwischen erstarkendem Bürgertum und politisch vorherrschendem oberen Stand als Garant und Träger des Absolutismus. Die Französische Revolution erscheint deshalb in vielen Abhandlungen zur Geschichte der Soziologie als ein entscheidendes Datum. Hinzu kommen die mit fortschreitender Industrialisierung einhergehenden sozialökonomischen Veränderungen und Krisen. Als bedeutende Vorläufer und Begründer der Soziologie gelten vor allem: *CH. H. de Saint-Simon* (1760-1825) und *A. Comte* (1789-1857) in Frankreich, *L. v. Stein* (1815–1890) und *K. Marx* (1818–1883) in Deutschland sowie *A. Ferguson* (1723–1816) in England – eine im Grunde allerdings unvollständige und in gewisser Weise sogar willkürliche Aufzählung und Auswahl, wenn man bedenkt, wie viele andere Forscher beginnendes, sich explizit als soziologisch verstehendes Denken tiefgreifend beeinflußten. Empfehlenswerte lexikalisch-handbuchartige Beiträge beispielsweise *E. K. Francis?* ›Soziologie‹, in: Staatslexikon, Freiburg 7 (1962); *J. Habermas:* ›Soziologie‹, in: Evangelisches Staatslexikon, Stuttgart/Berlin 1966; *H. Braun, A. Hahn:* ›Entwicklung der Wissenschaften von der Gesellschaft‹, in: Die Moderne Gesellschaft, Freiburg 1972. – Materialreiche und sehr ins einzelne gehende Übersichten geben *H. Maus:* ›Geschichte der Soziologie‹, in: W. Ziegenfuß (Hrsg.), Handbuch der Soziologie, Stuttgart 1956, S. 1 ff.; *P. Honigsheim:* ›Geschichte der Soziologie‹, in: G. Eisermann (Hrsg.), Die Lehre von der Gesellschaft. Ein Lehrbuch der Soziologie, Stuttgart 1958. Beachtenswert auch *R. König:* Soziologie heute, Zürich 1949; *H. Schoeck:* Die Soziologie und die Gesellschaften. Problemsicht und Problemlösungen vom Beginn bis zur Gegenwart, Freiburg/München 1952, ²1964; *L. v. Wiese:* Soziologie. Geschichte und Hauptprobleme, Berlin 1926, ⁹1971; *Institut für Sozialforschung:* Soziologische Exkurse, Frankfurter Beiträge zur Soziologie, Bd. 4, Frankfurt 1956; *F. Jonas:* Geschichte der Soziologie, 4 Bde., Hamburg 1968/69. Vorwiegend regional bezogen sind *R. C. Hinkle, G. Hinkle:* Die Entwicklung der amerikanischen Soziologie (New York 1954) dt. Wien 1960; *J. Gugler:* Die Neuere Französische Soziologie, Neuwied 1961; *G. Eisermann* (Hrsg.) Die gegenwärtige Situation der Soziologie, Stuttgart 1967 (Einzelabhandlungen über verschiedene Länder); *L. v. Wiese:* a. a. O.

2. Über die Berechtigung des Begriffs PROBLEMORIENTIERTE SOZIALE BERUFE läßt sich streiten. Es hängt viel davon ab, was man unter Problem verstehen will und was mit der Bezeichnung sozial gemeint sein soll. Das gleiche gilt für die Termini Eingliederungshilfen und Konfliktstellen (aus *K. Mollenhaus* [vermutlich Mollenhauer]: ›Sozialpädagogik‹, in: H. Groothoff [Hrsg.], Pädagogik, Frankfurt 1964, S. 289).

a) Versteht man unter sozial in einem weiteren Sinne ganz allgemein die zwischenmenschlichen Beziehungen, dann wären vielleicht auch Ärzte Angehörige *Sozialer Berufe*. Sie stehen ja schließlich unmittelbar in sozialen Beziehungen zu anderen Menschen, sie handeln mit diesen im sozialen Feld – und es gibt dabei durchaus auch Probleme zu lösen. Dennoch rechnen im allgemeinen Ärzte nicht zu Sozialen Berufen (obwohl sich dieser Begriff weit fassen und dann beispielsweise zwischen Sozialen Berufen und Technischen Berufen unterscheiden ließe). Meistens wird in diesem Zusammenhang der Begriff ›sozial‹ enger gefaßt, und man spricht von sozial orientierten Berufen in dem Sinne, als sie es mit erkennbar weitreichenden und tiefgreifenden sozialen Problemen und Nöten einzelner Menschen oder mit ganzen Gruppen von Menschen betreffenden Problemlagen zu tun haben, deretwegen vorbeugende, vorsorgende und/oder nachträglich korrigierende zeitweilige oder dauernde helfende Maßnahmen unerläßlich erscheinen.
Was *soziale Probleme* im einzelnen sind, ist nach Raum und Zeit teilweise sehr verschieden und verändert sich im übrigen. Immerhin: »Soziale Probleme in der modernen Bedeutung des Wortes kennt Europa erst seit der Industrialisierung und Verstädterungsbewegung« (*R. Blum:* Soziologische Konzepte der Sozialarbeit, Freiburg 1964, S. 5). Damit ist auch das allgemeinere Thema Sozialpolitik und Gesellschaftspolitik angesprochen; vgl. dazu beispielsweise *H. Achinger:* Sozialpolitik als Gesellschaftspolitik, Hamburg 1959. In dem Zusammenhang ist außer der staatlichen Aktivität die Ausdehnung der Handlungsfelder sozial orientierter Tätigkeiten ebenso beachtenswert wie die Verberuflichung und berufliche Spezialisierung in diesem Bereich. Der Begriff soziale Nöte/Probleme wird im Laufe der Zeit sozusagen ständig erweitert und zugleich die Entwicklung von der Armenpflege weg beispielsweise zur Fürsorge hin vorangetrieben. Der damit gemeinte Funktionswandel (vgl. z. B. *J. van Doorn:* ›Über den Funktionswandel in der Sozialarbeit‹, in: J. Matthes [Hrsg.], Soziologie und Gesellschaft in den Niederlanden, Neuwied/Berlin 1965, S. 319 ff.) und die Professionalisierung gehen dabei Hand in Hand (siehe dazu neuerdings *H.-U. Otto, K. Uter-*

mann [Hrsg.], Sozialarbeit als Beruf. Auf dem Wege zur Professionalisierung?, München 1971).
Schließlich ist noch zu beachten, daß das, was Vertreter der Sozialarbeit und anderer Sozialer Berufe an Eingliederungshilfen oder Sonstigem leisten, nur ein Aspekt umfassender, den Bedingungen der modernen Gesellschaft entsprechender Systeme sozialer Sicherung ist. Es kommt nicht von ungefähr, daß der Begriff *soziale Sicherheit* inzwischen so bedeutsam geworden ist. Vgl. dazu beispielsweise *F.-X. Kaufmann:* Sicherheit als soziologisches und sozialpolitisches Problem, Stuttgart 1970; *B. Külp, W. Schreiber* (Hrsg.), Soziale Sicherheit, Köln/Berlin 1971; *H. Braun:* ›Systeme sozialer Sicherung‹, in: Die Moderne Gesellschaft, Freiburg 1972.

b) Selbst wenn man beispielsweise Ärzte nicht zu Sozialen Berufen rechnet, bleibt noch viel Unsicherheit übrig. Darauf soll hier nicht näher eingegangen werden. Der zitierte *K. Mollenhauer* wählt als Oberbegriff Sozialpädagogik (a. a. O.) und ordnet verschiedene sozial orientierte Tätigkeiten bis hin zur Fürsorge auf einem Kontinuum an, wobei als Einteilungskriterium Art und Außmaß der Eingliederungshilfen dienen. Vgl. dazu auch *K. Mollenhauer:* Die Ursprünge der Sozialpädagogik in der industriellen Gesellschaft. Eine Untersuchung zur Struktur sozialpädagogischen Denkens und Handelns, Weinheim/Berlin 1959; Ders.: Einführung in die Sozialpädagogik, Weinheim 1964/1968. Weitere Hinweise finden sich unter anderem in der einschlägigen berufssoziologischen Literatur, insbesondere soweit die Professionalisierung angesprochen wird.

3. Der Hinweis auf SOZIALE BEZIEHUNGEN als Forschungsbereich der Soziologie trifft die Sache nur teilweise und bietet im übrigen Anlaß zu vielen Mißverständnissen. Das zeigt sich, wenn man historisch vorgeht und die zahlreichen von Soziologen vorgetragenen Thesen hinsichtlich sozialer Beziehungen untersucht. Es hat eine eigene Richtung, *Beziehungslehre/Beziehungssoziologie* genannt, gegeben, worunter teilweise sehr unterschiedliche Ansätze subsumiert werden. Als Hauptrepräsentant der Beziehungslehre/Beziehungssoziologie gilt *L. v. Wiese* (1876-1969) mit seinem Hauptwerk System der Allgemeinen Soziologie als Lehre von den sozialen Prozessen und den sozialen Gebilden der Menschen/Beziehungslehre, Berlin 1933, ²1955. Diese Beziehungssoziologie ist weithin bedeutungslos geworden (vgl. Anm. 9).

4. Die Literatur zum Thema INSTINKTVERHALTEN UND SOZIALES HANDELN ist fast unübersehbar und zudem ziemlich heterogen.

a) Eine brauchbare Übersicht bietet der Artikel ›Verhaltensforschung‹, in: Der Spiegel, Nr. 55, vom 29. 12. 1965. Der Bericht leidet allerdings an einer gewissen unkritischen Hinnahme mancher Behauptungen über Gemeinsamkeiten zwischen tierischem Verhalten und menschlichem Handeln. Wichtig für den exakten Instinktbegriff ist nach wie vor *N. Tinbergen:* Instinktlehre, (Oxford 1951) dt. Berlin/Hamburg 1956. Informativ, wegen der Auseinandersetzung mit der biologischen Instinktlehre, auch *B. Malinowski:* Geschlecht und Verdrängung bei den Primitiven, (New York 1955) dt. Hamburg 1962.
Zahlreiche Informationen enthalten die Arbeiten von *K. Lorenz,* der als bedeutendster Vertreter tierischer Verhaltensforschung zumindest im deutschsprachigen Raum gilt. Zu erwähnen sind vor allem seine Bücher: Das sogenannte Böse, Wien 1963; Über tierisches und menschliches Verhalten, 2 Bde.,

München 1965. In der Tradition der Lorenz-Schule entstanden zahlreiche Arbeiten. Erwähnt seien hier nur *J. Eibl-Eibersfeld:* Grundriß der vergleichenden Verhaltensforschung, ... [2] 1969; *W. Wickler:* Stammesgeschichte und Ritualisierung. Zur Entstehung tierischer und menschlicher Verhaltensmuster, München 1970. Im Buch von *K. Lorenz, P. Leyhausen:* Antriebe tierischen und menschlichen Handelns, München 1968, werden in den von Leyhausen erfaßten Beiträgen einige bemerkenswerte Unterschiede zu Lorenz sichtbar. Neuerdings hat *S. A. Barnett* in: Instinkt und Intelligenz – Rätsel des tierischen und menschlichen Verhaltens, dt. Bergisch-Gladbach 1968, vor jeder voreiligen Annahme einer Existenz von Instinkten gewarnt und die Gefahr einer leerformelhaften Verwendung des Instinktbegriffs betont.

b) Der Hinweis auf physiologische Frühgeburt, extra-uterines Frühjahr sowie Verarmung des Machtbereichs der Instinkte aus *A. Portmann:* Zoologie und das neue Bild des Menschen, Hamburg 1956, [5] 1962, S. 49, 68. Die Arbeit ist nach wie vor lesenswert, und man erfährt zahlreiche wichtige Details. Manche Äußerungen, den Menschen betreffend, erscheinen allerdings etwas überzogen. Hinzunehmen sollte man *J. V. Uexküll, C. Kriszat:* Streifzüge durch die Umwelt von Tieren. Bedeutungslehre, Hamburg 1956, neu in Conditio humana, Frankfurt/Hamburg 1970. Bedeutsam ist nach wie vor *A. Gehlen:* Der Mensch; Seine Natur und seine Stellung in der Welt, Berlin 1940, Bonn [6] 1956, der unter anderem Plastizität der Instinkte und Weltoffenheit behandelt. In dieser Tradition steht auch die Arbeit von *H. Schelsky:* Soziologie der Sexualität. Über die Beziehungen zwischen Geschlecht, Moral und Gesellschaft, Hamburg 1955 (Zitate im Text S. 27 aus Original S. 11). Unter anderem auf Gehlen beziehen sich neuerdings *P. L. Berger, Th. Luckmann:* Die gesellschaftliche Konstruktion der Wirklichkeit. Eine Theorie der Wissenssoziologie, (New York 1966) dt. Frankfurt/Hamburg 1969.

c) Über die Zûni, Dobu und anderes einschließlich des zitierten Ausspruchs eines Digger-Indianers informiert *R. Benedict:* Urformen der Kultur, (New York 1953) dt. Hamburg 1955. Auch *P. R. Hofstätter* interpretiert in Einführung in die Sozialpsychologie, Stuttgart 1954, [4] 1966, zahlreiche kulturanthropologische Daten und weist unter anderem hin auf die soziale Bedingtheit mancher Instinkt- bzw. Triebvorstellungen. *A. Hahn* nimmt neuerdings kurz Stellung zu einigen Ansichten insbesondere von Lorenz und entwickelt – unter Einschluß völkerkundlichen Materials – die Umstände und Bedingungen der Menschwerdung im Sozialisierungsprozeß in ›Gesellschaft als Lebensraum – Der Mensch als soziales Lebewesen‹, in: Die Moderne Gesellschaft, Freiburg 1972.

5. Es entspricht der zunehmend differenzierter vorgehenden Soziologie im Verlauf ihrer Entwicklung, daß an die Stelle allgemeiner Reflexionen über Gesellschaft der Einbindung von Menschen in SOZIALEN GRUPPEN schon früh besondere Aufmerksamkeit geschenkt wurde.

a) Eine kurze Übersicht zum Begriff Gruppe einschließlich geschichtlicher Rückblicke bietet *R. König:* ›Gruppe‹, in: Ders. (Hrsg.), Soziologie, Frankfurt 1967, S. 112 ff. Lexikalische Beiträge einschl. verschiedener Klassifikationen nach Gruppenarten und wichtiger Ergebnisse gruppensoziologischer Forschung findet man bei *W. Bernsdorf:* ›Gruppe‹, in: Ders. (Hrsg.), Wörterbuch der Soziologie, Stuttgart 1955, [2] 1969; *E. K. Francis:* ›Gruppe‹, in: Staatslexikon, Freiburg 3 (1959); *E. Weippert*: ›Gruppe‹, in: Handwörterbuch der Sozialwissenschaften, Stuttgart/Tübingen 1965; *E. Becker*: ›Gruppe‹, in: Evangelisches Staatslexikon, Stuttgart/Berlin 1966; *G. C. Homans u. a.*: ›Groups‹, in: International Encyclopedia of the Social Sciences, 6 (1968) – Systematische Einzelabhandlungen von *Th. M. Mills*: Soziologie der Gruppe, München 1969; *R. Battegay:* Der Mensch in der Gruppe, Bern/Stuttgart/Wien, Bd. 1: Sozialpsychologische und dynamische Aspekte, [2]1968, Bd. 2: Allgemeine und spezielle gruppenpsychotherapeutische Aspekte, [2]1969, Bd. 3: Gruppendynamik und Gruppenpsychotherapie, 1969.

b) Die Unterscheidung zwischen *Eigen- und Fremdgruppen* erfolgt auf einer anderen Ebene und anhand einer völlig anderen Art von Einteilungskriterium als die sonstigen Unterscheidungen. Dennoch: daß Menschen nicht allen möglichen, sondern nur bestimmten sozialen Gruppen angehören (können), hat schon dann weiterreichende Auswirkungen, wenn die jeweiligen Bindungen in Eigengruppen sehr stark sind, die Gruppensympathie sich zum Gruppenegoismus ausweitet, der dann seinerseits Quelle von ein- oder beidseitig bedingtem Fremdenhaß, Verfolgung und Ausweisung von Minderheiten, Völkermord und anderem mehr sein kann.
Solche und möglichen anderen Folgen sind zusammen mit der auf *G. W. Sumner* (1840-1910) zurückgehenden Unterscheidung zwischen Eigen- und Fremdgruppen schon früh gesehen worden, was an dieser Stelle aber nicht weiter erörtert zu werden braucht. Es wird hier nur die Gelegenheit benutzt, den wichtigen Begriff *soziales Vorurteil* ausdrücklich zu erwähnen, mit dem zahlreiche andere Begriffe direkt oder indirekt zusammenhängen, so etwa: soziale Distanz, Stereotyp (Klischee), Autostereotyp (Selbstbild), Heterostereotyp (Fremdbild), Ethnozentrismus, Minderheiten, Aggression, Intoleranz, Diskriminierung, Nationalismus, Rassismus, Ideologie, Antisemitismus. Zusammenfassende Übersichten bieten *E. Becker*: ›Soziale Vorurteile‹, in: Evangelisches Staatslexikon, Stuttgart/Berlin 1966; *O. Klineberg, J. M.Yinger*: ›Prejudice‹, in: International Encyclopedia of the Social Sciences, 12 (1968); *P. Heintz:* ›Soziale Vorurteile‹, in: Staatslexikon, Freiburg 11 (1970). – Systematische Abhandlungen u. a. von *G. W. Allport:* The Nature of Prejudice, Cambridge/Mass. [3]1955; *P. Heintz:* Soziale Vorurteile. Ein Problem der Persönlichkeit, der Kultur und der Gesellschaft, Köln/Opladen 1957; *P. R. Hofstätter:* Das Denken in Sterotypen, Berlin 1960; ›Vorurteile. Ihre Erforschung und ihre Bekämpfung‹, in: W. v. Baeyer-Katte u. a (Hrsg.), Politische Psychologie, Bd. 3, Frankfurt 1964. Thematisch weiter zugespitzte Studien beispielsweise *Th. W. Adorno, E. Frenkel-Brunswik, D. J. Levinson, R. N. Sanford:* The Authoritarian Personality, New York 1950; *K. S. Sodhi, R. Bergius:* Nationale Vorurteile, Berlin 1953; (in Teilen bei) *E. K. Francis:* Ethnos und Demos. Soziologische Beiträge zur Volkstheorie, Berlin 1965; *W. Strzelewicz* (Hrsg.), Das Vorurteil als Bildungsbarriere, Göttingen 1965; *W. Manz:* Das Stereotyp. Zur Operationalisierung eines sozialwissenschaftlichen Begriffs, Meisenheim 1968. In einem weiteren Zusammenhang hier auch bedeutsam *H. Schoeck:* Der Neid. Eine Theorie der Gesellschaft, Freiburg/München 1968.

c) Zwischen *Großgruppe und Kleingruppe* zu unterscheiden, empfiehlt sich vor allem deshalb, weil die Zahl der Gruppenmitglieder weitreichende Auswirkungen in der Gruppe hat. Das ist schon früh erkannt worden, und *G. Simmel* (1858-1919) wählte eigens als eine Kapitelüberschrift: ›Die quantitative Bestimmtheit der Gruppe‹ (in: Soziologie. Untersuchung über die Formen der Vergesellschaftung, Leipzig 1908, Berlin [5]1968), wo es unter anderem heißt: »Man wird von vornherein aus den alltäglichen Erfahrungen heraus zugeben, daß eine Gruppe von einem gewissen Umfang an zu ihrer Erhaltung und Förderung Maßregeln, Formen und Organe ausbilden muß,

deren sie vorher nicht bedarf; und daß andererseits engere Kreise Qualitäten und Wechselwirkungen aufweisen, die bei ihrer numerischen Erweiterung unvermeidlich verloren gehen« (S. 32). Während Kleingruppen leicht umschreibbar sind, bleibt der Terminus Großgruppe ziemlich unbestimmt. Man unterscheidet grob zwischen Makrosoziologie und Mikrosoziologie, wobei dort abstraktere soziale Gebilde etwa in Form von Gewerkschaften und Parteien über Kollektiv-/Massenverhalten bis hin zu Gesamtgesellschaften untersucht werden, hier dagegen überschaubare soziale Gebilde, gelegentlich auch als Gruppen im engeren Sinne bezeichnet. Zusammenfassend und übersichtlich *E. K. Francis*: Wissenschaftliche Grundlagen soziologischen Denkens, Bern/München 1957, ²1965 insbesondere S. 57 ff., 61 ff., 92 ff.
Im Rahmen der Mikrosoziologie gibt es schon seit längerem eigens die *Kleingruppenforschung*, deren Ergebnisse auch vielfach praktische Anwendung finden. Eine lexikalische Übersicht bietet der Artikel ›Kleingruppen‹ von *D. Rüschemeyer* in: W. Bernsdorf (Hrsg.): Wörterbuch der Soziologie, Stuttgart 1969. Systematische, inhaltsreiche, verständliche Übersicht von *M. S. Olmsted*: Die Kleingruppe. Soziologische und sozialpsychologische Aspekte, (New York 1959) dt. Freiburg 1971. Dort Hinweise auf Forschungsrichtungen und einige Ergebnisse aus dem umfänglichen und praktisch wichtigen Komplex der *Gruppendynamik*, d. h. der internen Gruppenvorgänge, des Gruppenverhaltens, des Gruppengeschehens, der Gruppenprozesse. Wichtigste Anregungen von seiten des Gestaltpsychologen *K. Lewin* (1890–1947) insbesondere mit: Die Lösung sozialer Konflikte; Ausgewählte Abhandlungen über Gruppendynamik, (New York 1948) dt. Bad Nauheim 1953 sowie durch den Psychiater *J. L. Moreno* mit: Die Grundlagen der Soziometrie, dt. Köln ² 1967. Bedeutend immer noch *D. Cartwright, Z. Zander* (Hrsg.), Group Dynamics: Research and Theory, Evanston/Ill. 1953. Wichtig nach wie vor *G. C. Homans:* Theorie der sozialen Gruppe, (New York 1950) dt. Köln/Opladen ³ 1968, wo ein begrifflich-theoretischer Rahmen einschließlich zahlreicher Hypothesen geboten wird, mit Hilfe dessen unterschiedliche Gruppen analysiert werden. Ausführlich informative Übersicht von *P. R. Hofstätter:* Gruppendynamik. Die Kritik der Massenpsychologie, Hamburg 1957, ¹¹ 1970. Neuerdings eine Zeitschrift, *H. Anger* u. a. (Hrsg.), Gruppendynamik. Forschung und Praxis, Stuttgart 1 (1970) ff.
Innerhalb der Kleingruppenforschung interessieren zum einen die mehr affektiv-emotionalen sozialen Beziehungen. Mit Hilfe der *Soziometrie* bzw. des soziometrischen Tests *(J. L. Moreno:* a.a.O.) werden die innerhalb von Gruppen bestehenden Präferenzen der Gruppenmitglieder ermittelt, vereinfacht: Wer wen mag oder nicht mag, wer mit wem spielen bzw. nicht spielen möchte usw. Grundsätzlich *G. Höhn*, *Ch. P. Schick*: Das Soziogramm. Die Erfassung von Gruppenstrukturen, Göttingen 1963; *J. Nehnevajsa*: ›Soziometrie‹, in: R. König (Hrsg.), Handbuch der empirischen Sozialforschung, Band II, Stuttgart 1967, S. 226 ff.; *G. Bastin:* Die soziometrischen Methoden, Bern/Stuttgart 1967. Anwendungen beispielsweise bei *W. Cappel*: Das Kind in der Schulklasse. Grundfragen und Methoden soziometrischer Untersuchungen, Weinheim 1963; *O. Engelmayer*: Das Soziogramm in der modernen Schule, München 1968. – Eine andere Forschungsperspektive betrifft die *Interaktionen* unter besonderer Berücksichtigung der Lösung von Problemen. Mit Hilfe von 12 Beobachtungskategorien (beispielsweise: zeigt Solidarität, stimmt zu, äußert Meinung, erbittet Vorschläge) werden Handlungen und Gespräche im Interaktionsprozeß aufgezeichnet, analysiert und in Form von Gruppen-Profilen systematisiert. Der Sinn dieses von *R. F. Bales* (Interaction process analyses, New York 1951) und seinen Mitarbeitern seit vielen Jahren praktizierten Verfahrens besteht unter anderem darin, Gruppenprozesse bzw. Handlungsabläufe in bestimmten Si-

tuationen und angesichts bestimmter Problemlagen zu ermitteln. So gibt es etwa typische Gruppen-Profile von Diskussionsgruppen oder von Problemlösungs-Gruppen.
Hinsichtlich der praktischen Bedeutung der Kleingruppenforschung und dabei insbesondere der Gruppendynamik soll hier nur ausdrücklich die Social Group Work erwähnt werden. Bei uns sind die Bezeichnungen *Soziale Gruppenarbeit* und *Gruppenpädagogik* geläufig. Vgl. unter anderem *H. Lattke*: Sozialpädagogische Gruppenarbeit, Freiburg 1962; *G. Kanopka*: Soziale Gruppenarbeit: ein helfender Prozeß, Weinheim/Berlin 1968; *S. Bernstein, L. Lowy*: Untersuchungen zur Sozialen Gruppenarbeit in Theorie und Praxis, Freiburg 1969; *H. Schiller*: Gruppenpädagogik (Social Group Work) als Methode der Sozialarbeit. Darstellung und Analyse ihrer Theorie und Praxis, Haus Schwalbach [2]1966; *H. Spangenberg:* Chancen der Gruppenpädagogik. Gruppendynamische Modelle für Erziehung und Unterricht, Weinheim/Berlin 1969; *R. D. Vinter*: Beiträge zur Praxis der Sozialen Gruppenarbeit, Freiburg 1970 – Im Unterschied zur Sozialen Gruppenarbeit geht es in der *Gruppentherapie* bzw. *Gruppenpsychotherapie* darum, Gruppe, Gruppendynamik, Gruppenprozesse usw. einzusetzen für die »Behandlung der individuellen psychischen Störungen einzelner Teilnehmer« (*H. Strotzka*: Einführung in die Sozialpsychiatrie, Reinbek 1965, I 3 b: Gruppenpsychotherapie und Gruppenarbeit, S. 31 ff., Zitat S. 32). Dazu rechnet auch das *Psychodrama* einschließlich des *Soziodramas (J. L. Moreno:* Gruppenpsychotherapie und Psychodrama, dt. Stuttgart 1959), bei dem in Analogie zum Stegreiftheater die Möglichkeit geboten wird, Konfliktsituationen sozusagen schauspielerisch vorzuführen, sei es in Form exzessiven Sich-Aussprechens und/oder des Rollentauschs (vgl. später vor allem 6 und 7.3.). Variationen der gruppentherapeutischen Grundbemühungen sind auch das sogenannte Sensitivity-Training und die als Psycho-Spiele w. z. »Body-Talk« bezeichneten Techniken, die da und dort schon den Charakter von quasi-religiösen sozialen Bewegungen aufweisen.

d) Was das Begriffspaar *Primär- und Sekundärgruppen* angeht, so müssen nicht alle Gruppen deshalb Primärgruppen sein, weil sie klein sind. »Klein und primär sind... nur grobe Entsprechungen, und sie sollten nur mit Vorsicht vertauscht werden, wenn dies auch in weitem Maße durch Sozialwissenschaftler geschieht« (*M. S. Olmsted:* a. a. O., S. 25).
Der Begriff *Primärgruppe* wurde von *C. H. Cooley* (in: Social Organization: A Study of the Larger Mind, [1909], Glencoe/Ill. [2]1956, Paperback, New York 1962) eingeführt. Die Thematik ist seit den Anfängen soziologischen Denkens bedeutsam und in Europa insbesondere seit *F. Tönnies*' (1855 bis 1936) Theorie Gemeinschaft und Gesellschaft bekannt (Leipzig 1887, [8]1935), die wesentlich für weitere Grundbegriffsdiskussionen gewesen ist. Was nach *Tönnies* geboten wird, bedeutet zwar einen ganz erheblichen Fortschritt hinsichtlich differenzierter Begrifflichkeit und damit auch soziologischer Erkenntnisse, aber es ist dennoch innerhalb gewisser Grenzen gerechtfertigt, von »Variationen über das Thema ›Gemeinschaft und Gesellschaft‹« zu sprechen *(E. K. Francis*: Wissenschaftliche Grundlagen, ..., S. 53 ff.). So unterscheidet – um nur einige Beispiele zu nennen – *M. Weber* (1864 bis 1920) zwischen Vergemeinschaftung und Vergesellschaftung, *A. Vierkandt* (1867–1953) kennt gemeinschaftsnahe und gemeinschaftsferne Verhältnisse, *Th. Geiger* (1891-1952) analysiert Gruppen unter einem Innenaspekt und einem Außenaspekt, *E. Durkheim* (1858–1917) kennt mechanische und organische Solidarität, *R. Redfield* (1897–1958) trennt zwischen ›folk society‹ und ›urban society‹. Selbst das ›Pattern Variables Scheme‹ von *T. Parsons* baut auf dem gemeinten Unterschied auf, wie etwa die Orientierungsalternative Affektivität – affektive Neutralität zeigt.

Über das Verhältnis von Primärgruppe und Sekundärgruppe in der modernen Gesellschaft wird nach wie vor diskutiert, und das Thema wird auch im fortlaufenden Text gelegentlich explizit oder implizit angesprochen. Grundsätzlich *G. Wurzbacher:* ›Primärgruppe in der Massengesellschaft‹, in: Ders. (Hrsg.), Gruppe, Führung, Gesellschaft..., München 1961, S. 9-55. *F. H. Tenbruck* weist darauf hin (in: Jugend und Gesellschaft. Soziologische Perspektiven, Freiburg 1962), daß schon bei *Cooley* der Begriff Primärgruppe »keineswegs nur auf nicht organisierte und direkte Beziehungen zwischen einzelnen (abhebt), sondern auf die Prägung durch relativ permanente Gruppen, in die Menschen genügend fest eingebunden sind, um den inneren Notwendigkeiten solcher Beziehungen nicht ausweichen zu können« (a. a. O., S. 118). Das könne man keineswegs von allen direkten menschlichen Beziehungen nicht-organisierter Art sagen, eben weil viele von ihnen vergleichsweise einflußlos und im übrigen beliebig eingehbar und kündbar seien. Weithin gelten allerdings Gruppierungen mit vorwiegend direkten Beziehungen als Arten von Primärgruppen.

e) Über *organisierte Gruppen, formelle Gruppen, informelle Gruppen, Organisationen* gibt es eine reichhaltige grundsätzlich-systematische Literatur und auf einzelne Bereiche wie beispielsweise Industrie und Betrieb zugespitzte Studien. Zusammenfassende Darstellungen etwa von *R. Mayntz:* Soziologie der Organisation, Reinbek 1963; *A. Etzioni:* Soziologie der Organisation, dt. München [2]1969; *R. Mayntz, R. Ziegler:* ›Soziologie der Organisation‹, in: R. König (Hrsg.), Handbuch der empirischen Sozialforschung, Band II, Stuttgart 1969, S. 444 ff.; Dies.: ›Bürokratische Organisation und Verwaltung‹, in: Die Moderne Gesellschaft, Freiburg 1972. – Speziell über informelle Gruppen vgl. vor allem die betriebssoziologische Literatur. Übersichtlich unter anderem *R. Dahrendorf:* Industrie- und Betriebssoziologie, Berlin 1956, [3]1967; *H. J. Daheim:* Der Beruf in der modernen Gesellschaft. Versuch einer soziologischen Theorie beruflichen Handelns, Köln/Berlin 1967, [2]1970, insbes. S. 189 ff.; Ders.: ›Beruf und Arbeitswelt‹, in: Die Moderne Gesellschaft, Freiburg 1972.

6. Ausführungen über SOZIALE NORMEN gibt es schon seit langem, weder beschränkt auf die Soziologie noch bei ihr nur unter der Bezeichnung soziale Normen. Angrenzende Termini sind unter anderem: Recht, Sitte, Religion, Kultur, Leitbilder, Vorbilder, Wert, Rolle, Tradition, Anpassung, abweichendes Handeln, soziale Kontrolle, Sanktion, Sozialisierung. Grundsätzlich zum Begriff vgl. *R. Lautmann:* Wert und Norm. Begriffsanalysen für die Soziologie, Köln/Opladen 1969.

a) Insbesondere über die *anthropologische Voraussetzung* sozialer Normen ist nicht erst in neuerer Zeit und nicht nur innerhalb der Soziologie nachgedacht worden. Das Zitat im Text S. 44 aus *H. Popitz:* ›Soziale Normen‹, in: Europäisches Archiv für Soziologie, II (1961), S. 188. Natürlich ist auch das Tier-Mensch-Verhältnis angesprochen; vgl. Anm. 4.

b) Es sind teilweise höchst unterschiedliche Auffassungen vertreten worden, bis soziale Normen bzw. soziale Regelung klar erkannt und eindeutig formuliert werden konnten.
Erwähnenswert sind zunächst die verschiedenen *Milieutheorien.* Es gab eine physikalistische Richtung (soziale Physik, Mechanik, Energetik). *W. Ostwald* (1853-1932) etwa begriff Geschichte und Wandel als Umwandlung von Energie, Kulturschöpfung als Umwandlung von roher Energie in Nutzungsenergie und sah in Religion, Recht, Staat usw. Einrichtungen zur bes-

seren Ausnutzung von roher Energie. Andere Forscher behaupteten einen ausschließlichen oder vorwiegenden Einfluß natürlicher Umweltfaktoren, wie z. B. Klima und Boden. Genannt wird immer wieder *Fr. Ratzel* (1844–1904), obwohl er in seiner Anthropogeographie (2 Bde., 1882/91) eindeutig vermerkt, daß er den Menschen zum Gegenstand der Erdkunde gemacht habe, »insoweit er von den räumlichen Verhältnissen der Erde abhängt«. Immerhin gab es Mißverständnisse und *P. Vidal de la Blache* (1845–1915) sprach deshalb ausdrücklich vom geographischen Possibilismus, von geographischen Möglichkeiten, aus denen Menschen ausgewählt haben und auswählen.

Im Rahmen der *biologistisch-organizistischen Richtung* sind die Meinungen ebenfalls verschieden. *A. Schäffle* (1831–1903) schreibt im Vorwort der umgearbeiteten Ausgabe seines Hauptwerks ›Bau und Leben des Socialen Körpers‹ (4 Bde., 1875/1878; 1881), das die »fraglichen Analogien jetzt auf gelegentliche Veranschaulichungen reduziert sind« und der »fundamentale Unterschied organischer und civiler Lebensgemeinschaft hierdurch noch schärfer hervortritt«. Eindeutiger dagegen *P. V. Lilienfeld* (1829-1903), dem die menschliche Gesellschaft wie ein natürlicher Körper erscheint, als eine Fortsetzung der Natur. – Beachtenswert ist vor allem der *Sozialdarwinismus.* Unter dem Einfluß von *Ch. R. Darwin* (1809-1882) und durch Vermittlung vor allem von *H. Spencer* (1820–1903) wird das Gesetz der natürlichen Auslese im Kampf ums Dasein als allgemein gültiges Gesetz behauptet. Eine rassenhygienische Ausprägung findet sich vor allem bei *A. Gobineau* (1816-1882), *H. St. Chamberlain* (1855-1926), *E. Haeckel* (1834-1919) und *O. Ammon* (1842-1916).

Die *psychologischen Theorien* bzw. die starke psychologische Fundierung der Soziologie ist eine Reaktion auf einseitige biologische Betrachtungen. Informativ beispielsweise in Frankreich die Auseinandersetzung zwischen *G. Tarde* (1843-1904) und *E. Durkheim* (1858-1917) über Tardes stark psychologisch ausgerichtete Gesetze der Nachahmung und Durkheims vorwiegend soziologisch orientierte Konzeption des Kollektivbewußtseins (5. 4 und Anm. 9). In *Durkheims* Werk erscheint jedenfalls die spezifisch *soziologische Erklärung* in Orientierung an sozialen Normen in aller Deutlichkeit. Dabei kommt freilich der psychologische Aspekt etwas zu kurz, weshalb sich auch die Vertreter der Durkheim-Schule genötigt sehen, zwischen Soziologie und Psychologie zu vermitteln (vgl. dazu die systematische Übersicht von *J. Gugler:* Die Neuere Französische Soziologie, Neuwied/Berlin 1961). Streckenweise noch schärfer betont *L. Gumplowicz* (1838 1909) Existenz und Wirkung sozialer Normen: »Der große Irrtum individualistischer Psychologie liegt darin, daß sie annimmt, der einzelne Mensch denkt... Eine Kette von Irrtümern: denn nicht der einzelne Mensch denkt, sondern seine soziale Gemeinschaft denkt« (in: Der Rassenkampf. Soziologische Untersuchungen, Innsbruck 1883).

Die *soziologische These* vom menschlichen Handeln als (weithin) sozial geregeltem, normgerichtetem Handeln ist selbstverständlich das beherrschende Thema auch vieler anderer früher Soziologen. So spricht beispielsweise *F. Tönnies* (1855-1936) von sozialer Regelung durch gleichzeitig gewollte und bejahte ›soziale Wesenheiten‹ (Gemeinschaft und Gesellschaft, Leipzig 1887, ^{8}1935); begreift *G. Simmel* (1858–1919) Beziehungen als soziale Wechselwirkungen und erläutert deren Bedingtheit durch die Formen der Vergesellschaftung (Soziologie. Untersuchung über die Formen der Vergesellschaftung, Leipzig 1908, Berlin ^{5}1968); sieht *M. Weber* (1864–1920) in sozialen Beziehungen gegenseitig orientiertes Sichverhalten, verweist auf »Erwartung« als Bestimmungsgrund sozialen Handelns und sieht dieses ausgerichtet an der »Vorstellung vom Bestehen einer legitimen Ordnung«, die als solche »Geltung« beansprucht, wobei zumindest wertrationales Handeln im »Dienste der Überzeugung« steht (Wirtschaft und Gesellschaft, 2 Bde., Tübingen [4] 1956, Studienausgabe in 2 Bde., Köln/Berlin 1964).

7. Die im Text diskutierte Problematik ORDNUNG UND FORTSCHRITT steht sachlich in engem Zusammenhang mit der gegenwärtig erneut erörterten Frage nach den gesellschaftlichen Folgen soziologischer Forschung und damit der Aufgabe der Soziologie in der Gesellschaft.

a) Bedeutende *Vorläufer und Begründer der Soziologie* stellten ihre Forschung bewußt in den Dienst evolutionärer oder revolutionärer Umgestaltung der überlieferten gesellschaftlichen Verhältnisse. *Ch. H. de Saint-Simon* (1760–1825) beispielsweise kritisierte unter anderem Vertreter der Klassischen Nationalökonomie, insbesondere *Th. R. Malthus* (1766-1834) und *D. Ricardo* (1774-1823), die im Rahmen ihrer Betrachtungsweise konsequent herausgefunden hätten, »*daß der Unterschied der Beschaffenheit des bebauten Grundes es erlauben würde, ohne Einwand einen Teil der sozialen Produkte auch zu etwas anderem zu verwenden als zur Unterhaltung der Landwirte*...,(und) haben sie daraus geschlossen, daß dieser verfügbare Teil der Erträge dazu bestimmt sei und *sein müßte*, die edlen Eigentümer *im Müßiggang* zu unterhalten, kurz: sie haben, soweit es bei ihnen lag, die politische Organisation legitimiert, in der ein Teil der Bevölkerung auf Kosten der anderen lebte« (›Moderne Eigentumstheorien‹, in: G. Salomon-Delatour [Hrsg.], Die Lehre Saint-Simon, Neuwied 1962, S. 138).
Einmal unterstellt, daß *Saint-Simons* Interpretation zutrifft, fragt man sich natürlich, wie die These, wonach ein Teil der verfügbaren Erträge für den Müßiggang der Eigentümer verwertet werden muß, begründet werden könnte. Es gibt Wissenschaftler, die der Auffassung sind, daß eine solche These wissenschaftlich nicht begründbar ist. Aus der unterschiedlichen Beschaffenheit des Bodens beispielsweise lasse sich zwar wissenschaftlich erklären, warum in diesem oder jenem Fall ein Teil der Erträge überhaupt verfügbar sei (und nicht etwa wegen allzu magerem Boden zur Fristung des physischen Existenzminimums der Landwirte und der Eigentümer verwertet werden müßte). Was aber mit diesem Teil der Erträge geschehen solle, sei wissenschaftlich verbindlich nicht auszumachen. Dieser Teil der Erträge müsse nicht den Müßiggängern, sondern er könne auch den Landwirten – und dieser Teil der Erträge müsse nicht den Landwirten, sondern er könne auch den Müßiggängern zur Verfügung gestellt werden. Das sind nur zwei Möglichkeiten. Ob diese Möglichkeiten realisierbar sind, und welche Folgen vielleicht eintreten, wenn man den verfügbaren Teil der Erträge so oder so verteilt, das wiederum sei wissenschaftlicher Analyse und Erklärung durchaus zugänglich.
Saint-Simon kritisiert nun keineswegs die wissenschaftlichen Analysen der genannten Nationalökonomen hinsichtlich unterschiedlicher Beschaffenheit des bebauten Grundes und dessen Auswirkungen etwa in der Form, daß ein Teil der Erträge überhaupt zur Verfügung steht. Was er ablehnt, ist zunächst einmal die Tatsache, daß diese Wissenschaftler unter Berufung auf ihre richtigen wirtschaftswissenschaftlichen Erkenntnisse – angeblich – den Müßiggang der Eigentümer und damit auch die bestehende politische Ordnung zu rechtfertigen versucht hätten. Eine solche Schlußfolgerung hält Saint-Simon schon deshalb nicht für schlüssig und gerechtfertigt, weil jener Teil der Erträge, grundsätzlich gesehen, auch zur Unterhaltung der Landwirte verwandt werden könnte (was Saint-Simon selbst ja fordert); es gibt eben, wie schon angedeutet, mindestens zwei Möglichkeiten. Die betreffende Schlußfolgerung wird von Saint-Simon darüber hinaus noch deswegen und wohl vor allem deswegen abgelehnt, weil er selbst an einer grundsätzlich an-

deren Eigentumsverteilung interessiert ist, die es beispielsweise dem »müßigen, unwissenden, unmoralischen Sohn« nicht mehr erlaubt, andere auszubeuten und selbst sorgenfrei zu leben. Hätten die genannten Nationalökonomen aus ihren wirtschaftswissenschaftlichen Erkenntnissen den Schluß gezogen, daß der verfügbare Teil der Erträge ausschließlich zur Unterhaltung der Landwirte benutzt werden müßte, dann hätte ein so scharfsinniger Kopf wie Saint-Simon zwar vermutlich nicht übersehen, daß auch diese Schlußfolgerung, recht besehen, wissenschaftlich nicht begründbar ist, aber angesichts der (hier einmal unterstellten) Übereinstimmung in den Zielen hätte er sich über die wissenschaftlich kritisierbare Vorgehensweise doch nicht sonderlich aufzuregen brauchen. Kurzum: auch in der von Saint-Simon geforderten neuorganisierten, an gesellschaftlichen Veränderungen orientierten Wissenschaft geht es ausdrücklich darum, überlieferte soziale Normen und Ordnungen von sozialen Beziehungen zu kritisieren, was nun freilich irgendwelche Zielvorstellungen erfordert, von denen her die wissenschaftlich erkannten Tatsachen und Zusammenhänge allererst kritisierbar sind. Und was nun diese Zielvorstellungen, soziale Normen also, betrifft, so sollen sie eben nicht x-beliebiger Natur, nicht ins Belieben gestellt sein, sondern verbindlichen Charakter tragen. Von daher gesehen erscheint es dringend geboten, die neuen Normen selbst wissenschaftlich zu erkennen, zu begründen und zu rechtfertigen.

b) Wie *Saint-Simon*, so haben unter anderem auch *A. Comte* (1789-1857), *L. v. Stein* (1815-1890) auf seine Weise, vor allem jedoch *K. Marx* (1818-1883) gedacht und argumentiert. In Fortführung zentraler Gedanken vor allem von *Marx* widmen sich seit längerem Vertreter der ›Frankfurter Schule‹ in der *Kritischen Theorie* dem Ausbau einer Kritischen Soziologie, deren Analysen von Zuständen, Zusammenhängen und Regelmäßigkeiten ein – wie es heißt – emanzipatorisches Interesse zugrunde liegt, demzufolge die aufweisbaren Zustände kritisch zu bedenken sind. Und das vor allem im Hinblick auf die Erkenntnis von Widersprüchen und Ungerechtigkeiten in der Gesellschaft, was alles seinerseits wiederum voraussetzt, die Wirklichkeit auf geschichtlich-gesellschaftlich mögliche Veränderungen hin rational einsehbar zu hinterfragen. Auch diese geschichtlich-gesellschaftlich angelegten Möglichkeiten gelten nicht als etwas x-Beliebiges. Mögliche neue Handlungsziele, soziale Normen und Ordnungen sozialer Beziehungen, sind rational zu diskutieren, um rational unbegründbare Entscheidungen auszuschalten. Die so rational diskutierten und als vernünftig erkannten Ziele erhalten damit den Charakter einer in geschichtlich-gesellschaftlichen Zuständen und Entwicklungen angelegten Notwendigkeit. Solche Einsichten vorausgesetzt, kann man vermeiden, daß wissenschaftliche Erkenntnisse über Tatsachen (sozial-) technokratisch in dieser oder jener Weise, insbesondere zum Schaden der Menschen, benutzt werden (Ablehnung des Dezisionismus). Deshalb sollten Wissenschaftler sich auch verpflichtet fühlen oder dazu verpflichtet werden, mögliche negativ zu bewertende praktische Verwertungen wissenschaftlicher Erkenntnisse von vornherein mit zu bedenken. Sofern solche folgenschwere praktische Nutzung wahrscheinlich sei, müßten entsprechende wissenschaftliche Untersuchungen unterbleiben, eventuell verboten oder sogar öffentlich angeprangert werden.
Diese - hier bloß andeutungsweise skizzierte – Richtung hat mehrere bedeutende Vertreter, von denen nur einige mit ihren wichtigsten Werken genannt werden sollen, die im übrigen keineswegs in allen Punkten übereinstimmen. *M. Horkheimer* (zusammen mit *Th. W. Adorno*): Dialektik der Aufklärung. Philosophische Fragmente, (Amsterdam 1947) Frankfurt 1969; Kritik der instrumentellen Vernunft, (New York 1947), ergänzt dt. Frankfurt 1967; Kritische Theorie. Eine Dokumentation, 2 Bde., Frankfurt 1968. – *H. Mar-*

cuse: Ideen zu einer kritischen Theorie der Gesellschaft, Frankfurt ²1969; Kultur und Gesellschaft, 2 Bde., Frankfurt ⁴/⁵1967; Der eindimensionale Mensch. Studien zur Ideologie der fortgeschritteten Industriegesellschaft, (Boston 1964) dt. Neuwied/Berlin ²1970. – *Th. W. Adorno:* Negative Dialektik, Frankfurt 1970. – *J. Habermas*: Theorie und Praxis. Philosophische Studien, Neuwied/Berlin 1963, ³1969; Erkenntnis und Interesse, Frankfurt 1968; Zur Logik der Sozialwissenschaften, Frankfurt 1971. – Zusammenfassungen, selbstkritische Übersichten und sonstige Kritiken beispielsweise: Kritik und Interpretationen der Kritischen Theorie. Über Adorno, Horkheimer, Marcuse, Benjamin, Habermas, (Raubdruck?) ohne Erscheinungsort und ohne Erscheinungsjahr; *A. Wellmer:* Kritische Gesellschaftstheorie und Positivismus, Frankfurt 1969; *Th. W. Adorno* u. a. : Der Positivismusstreit in der deutschen Soziologie, Neuwied/Berlin 1969; *G. Rohrmoser:* Das Elend der kritischen Theorie. Theodor W. Adorno, Herbert Marcuse, Jürgen Habermas, Freiburg 1970; *W. Post:* Kritische Theorie und metaphysischer Pessimismus. Zum Spätwerk Max Horkheimers, München 1971.

c) Die gemeinhin als (Neo-)*Positivisten* bezeichneten ›Gegner‹ melden Zweifel an, ob all das, was kritische Soziologen der Soziologie (und anderen Wissenschaften) als Aufgaben zudenken, von dieser geleistet werden kann. Sie verweisen zunächst einmal auf eine *logische* Kluft zwischen explikativen und präskriptiven Sätzen, zwischen Seins- und Sollensaussagen. Aus der Feststellung, daß etwas so ist, wie es ist, lasse sich nicht zwingend ableiten, daß es auch so sein solle oder – in diesem Zusammenhang vielleicht wichtiger – nicht sein solle. Jeder Versuch, die logische Diskrepanz zwischen Seins- und Sollenaussagen dialektisch zu überwinden, bleibe demnach logisch gesehen unbefriedigend – ganz gleich, ob die beschriebenen und in ihren Zusammenhängen erklärten Zustände einem passen oder nicht. Wer die Verhältnisse verändern möchte, der komme, logisch gesehen, nicht daran vorbei, neue Zielvorstellungen, neue soziale Normen, neue Ordnungen sozialer Beziehungen, einzuführen, die aber aus den wissenschaftlich erkannten Tatsachen selbst nicht zwingend ableitbar seien, wenngleich sie auch, bedenke man die Chancen ihrer Verwirklichung, nicht ohne Berücksichtigung wissenschaftlich erkannter Tatsachen formuliert und zur Grundlage praktischer Entscheidungen gemacht werden sollten bzw. könnten. – Praktiker fragen Soziologen beispielsweise: Was können wir tun? Diese untersuchen »die tatsächlichen Zusammenhänge und die sich daraus ergebenden Möglichkeiten ihrer praktischen Beeinflussung«. Dabei wird allerdings davon ausgegangen, daß Wissenschaften, auch die Soziologie, Handlungsmöglichkeiten aufzuschließen in der Lage sind, daß also nicht alle wissenschaftlich erkannten Tatsachen und Zusammenhänge unabdingbar jeder Veränderung gegeben sind – wenngleich es auch Sachzwänge bzw. Sachgesetzlichkeiten gibt, die nicht korrigierbar sein dürften, es sei denn, daß man die Folgewirkungen solcher Korrekturen hinzunehmen bereit ist. Wissenschaftliche Aussagen werden also in eine »technologische Form« gebracht, »in der das mögliche Geschehen auf mögliche Ansatzpunkte für menschliches Handeln bezogen wird. Dadurch werden Möglichkeiten des tatsächlichen Geschehens in menschliche Handlungsmöglichkeiten transformiert«. Dieses Verfahren wird »Sozialtechnologie« genannt. Um praktisch-politisch handeln zu können, »müssen Entscheidungen über Zielsetzungen und Mittelverwendungen getroffen werden, die nicht aus der Technologie ableitbar, aber unter Berücksichtigung technologischer Erkenntnisse zu treffen sind«.
Die Zitate stammen aus *H. Albert:* ›Wertfreiheit als methodisches Prinzip. Zur Frage der Notwendigkeit einer normativen Sozialwissenschaft‹, in: E. Topitsch (Hrsg.), Logik der Sozialwissenschaften, Köln/Berlin 1965, S. 192, 193. Wichtig in dem ganzen Zusammenhang *K. L. Popper:* Logik der For-

schung, Wien 1934, Tübingen [3]1969. Vgl. auch von *H. Albert* (Hrsg.), Theorie und Realität. Ausgewählte Aufsätze zur Wissenschaftslehre der Sozialwissenschaften, Tübingen 1964; Traktat über kritische Vernunft, Tübingen 1968, [2]1969; Plädoyer für kritischen Rationalismus, München 1971. Im übrigen auch hier *Th. W. Adorno* u. a.: Der Positivismusstreit in der deutschen Soziologie, Neuwied/Berlin 1969. – Die Diskussion hat gegenwärtig neuen Aufschwung erhalten durch *K. Holzkamp:* ›Wissenschaftstheoretische Voraussetzungen kritisch-emanzipatorischer Psychologie‹, in: Zeitschrift für Sozialpsychologie, 1 (1970), S. 5 ff, 2 (1970), S. 190 ff. Dazu *H. Albert:* ›Konstruktivismus oder Realismus? Anmerkungen zu Holzkamps Überwindung der modernen Wissenschaftslehre‹, in: a. a. O., 2 (1971), S. 5 ff.

d) Die Diskrepanzen sind offenkundig und das Thema nicht zuletzt deswegen so aktuell, weil fortschreitende natur- und sozialwissenschaftliche Erkenntnisse nahezu beliebig praktisch verwertet werden, was eben nicht allseits als Segnung empfunden wird. Man hält Ausschau nach verbindlichen Handlungsanweisungen, insbesondere durch Wissenschaftler. Das Thema ist wissenschaftlich noch nicht ausdiskutiert. Vgl. dazu neuerdings *R. Eckert:* Wissenschaft und Demokratie. Plädoyer für eine verantwortliche Wissenschaft, Tübingen 1971. Die Auseinandersetzung krankt unter anderem daran, daß oft viel zu wenig soziologisch gedacht und argumentiert wird (womit nicht gesagt werden soll, daß allein die Soziologie der Rätsel Lösung liefern könnte). Insbesondere das logische Argument zieht nämlich manchmal gar nicht, vor allem wegen der oft erzwungenen normativen Bejahung wissenschaftlich erkannter Tatsachen und Zusammenhänge durch Praktiker. Vgl. dazu auch *A. Bellebaum:* ›Zur zeitgeschichtlichen Rolle der Soziologie‹, in: Herderkorrespondenz, 10 (1970), S. 488 ff. und 11 (1970), S. 534 ff. Darauf wird später im Text nochmals zurückzukommen sein. Hier kam es nur vorerst darauf an, den weiten Rahmen abzustecken, innerhalb dessen über Ordnung und Fortschritt im Zusammenhang mit sozialen Normen diskutiert wird.

8. Die Aufteilung nach ARTEN SOZIALER NORMEN bzw. NORMENSYSTEMEN ist in gewisser Weise willkürlich. Es gibt jedenfalls verschiedene sinnvolle Einteilungskriterien.

a) Entsprechende Klassifizierungen sind immer wieder und schon früh unternommen worden. Vgl. etwa *W. G. Sumner:* Folkways. A Study on the Sociological Importance of Usages, Manners, Customs, Mores and Morals, New York 1906, [2]1959; oder *F. Tönnies'* Trennung zwischen Werten und Normen, wobei im letzteren Fall noch unterschieden wird zwischen Ordnung als Eintracht/Brauch und Konvention/Mode, Recht als Sitte/Gewohnheitsrecht und Gesetz/Gesetzgebung, Moralität als Religion und öffentliche Meinung (Einführung in die Soziologie, Stuttgart 1931, [2]1965); oder *M. Webers* Aufteilung nach »Typen des Ablaufs von Handeln« vor allem in Form von Brauch, Sitte, Konvention und Recht (Wirtschaft und Gesellschaft, 2 Bde., Tübingen [4]1956, Studienausgabe in 2 Bde., Köln/Berlin 1964, insb. S. 20 ff.); oder *Th. Geigers* Differenzierung unter anderem nach Gebarensmodell, subsistenter Norm, latenter Norm, proklamierter Wortnorm (Vorstudien zu einer Soziologie des Rechts, [Kopenhagen 1947] dt. Neuwied/Berlin 1964, S. 92 ff.).
Die Geschichte soziologischen Denkens ist angefüllt mit gleichen oder ähnlichen Differenzierungen. Zusätzlich zu den in Anmerkung 6a genannten Arbeiten seien hier nur noch erwähnt *R. König:* ›Recht‹, in: Ders., Soziologie, Frankfurt 1967, S. 253 ff.; *R. Dahrendorf:* Homo Sociologicus. Ein

Versuch zur Geschichte, Bedeutung und Kritik der Kategorie der sozialen Rolle, (zuerst: Kölner Zeitschrift . . ., 10 [1958], S. 178 ff.; danach mehrere selbständige Ausgaben, zuletzt) Köln/Opladen [7]1968 (daraus das Beispiel des Herrn Schmidt); *H. P. Dreitzel:* Die gesellschaftlichen Leiden und das Leiden an der Gesellschaft. Vorstudien zu einer Pathologie des Rollenverhaltens, Stuttgart 1968, darin insbesondere: Das gesellschaftliche Normgefüge als Hierarchie von Relevanzbereichen und Typisierungsschemata, S. 124 ff.

b) Die im Text beiläufig erwähnte *Geltung sozialer Normen* ist in Verbindung mit Klassifikationen sozialer Normen sicherlich zentral. Wichtige frühe systematische Hinweise auf jeden Fall bei *M. Weber:* a.a.O., S. 22 ff., sowie *Th. Geiger:* a.a.O., vor allem S. 214 ff. Einige weitere Bemerkungen später unter 8 (Soziale Kontrolle). Neuerdings wichtig *H. Popitz:* Über die Präventivwirkung des Nichtwissens. Dunkelziffer, Norm und Strafe, Tübingen 1968, worin unter anderem darauf hingewiesen wird, daß man nicht erst dann bzw. nicht nur dann von Geltung sprechen kann, wenn *jeder* Normverstoß bestraft wird, ja daß eine Gesellschaft, in der jedes Unrecht entdeckt und entsprechend bestraft würde, eine »unmögliche Gesellschaft« in dem Sinne sei, daß es sie nicht geben könne. Beachtenswert in diesem und in einem weiteren Zusammenhang auch *G. Spittler:* Norm und Sanktion, Olten/Freiburg, 1967; Ders.: ›Probleme bei der Durchsetzung sozialer Normen‹, in: Jahrbuch für Rechtssoziologie und Rechtstheorie I: Die Funktion des Rechts in der modernen Gesellschaft, Bielefeld 1970, S. 203 ff.; *E. Blankenburg:* ›Recht als Kategorie sozialer Verhaltensregelmäßigkeiten‹, in: a.a.O., S. 227 ff.

c) Zum Thema *vor- bzw. außerrechtliche Normen und Rechtsnormen* sowie überhaupt zu Fragestellungen, Stand und Probleme der Rechtssoziologie gibt es eine Fülle von Literatur. Erwähnt seien hier nur die knappe Übersicht von *P. Trappe:* Zur Situation der Rechtssoziologie, Tübingen 1968 (Lit.), sowie neuerdings das Jahrbuch für Rechtssoziologie und Rechtstheorie, Bd. I: a.a.O.

9. Die unterschiedlichen begrifflichen Verwendungen des Wortes INSTITUTION hängen teilweise mit der Entstehungsgeschichte und Weiterentwicklung der Soziologie zusammen.

a) Was im ersten Teil dieses Kapitels über *soziale Normen* gesagt wurde, verbindet *A. Gehlen* mit *Institutionen:* Diese regulieren menschliches Handeln ähnlich wie Instinkte tierisches Verhalten. Vgl. insbesondere ›Probleme einer soziologischen Handlungslehre‹, in: C. Brinkmann (Hrsg.), Soziologie und Leben, Tübingen 1952; Urmensch und Spätkultur, Bonn 1956. Sehr weit fassen den Begriff auch *P. L. Berger* und *Th. Luckmann:* »Institutionalisierung findet statt, sobald habitualisierte Handlungen durch Typen von Handelnden reziprok typisiert werden. Jede Typisierung, die auf diese Weise vorgenommen wird, ist eine Institution« (in: Die gesellschaftliche Konstruktion der Wirklichkeit . . ., Frankfurt/Hamburg 1969, S. 58). – Über *Gehlen* äußert sich neuerdings *Fr. Jonas:* Die Institutionenlehre A. Gehlens, Tübingen 1966. Den Stand der Diskussion referiert zuletzt *H. Schelsky:* ›Zur soziologischen Theorie der Institution‹, in: Ders. (Hrsg.), Zur Theorie der Institution, Düsseldorf 1970, S. 9. ff.
In der amerikanischen Soziologie steht oft mehr die formelle Ausgestaltung von sozialen Normen im Vordergrund des Interesses, wofür beispielsweise *T. Parsons* typisch ist. Kurze Übersichten bieten *R. König:* ›Institution‹, in:

Ders., Soziologie, Frankfurt 1967, S. 142 ff., und *A. Bellebaum:* ›Institution in soziologischer Sicht‹, in: Staatslexikon, Freiburg, 4 (1959). Detailliertere Angaben unter Einbeziehung zahlreicher amerikanischer Forscher vor allem im Zusammenhang mit dem Evolutionsmodell und der strukturell-funktionalen Analyse (vgl. dazu später 9) finden sich in *W. Rüegg:* Soziologie, Frankfurt 1969, S. 45 ff., 56 ff. Derselbe äußert sich ebenfalls zum Verhältnis von sozialen Normen und institutionalisierten Normen in: ›Vom gesellschaftlichen Zusammenhang‹, in: G. Kadelbach (Hrsg.), Wissenschaft und Gesellschaft, Frankfurt 1967, S. 307 ff.

b) Die *institutionelle Betrachtungsweise* erscheint vom heutigen entwickelten Selbstverständnis der Soziologie her gesehen begreiflich. Entstehungsgeschichtlich gesehen handelt es sich um eine Reaktion auf individualistische und voluntaristische Konzeptionen. Das belegt deutlich beispielsweise in Frankreich der Streit zwischen *E. Durkheim* (1858–1917) und *G. Tarde* (1843–1904). In Kritik an übertriebener biologischer Erklärung menschlichen Handelns geht *Tarde* aus von in der menschlichen Psyche verankerten Bedürfnissen und einer Art Nachahmungstrieb. Menschen stehen in Beziehung zueinander, und darauf bauen dann alle sozialen Gruppierungen auf. (Mit *Tarde* beginnt die sogenannte Beziehungslehre. Vgl. dazu: Le Lois d'Imitation, Paris 1890; Les Lois Sociales, Paris 1898. Sie wird fortgeführt von *E. Dupréel, E. Waxweiler, G. Simmel* – bei ihm allerdings in einer anderen Richtung – bis hin zu *L. v. Wiese.)* Sofern Soziologie es mit einem relativ eigenständigen zwischenmenschlichen Geschehen zu tun hat, bezeichnet sie *Tarde* auch als Interpsychologie. Individuen sind die letzten entscheidenden Einheiten. Er spricht von »notre hypothèse néomonadologique« (›La sociologie élementaire‹ in: Annales de l'Institut internationales de sociologie, 1895). Die einzelnen Menschen sind Monaden (monás: Einheit, unteilbare Einheit) vergleichbar, wenngleich sie auch nicht als selbstgenügsame Einheiten im strengen Wortsinne zu begreifen sind, denn sie stehen ja notwendig in Beziehungen zueinander. Die Bezeichnung »néomonadologique« wählt *Tarde* anläßlich seiner Kritik an *Durkheim*, dessen Konzeption des Kollektivbewußtseins er als eine »fantasmagorie ontologique« mit der Begründung scharf ablehnt, daß schließlich nur einzelne Menschen und also allenfalls individuelle Bewußtseine existieren.
Durkheim seinerseits befürchtete, daß eine zu weit getriebene *psychologische* Fundierung der Soziologie dazu führe, das Individuum als reale Größe – »Weil sich aber die Gesellschaft aus Individuen zusammensetzt ...« – zu hypostasieren, von wo aus dann die soziale Realität vor allem der sozialen Gebilde als eine bloß abgeleitete Realität, als bloße Anhäufung und Funktion psychischer Akte erscheint. Menschen sind eben nicht nur Ursache von Gesellschaft – wenngleich es stimmt, daß »das Individuum bei der Genese (kollektiver Handlungs- und Denkweisen) eine Rolle spielt« –, sondern auch Wirkung von Gesellschaft – »Denn nicht ich habe diese Pflichten geschaffen, ich habe sie vielmehr im Wege der Erziehung übernommen.« Wer das nicht sieht oder übersieht, bekommt die relativ eigenständige soziale Wirklichkeit nicht in den Blick. Er verharrt, auch auf psychologischer Ebene, in einem sozialen Atomismus, demzufolge die sozialen Verbindungen in individuellen Willensakten und Absprachen gründen. Gegen solchen Individualismus und Kontraktualismus wendet sich *Durkheim,* wenn er auf das *Kollektivbewußtsein* hinweist – das als Inbegriff der menschliches Handeln weithin normierenden und regelnden Normen, Werte, Glaubensvorstellungen eine Realität ›außerhalb‹ der Individuen insofern ist, weil immer wieder Menschen gezwungen werden, sich dieser Wirklichkeit anzupassen. »Wenn ich meine Pflichten als Bruder, Gatte oder Bürger erfülle, oder wenn ich übernommene Verbindlichkeiten einlöse, so gehorche ich damit Pflichten, die außerhalb

meiner Person und der Sphäre meines Willens im Recht und in der Sitte begründet sind. Selbst wenn sie mit meinen persönlichen Gefühlen in Einklang stehen und ich ihre Wirklichkeit im innersten empfinde, so ist diese doch etwas Objektives. Denn nicht ich habe diese Pflichten geschaffen ...« So gesehen wird die Unterscheidung zwischen Kollektivbewußtsein und Individualbewußtsein einsichtig. Um sie zu rechtfertigen, »muß [aber] das Kollektivbewußtsein nicht hypostasiert werden«. – Zitate aus *E. Durkheim:* Regeln der soziologischen Methode. In neuer Übersetzung herausgegeben und eingeleitet von René König, Neuwied 1961, S. 93 (Zitat auf S. 56 im Text), 99, 105 187; daraus auf S. 55 auch das Zitat von Dilthey.
Die Sprache *Durkheims* bietet zweifellos zu allerlei Mißverständnissen Anlaß. Es ist auch zuzugestehen, daß er sein Augenmerk oft überstark dem institutionell-normativen Bereich gewidmet hat, weshalb viel Persönlich-Individuelles nicht genügend gewürdigt zu werden scheint. Daran ändert auch nichts sein beachtenswerter Hinweis, daß Menschen die Institutionen nicht notwendig nur passiv aufnehmen: denn wir »individualisieren sie und verleihen ihnen mehr oder minder unsere persönliche Marke« (a. a. O., S. 100). Das alles ist vielleicht doch zu sehr im Umkreis des Kollektivbewußtseins gesehen, insgesamt zu statisch. Man sollte aber bedenken, wie schwierig es war, den Objektbereich der Soziologie klarer begrifflich und verbal zu fassen. Eine interessante Parallele dazu bietet übrigens in Deutschland *F. Tönnies* (1855-1936) mit seiner Theorie Gemeinschaft und Gesellschaft. Er verteidigt *Durkheim* gegen *Tarde,* vermißt aber bei *Durkheim* die psychologische Fundierung der Soziologie gänzlich, quält sich dann auf seine Weise damit ab, das Wechselspiel von Mensch und Gesellschaft in den Griff zu bekommen, rekurriert gelegentlich überstark auf menschlichem Willen in Form von Wesenwillen und Kürwillen (Vorwurf: Voluntarismus), begreift die sozialen Verhältnisse als gleichzeitig bejahte und gewollte Verhältnisse, kommt so zu einer Theorie des Selbstgesetzgebung des Willens – was alles bemerkenswert richtige soziologische Einsichten enthält, ohne daß aber der ganze Komplex eindeutig klar würde. Vgl. dazu *A. Bellebaum*: Das soziologische System von Ferdinand Tönnies, unter besonderer Berücksichtigung seiner soziographischen Untersuchungen, Meisenheim am Glan 1966.

c) Auswirkungen der institutionellen Betrachtungsweise betreffen zum einen die *Rechtswissenschaft.* Einigen ihrer Vertreter ging es darum, in Abwehr von Individualismus und Voluntarismus, die Objektivität und Normativität des Rechts mehr oder weniger unabhängig von individueller Zustimmung der ihr ausgesetzten Menschen zu begründen und zu rechtfertigen. Das gilt vor allem für *L. Rigaud, L. Duguit* und *M. Hauriou.* Eine kurze Übersicht bietet *H. Dambois*: ›Institution‹, in: Evangelisches Staatslexikon, Stuttgart/Berlin 1966, (Lit.). – Im Rahmen der *Wirtschaftswissenschaften* hat sich vornehmlich in den USA eine eigens ›Institutionalismus‹ genannte Schule entwickelt. Sie ist ebenfalls als eine Gegenbewegung zu verstehen, und zwar gegen zentrale Auffassungen von Vertretern der klassischen Nationalökonomie –vor allem: *A. Smith* (1723-1790), *J. Bentham* (1748-1832), *J.-B. Say* (1767-1832), *Th. R. Malthus* (1766-1834), *D. Ricardo* (1772-1823). Die Kritik richtet sich gegen die These vom menschlichen-wirtschaftlichen Handeln als eines vernunftgemäßen Handelns. Dagegen wird eingewandt. daß Menschen sozialen Gruppen angehören und den darin geltenden, Handeln regelnden Institutionen ausgesetzt sind. Als Begründer des Institutionalismus gilt *Th. B. Veblen* (1857-1929), der, dem Kapitalismus gegenüber sehr kritisch eingestellt, darauf hinweist, daß wirtschaftliches Handeln angefüllt ist mit Unaufrichtigkeit, Gewalt, Profitgier, Verschwendung und anderem mehr, was alles ihm nicht gerade Ausdruck von Vernunft und rational zu sein scheint. Eine Anwendung seiner Grundgedanken findet sich in seinem

Buch Theorie der feinen Leute. Eine ökonomische Untersuchung der Institutionen, (New York 1899) dt. Köln/Berlin o.J. Eine kurze Übersicht bietet *G. Stavenhagen:* ›Institutionalismus‹, in: Staatslexikon, Freiburg 4 (1959), (Lit.).

10. Die zahlreichen Definitionen von KULTUR offenbaren die Verlegenheit und Unsicherheit bei einer näheren Bestimmung von Kultur und einer Abgrenzung von Gesellschaft und Kultur, sozialen Normen, kulturellen Normen, sozialem Wandel, kulturellem Wandel, Person-Gesellschaft-Kultur. Kurze treffende Übersicht über die Gesamtproblematik von *I. Seger* in Knaurs Buch der modernen Soziologie, München/Zürich 1970, S. 79 ff.

a) Was speziell *Normen und Kultur* betrifft, so verbleibt trotz der Erläuterungen im Text ein unbefriedigender Rest. Schließlich ist der Sinn- und Bedeutungsaspekt gleichfalls universal, sowie es soziale Normen hinsichtlich ihrer anthropologischen Voraussetzung sind. Sicherlich besteht zwischen der Regelung tierischen Verhaltens und derjenigen menschlichen Handelns eine qualitative Differenz, die sich als Kultur begrifflich fassen läßt – aber der Begriff soziale Normen impliziert eigentlich gerade hinsichtlich der anthropologischen Voraussetzung von Normen immer auch schon den Sinn- und Bedeutungsaspekt. Auf dieser Betrachtungsebene gehen also eigentlich die Begriffe Norm und Kultur ineinander über.
Dennoch hat die Unterscheidung einen gewissen Erkenntniswert. Es lassen sich beispielsweise Arten von Normen auseinanderhalten, man kann etwa hinsichtlich moderner Gesellschaft die besondere Bedeutung der Rechtsnormen erkennen und diese vor allem aus der Tatsache hochgradig interner Differenzierung erklären. Eine solche Analyse hat es primär nicht zu tun mit sozialen Normen als einer anthropologischen Voraussetzung – und sie kann auch zunächst davon abstrahieren, wie menschliches Handeln von übergreifenden Rechtsnormen angesichts zahlreicher anderer gruppenspezifischer Normen affiziert wird. Interessiert man sich jedoch dafür, dann läßt sich (vermutlich) unter anderem zeigen, daß die angesichts umfassender, eine Vielzahl von Menschen betroffenden und ganz oder teilweise konkurrierenden Normen eingegangenen Bindungen oft leicht auswechselbar und unverbindlich sind. So ist es gegenwärtig vielen Menschen kaum noch möglich, »sich mit einem festen Satz von Normen und Erwartungen zu identifizieren. Die Identität des Ichs tendiert dann dazu, sich in eine Reihe verschiedener, nur lose miteinander verbundener ›Identitäten‹ aufzulösen, die je nach der jeweiligen Bezugsgruppe aktualisiert werden. Die Folge ist oft eine das Handeln verunsichernde Ichschwäche und die zunehmende Distanz des einzelnen von seinen Rollen« *(A. Hahn:* ›Soziale Rolle‹, in: Staatslexikon, Freiburg 11 [1970]). Man könnte allerdings auch in diesem Zusammenhang auf das Wort Kultur verzichten, beinhaltet doch nicht nur der weit gefaßte Begriff soziale Normen an sich schon den (spezifisch menschlichen) Sinn- und Bedeutungsaspekt, sondern mündet doch auch nahezu jede Analyse von Normarten ein in Reflexionen über Handlungssicherheit, Handlungsunsicherheit, Antworten und Antwortmöglichkeiten auf die Sinnfrage und dergleichen mehr.
Von der teilweise besonderen begrifflichen Verwendung des Wortes Kultur vor allem in der wissenschaftlichen Disziplin Kulturanthropologie einmal abgesehen (s.u.), geht es in der Diskussion aber meistens gar nicht um eine Trennung zwischen Norm und Kultur, sondern in vielen Fällen um die ›Gegenüberstellung‹ von *Kultur und Struktur* (9.2), wobei Gesellschaft als Oberbegriff erscheint. Statt ausführlicher Erörterungen hier nur ein Zitat: »Der soziologische Begriff von Kultur erhält seine Flexibilität durch die Einsicht,

daß die Kultur stets in der Struktur verankert und damit auch differentiell verteilt ist. Aber sie ist eben in der Struktur auch nur verankert, reicht also darüber hinaus. Der Strukturbegriff abstrahiert deshalb von einer Seite der gesellschaftlichen Wirklichkeit, nämlich der Bedeutung, die das Tun für den Handelnden kraft einer Beziehung auf jene gemeinsamen Werte hat, die zusammen mit den Techniken die Kultur in sensu sociologica ausmachen« (*F. H. Tenbruck*: ›Zur deutschen Rezeption der Rollentheorie‹, in: Kölner Zeitschrift..., 13 [1961], S. 6). – Der Phänomenbereich Kultur ist also nach wie vor aktuell. Vgl. in einem etwas anderen Zusammenhang auch *W. Rüegg*: ›Die Welt der symbolischen Formen‹, in: Ders., Soziologie, Frankfurt 1969, S. 223 ff. Grundsätzlich ebenfalls *H. J. Helle*: Soziologie und Symbol, Köln/Opladen 1969.

b) Speziell zur Unterscheidung zwischen *Kultur und Zivilisation* wird im einzelnen verwiesen auf *W. Diltheys* (1833-1911) Trennung zwischen Kultursystemen wie beispielsweise Religion, Recht und Kunst sowie Kulturorganisationen wie etwa Staat, Herrschaft, Kirche (Einleitung in die Geisteswissenschaften. Versuch einer Grundlegung für das Studium der Gesellschaft und der Geschichte, Leipzig 1883, Stuttgart/Göttingen [5]1962); *H. Freyers* (1887-1969) Unterscheidung zwischen Objektivationsformen des Geistes und realem Sein und Werden, zwischen Logos- und Wirklichkeitswissenschaften (Theorie des objektiven Geistes. Eine Einleitung in die Kulturphilosophie, Leipzig 1923, Leipzig/Berlin [4]1966; Soziologie als Wirklichkeitswissenschaft, Leipzig 1930, [2]Stuttgart 1964); *A. Webers* (1868–1958) Aufteilung in Kultur, Zivilisation und Gesellschaft (Kulturgeschichte als Kultursoziologie, Leiden 1935, München [2]1950); *M. Schelers* (1874–1928) auch für die Wissenssoziologie bedeutsame Differenzierung zwischen Real- und Idealfaktoren (Die Wissensformen und die Gesellschaft . . ., Leipzig 1928, Gesammelte Werke, Bd. 8, Bern/München 1960); *O. Spenglers* (1880-1936) mehr pessimistische Kulturtheorie (Der Untergang des Abendlandes; Umrisse einer Morphologie der Weltgeschichte, Bd. 1, Leipzig/Wien 1918, Bd. 2, München 1922, Neuauflage, 2 Bde. München 1959, Sonderausgabe in 1 Bd., München 1963); von diesem stark beeinflußt *A. J. Toynbees* mehrbändige universalgeschichtliche Zusammenschau der Kulturen (A Study of History, London 1934 ff.).

c) Beim Thema *Naturvölker und Kulturvölker* geht es zum einen um entwicklungsgeschichtliche Vorstellungen, wobei die unterstellten Entwicklungen entweder mehr positiv oder mehr negativ eingeschätzt werden. So deuten die einen unter dem starken Einfluß vor allem der Aufklärung die bisherige Menschheitsgeschichte insgesamt als Fortschritt, während die anderen eher kritisch eingestellt sind und beispielsweise auf einen ursprünglichen Naturzustand hinweisen, der aus verschiedenen Gründen verlorenging (vgl. 9.1 und Anm. 20). Zum anderen, wenngleich nicht ohne jeden Zusammenhang damit, geht es um verschiedene wissenschaftliche Disziplinen und deren Abgrenzung – wobei dann erneut die schon skizzierte Problematik der Kulturbegriffe auftaucht. Erwähnt seien so gängige Bezeichnungen wie Cultural Anthropology, Kulturanthropologie, Sozialanthropologie, Ethnosoziologie, Ethnologie und Völkerkunde, deren Vertreter sich mit Gesellschaften/Kulturen sei es als ›Naturvölker‹, sei es als ›Kulturvölker‹ je einzeln oder vergleichend beschäftigen – wenngleich inzwischen nicht nur die Grenzen zwischen diesen Disziplinen und zur Soziologie hin fließend geworden sind, sondern auch eine früher übliche Trennung zwischen Naturvölkern und Kulturvölkern ihren Sinn verloren hat. Übersichten bieten *W. E. Mühlmann:* ›Ethnologie und Völkerpsychologie‹, in: Handwörterbuch der Sozialwissenschaften, Stuttgart/Tübingen 3 (1961); *H. Trimborn:* ›Völkerkunde‹, in: Staatslexikon, Freiburg 8 (1963); *J. H. Greenberg:* ›Cultural Anthropology‹ sowie *R. Firth:* ›Social Anthropology‹, in: International Encyclopedia of Social Sciences, 1 (1968). Nur einige bedeutende Forscher seien hier namentlich erwähnt, so *R. Linton, A. R. Radcliffe-Brown, A. L. Kroeber, G. P. Murdock, Cl. Kluckhohn, R. Benedict, M. Mead, M. J. Herskovits, G. F. Nadel, B. Malinowski.*

11. Der mit dem Wort SOZIALE ROLLE gemeinte Tatbestand interessiert nicht nur in der Soziologie; entsprechend zahlreich sind die Abhandlungen. Hinzu kommen manche unterschiedliche Erkenntnisinteressen und Denkansätze innerhalb einzelner Disziplinen; entsprechend verschieden sind die Betrachtungsebenen und Schlußfolgerungen.

a) Zur Geschichte des *Rollenbegriffs*, der vor allem auf den Kulturanthropologen *R. Linton* (The Study of Man, New York/London 1936) zurückgeht, informiert neuerdings zusammenfassend *D. Claessens* in: Rolle und Macht, München 1968, insbesondere S. 12 ff. Eine weitreichende und lang anhaltende Diskussion beginnt in Deutschland mit *R. Dahrendorfs:* Homo Sociologicus..., zuletzt Köln/Opladen [7]1968. Daran entzündete sich ein heftiger Streit. *F. H. Tenbruck* (›Zur deutschen Rezeption der Rollentheorie‹, in: Kölner Zeitschrift ..., 13 [1961] S. 1 ff.) kritisierte unter anderem, daß von einer »Priorität der negativen Sanktionen« ausgegangen werde, die Rolle letztlich als etwas dem Menschen aufgezwungenes erscheine, »ihrem Wesen nach als Verfremdung zu verstehen (sei)«, damit praktisch jene Tradition fortgeführt werde, die »Gesellschaft und Individuum trenne und im gesellschaftlichen Sein eine Entfremdung erblicke« (a. a. O., S. 5, 35, 37). Der so gezeichnete ›Homo Sociologicus‹, der nicht lachen und weinen könne, sei aber gar nicht der Mensch, mit dem es die Soziologie zu tun habe. Man müsse schon den Sinn- und Bedeutungsaspekt, die kulturelle Dimension also (5.5), hinzunehmen, um erkennen zu können, daß Gesellschaft nicht notwendigerweise die »ärgerliche Tatsache« sei, als welche sie hingestellt werde. *Dahrendorf* mache sich einer »krassen Reifizierung des nominalen Rollenbegriffs« (a. a. O., S. 32) schuldig, führe einen ›Homunculus sociologicus‹ aus der Retorte vor und spiele fälschlicherweise die Rollenhaftigkeit menschlichen Handelns gegen die Freiheit aus.
Was den Vorwurf der *Reifikation* betrifft, so geht es hierbei um die Frage, ob mit den in der Rollentheorie verwandten Termini bloß etwas skizziert werde, was ›an sich‹ möglicherweise gar nicht existiere – oder ob durch die Begriffe die Wirklichkeit wiedergegeben werde, mithin also das real sei, was in der Rollentheorie über menschliches Handeln ausgesagt werde. – Zur Verdeutlichung dieser Problematik erscheint ein kurzer Rückgriff in die Geschichte der Soziologie angebracht. *G. Simmel* (1858-1918) weist in dem Exkurs ›Wie ist Gesellschaft möglich?‹ (in: Soziologie; Untersuchungen über die Formen der Vergesellschaftung, Leipzig 1908, Berlin [5]1968) darauf hin, daß die Natur für *Kant* »ausschließlich in dem betrachtenden Subjekt zustande (kommt), ausschließlich von ihm an und aus den an sich unverbundenen Sinneselementen erzeugt (wird)«. Nicht so Gesellschaft in soziologischer Sicht. Bei Kant handelt es sich um die »Aufsuchung der Formen, die das Wesen unseres Intellekts ausmachen und damit die Natur als solche zustande bringen«. Dagegen sind die gesellschaftlichen Elemente, das sind die Individuen, immer schon verbunden. »Die Gesellschaft ist die objektive, des in ihr nicht mitbegriffenen Beschauers unbedürftige Einheit« (S. 22). Deshalb kann es für *Simmel* ›nur‹ noch darum gehen, die logischen Voraussetzungen aufzuspüren, aufgrund derer Gesellschaft möglich ist, aufgrund derer die gesellschaftliche Einheit aus Individuen hergestellt wird. Die sind

Inhalt dessen, was Simmel ›soziologische Aprioritäten‹ nennt. Von daher kommt er zu den sozialen Beziehungen/Wechselwirkungen zu Grunde liegenden ›Formen der Vergesellschaftung‹, z. B. Über- und Unterordnung, Konkurrenz, Arbeitsteilung.
Daß in der Rollentheorie – wenngleich auch in abstrahierender Weise – soziale Wirklichkeit in Form geregelten Handelns wiedergegeben wird, ist einer Mehrzahl von Soziologen nicht strittig. Und das gilt auch für *Dahrendorf*, der aber dennoch davor warnt, den als Rollenträger begriffenen Menschen für den ganzen Menschen auszugeben. Die Soziologie sei ja doch eigentlich angetreten, um die Freiheit des Menschen gegenüber überlieferten Ordnungen sozialer Beziehungen zu verteidigen. Nun aber, insbesondere in der Rollentheorie, erscheine der einzelne weithin bloß als ein Rollenbündel. Das Konzept des ›Homo sociologicus‹ sei wissenschaftlich durchaus brauchbar, seine Implikationen für eine gewollte oder nicht gewollte Philosophie seien jedoch untauglich – dann jedenfalls, wenn der so beschriebene ›Mensch‹ nicht lachen und weinen, nicht lieben und hassen könne und überhaupt der freie Mensch zu kurz komme.

b) Wer sich eingehender mit den damals durch *Dahrendorf* erneut aufgeworfenen Fragen nach dem Verhältnis von *Mensch und Gesellschaft* sowie *Freiheit* befassen möchte, dem werden außer *Dahrendorfs* und *Tenbrucks* Aufsätze empfohlen: *H. Schelsky:* Ortsbestimmung der deutschen Soziologie, Düsseldorf/Köln 1959, ³1967 insbes. S. 106 ff.; *A. Gehlen:* ›Rezension des Homo Sociologicus‹, in: Kyklos, 1959, S. 644 ff.; *H. Plessner:* ›Soziale Rolle und menschliche Natur‹, in: Erkenntnis und Verantwortung, Festschrift für Th. Litt, Hrsg., J. Daboher und F. Nicolin, Düsseldorf 1960, S. 150 ff. (neu bei *H. Plessner:* Diesseits der Utopia. Ausgewählte Beiträge zur Kultursoziologie, Düsseldorf 1963, S. 23 ff.); *H. P. Bahrdt:* ›Zur Frage des Menschenbildes in der Soziologie‹, in: Europäisches Archiv für Soziologie, I (1960), S. 1 ff.; *J. Habermas:* ›Zwischen Philosophie und Wissenschaft: Marxismus als Kritik‹, (Vortrag 1960), in: Ders., Theorie und Praxis. Sozialphilosphische Studien, Neuwied/Berlin ²1969, S. 122 ff., insbes. S. 173 ff.; *J. Janoska-Bendl:* ›Probleme der Freiheit in der Rollenanalyse‹, in: Kölner Zeitschrift ..., 14 (1962), S. 459 ff.; *R. König:* ›Freiheit und Selbstentfremdung in soziologischer Sicht‹, in: Freiheit als Problem der Wissenschaft, Berlin 1962, S. 25 ff. (daraus das Zitat auf S. 71 im Text); *D. Claessens:* ›Rolle und Verantwortung‹, in: Soziale Welt, 13 (1963), S. 1 ff. (neu bei D. Claessens: Angst, Furcht und gesellschaftlicher Druck, Dortmund 1965, S. 102 ff.); *J. Ritsert:* Handlungstheorie und Freiheitsantinomie, Berlin 1966, insbes. S. 9 ff.; *H. Popitz:* Der Begriff der sozialen Rolle als Element der soziologischen Theorie, Tübingen (1967) ²1968.

c) Die im Text und auch gerade vorhin nur grob skizzierte Thematik läßt sich schlagwortartig kennzeichnen mit *Rolle – Identität – Entfremdung.*
M. Horkheimer, Th. W. Adorno heben in: Dialektik der Aufklärung, (Amsterdam 1947) Frankfurt 1969, ab auf Lebensbedingungen insbesondere in der Spätphase der bürgerlichen Gesellschaft und sie verweisen auf den bloßen Schein von Individualität als Folge weit- und tiefgreifender Repression. In den meisten Werken von Vertretern der Frankfurter Schule ist dieses Thema zentral (Anm. 7). (Kurze Übersicht über verschiedene Positionen bietet *A. Hahn:* ›Soziale Rolle‹, in: Staatslexikon, Freiburg 11 [1970]; daraus das Zitat auf S. 77 im Text, im Artikel Sp. 237.) Zitat von *Mitscherlich* auf S. 72 in: Der Spiegel, 53 (1970), S. 86.
Weniger widersprüchlich, wenngleich verständlicherweise ebenfalls nicht glatt aufgehbar, erscheinen ›Mensch‹ und ›Gesellschaft‹ in der Arbeit von *P. L. Berger, Th. Luckmann:* Die gesellschaftliche Konstruktion der

Wirklichkeit ..., Frankfurt/Hamburg 1969 (daraus die im Text verwandten Begriffe ›Typisierte Handlungen‹ und ›Typen von Handelnden‹ sowie das Zitat auf S. 78 im Text, im Buch S. 175). In voller Breite entfaltet *H. P. Dreitzel* in: Die gesellschaftlichen Leiden und das Leiden an der Gesellschaft. Vorstudien zu einer Pathologie des Rollenverhaltens, Stuttgart 1968, die Rollentheorie, die anthropologische Dimension des Rollenbegriffs, die Notwendigkeit von Ergänzungen des Rollenbegriffs, Verhaltensstörungen als Folge von Rollenkonflikten bis hin zur Rollenanalyse pathologischen Verhaltens. Dort auch Hinweise auf Rollendistanz in Anlehnung an *E. Goffman* und *L. A. Coser*, S. 212 ff. Beachtenswert in diesem Zusammenhang *J.-P. Junker:* Entfremdung von der Rolle. Ein Nachtrag zu *Goffmans* Konzept der Rollendistanz, Bern/Stuttgart 1971. – Hier schon wichtig *J. Habermas:* Thesen zur Theorie der Sozialisation; Stichworte und Literatur zur Vorlesung im Sommer-Semester 1968 (als Broschüre [Raubdruck?] erhältlich). Kritisiert werden: (1) die Integrationstheorie, d. h. Kongruenz zwischen Wertorientierung und Bedürfnisdisposition. Dagegen: Repressionstheorie; (2) die Identitätstheorie, d. h. Kongruenz zwischen Rollendefinition und Rolleninterpretation. Dagegen: Diskrepanztheorie; (3) die Konformitätstheorie, d. h. Kongruenz zwischen institutionalisiertem Wert und internalisiertem Wert. Dagegen Autonomietheorie.

12. Die Vermittlung von ›Mensch‹ und ›Gesellschaft‹ geschieht — sofern sie überhaupt geschieht — in der SOZIALISIERUNG. Das erklärt die Aktualität dieses Themas in den verschiedenen Humanwissenschaften.

a) Über die Notwendigkeit der *zweiten Geburt* bzw. *sozialkulturellen Geburt* und des *Aufbaus der sozialkulturellen Persönlichkeit* vgl. schon die in Anm. 4 genannten Arbeiten, vor allem die von *A. Gehlen* und *A. Portmann.* Informativ *D. Claessens:* Familie und Wertsystem. Eine Studie zur ›zweiten, sozio-kulturellen Geburt‹ des Menschen, Berlin 1962, ² 1967, insbesondere S. 69 ff. – Materialreich, wenngleich auch den Vorgang der eigentlichen zweiten Geburt übergreifend, *G. Wurzbacher* (Hrsg.), Der Mensch als soziales und personales Wesen. Beiträge zu Begriff und Theorie der Sozialisation, Stuttgart 1963. *P. Fürstenau* referiert neuerdings zusammenfassend psychoanalytische, psychologische, kultur-anthropologische und soziologische Beiträge in seinem Buch: Soziologie der Kindheit, Heidelberg 1969.
Speziell zur Bedeutung der *emotionalen Fundierung* siehe unter anderem: *R. König:* ›Soziologie der Familie‹, in: A. Gehlen, H. Schelsky (Hrsg.), Soziologie. Lehr- und Handbuch zur modernen Gesellschaftskunde, Düsseldorf 1955, ⁶1966 S. 121 ff., vor allem S. 145 ff.; Ders.: ›Sozialpsychologie der gegenwärtigen Familie‹, in: Ders., Soziologische Orientierungen, Köln/Berlin 1965 (daraus das Zitat im Text S. 83, im Buch S. 30); *E. H. Erikson:* Kindheit und Gesellschaft, (New York 1950) dt. Stuttgart ³ 1968 (daraus Hinweis im Text S. 83, im Buch S. 242); *D. Claessens:* a. a. O.; *R. Spitz:* Die Entstehung der ersten Objektbeziehungen, Stuttgart ²1960; Ders.: Vom Säugling zum Kleinkind. Naturgeschichte der Mutter-Kind-Beziehungen im ersten Lebensjahr, (New York 1965) dt. Stuttgart 1967; Ders.: ›Hospitalismus‹, in: A. Mitscherlich u. a. (Hrsg.), Der Kranke in der modernen Gesellschaft, Köln/Berlin 1967, S. 172 ff.

b) Die Darstellung über *sozialen Erwerb des Selbst* orientiert sich im wesentlichen an *F. H. Tenbrucks* zusammenfassender Arbeit Geschichte und Gesellschaft, Habilitationsschrift Freiburg 1962 (unveröffentlicht), aus der auch das Zitat auf S. 84 im Text entnommen ist. Bezug genommen wird darin vor allem auf *Ch. H. Cooley* (Human Nature and the Social Order

[1902] Glencoe/Ill. ²1956, Paperback New York 1964; Social Organization: A Study of the Larger Mind, [1909], Glencoe/Ill. ²1956, Paperback New York 1962) sowie *G. H. Mead* (Geist, Identität und Gesellschaft, [Chicago 1934] dt. Frankfurt 1968). Vgl. auch *P. L Berger, Th. Luckmann:* Die gesellschaftliche Konstruktion der Wirklichkeit..., Frankfurt 1969, insbesondere S. 139 ff. – Zur psychoanalytischen Konzeption siehe die einschlägigen Arbeiten von *S. Freud.* Zusammenfassung z. B. *H. Fend:* Sozialisierung und Erziehung. Eine Einführung in die Sozialisationsforschung, Weinheim usw. ³ 1970, vor allem S. 16 ff. sowie *P. Fürstenau:* a. a. O.

c) Abgrenzungen zwischen und Aussagen über die Bedeutung von *primärer und sekundärer Sozialisierung* – Zitat im Text S. 86 aus *W. Rüegg:* Soziologie, Frankfurt 1969, S. 95 – betreffen in besonderer Weise gesamtgesellschaftliche Bezüge, weil Reichweite der primären und Stellenwert der sekundären Sozialisation nach Gesellschaftstypen (7.3) verschieden sind.
Angesprochen ist damit auch das Verhältnis von primären und sekundären Gruppen (4.6), das als Thema seit Beginn soziologischen Denkens aktuell ist. Das erklärt sich zunächst aus Problemen beim Übergang von Agrar- zur Industriegesellschaft. Das tiefe Erschrecken über die Begleiterscheinungen beginnender Modernität war Anlaß für viele Denker, die Vergangenheit eher positiv und die Gegenwart eher negativ zu bewerten. Obwohl nicht allein so verfahrend, hat doch vor allem *F. Tönnies* (1855–1936) in seiner Theorie Gemeinschaft und Gesellschaft der Grundstimmung damals gültigen Ausdruck verliehen, indem er (unter anderem) als ein historisches Gesetz die Entwicklung von Gemeinschaft zur Gesellschaft behauptete, welche ihm bei aller Einsicht in die Enge gemeinschaftlicher Verhältnisse, bei allem Verständnis für die Vorteile neuzeitlich-gesellschaftlicher Strukturen und bei aller Hoffnung auf eine zukünftige Symbiose guter gemeinschaftlicher und guter gesellschaftlicher Elemente dennoch problematisch erschien. Auch in den Arbeiten anderer Forscher mischen sich zutreffende Einsichten in veränderte Wirklichkeiten und deren Auswirkungen mit bedauernd-resignierenden Aussagen über den Bedeutungsverlust primärer Bindungen und die Allmacht sekundärer Systeme. Die Machbarkeit der Sachen; die Organisierbarkeit der Arbeit; die Verwaltung von Sachen; die Vereinzelung des einzelnen; Entfremdung, Masse, Anpassung; Sekundäre Systeme – alles Kapitelüberschriften aus dem Buch von *H. Freyer:* Theorie des gegenwärtigen Zeitalters, Stuttgart 1956, waren und sind gängige Vokabeln rechts und links und in der Mitte und man findet ganz oder teilweise sachlich entsprechende Aussagen sowohl in Äußerungen wie innengeleitete und außengeleitete Menschen *(D. Riesman:* Die einsame Masse. Eine Untersuchung der Wandlungen des amerikanischen Charakters, [New Haven 1950] dt. Hamburg 1958) als auch bei Vertretern der Neuen Linken, von denen hier nur *H. Marcuse* mit dem bezeichnenden Buchtitel: Der eindimensionale Mensch. Studien zur Ideologie der fortgeschrittenen Industriegesellschaft, (Boston 1964) dt. Neuwied/Berlin ² 1970, genannt werden soll.
Was zunächst und lange Zeit als Phänomen des Übergangs angesehen wurde, erweist sich inzwischen als vorerst wohl unaufhebbarer Bestandteil hochindustrialisierter, hochgradig differenzierter und verwalteter sowie sich rasch und anhaltend wandelnder Gesellschaften. Primärgruppen gibt es nach wie vor – und wenn *Ch. H. Cooley* (a. a. O.) zwischen primären und sekundären Gruppen unterscheidet und eine Bedeutungszunahme der letzteren feststellt, so weist er doch zugleich hin auf die für die menschliche Natur unaufgebbaren primären Kontakte. Das Problem liegt sozusagen im Handlungsspielraum der in diesem Zusammenhang vor allem bedeutenden Primärgruppe Familie, die eben nicht schlechthin losgelöst vom außerfamilären Bereich existieren kann, sondern die ihrerseits unter dem starken Einfluß sekundärer

Systeme steht. Mehr darüber erfährt man aus Ergebnissen der Soziologie der Familie, der Jugend, des Berufs und der Arbeitswelt. Hier genügt es, die »strukturelle Entmachtung der Familie« – das heißt nicht Bedeutungslosigkeit – zu sehen, ein Aspekt der Sozialstruktur, die »wesentlich über die Familien- und Verwandtschaftsbeziehungen hinausgeht, so daß die Sozialisierung nicht mehr innerhalb der Familie abgeschlossen werden kann« (*F. H. Tenbruck:* Jugend und Gesellschaft. Soziologische Perspektiven, Freiburg 1962, S. 83, 74; zusammenfassende Übersicht neuerdings von *K. Szemkus:* ›Jugend‹, in: Die Moderne Gesellschaft, Freiburg 1972). Wegen der großen Bedeutung sekundärer Gruppen gewinnt die sekundäre Sozialisierung einen besonderen strukturellen Stellenwert. Man verstellte sich den Blick auf die Wirklichkeit, würde man die Verhältnisse vorschnell und einseitig so deuten, wie primäre und sekundäre Gruppen lange Zeit interpretiert wurden. Das zu sehen ist freilich nur eine, die damit einhergehenden Probleme innerhalb primärer und sekundärer Sozialisierung sind eine andere Sache. Insofern bleibt das eingangs skizzierte Thema primäre und sekundäre Gruppen nach wie vor aktuell.

d) Spezielle Studien über *sekundäre Sozialisierung* unter dieser Bezeichnung sind selten. Angesprochen ist der weite Bereich von Schule, Erziehung, Ausbildung, Bildung – worüber es eine Fülle von Literatur gibt. Zusammenfassung z. B. *K. Kippert* (Hrsg.), Einführung in die Soziologie der Erziehung, Freiburg 1970. Als Einzelstudie sei erwähnt *K. Lüscher:* Der Prozeß der beruflichen Sozialisation, Stuttgart 1968.

13. Nach Entsprechungsverhältnissen zwischen GESELLSCHAFTEN UND PERSONTYPEN zu fragen, erscheint manchen Wissenschaftlern problematisch, weil man sich notgedrungen auf einer vergleichsweise abstrakten Ebene bewege, auf der zu empirisch ausreichend belegten Aussagen zu kommen jedenfalls außerordentlich schwierig sei.

a) Die Ausführungen bezüglich Aufbau stabiler Rollenverhältnisse sind im Grunde bloß Variationen der Themen Rolle und Sozialisierung (Anmerkungen 8 und 12). Wie bedeutsam der gemeinte Tatbestand ist, wird in Verbindung mit abweichenden Sozialisationsvorgängen noch deutlicher (7.4 und Anmerkung 14). Hier interessiert dieser Komplex nur insoweit, als – so die These – innerhalb einzelner Gesellschaften in der primären Sozialisierung mit der Einübung von Rollen und im Aufbau stabiler Rollenverhältnisse gesellschaftspezifische Grundwerte eingepflanzt werden. Zum Begriff basic personality structure und modale Persönlichkeit vgl. *A. Kardiner:* The Individual and his Society, New York 1939; Ders., *R. Linton:* The Psychological Frontiers of Society, New York 1945. Über verschiedene theoretische Ansätze und die dabei auftauchenden wissenschaftlichen Probleme informiert ausreichend *P. R. Hofstätter:* Einführung in die Sozialpsychologie, Stuttgart/Wien 1954, [4]1966.

b) Vorstellungen über gesellschafts-/kulturspezifische Charakterzüge liegen vielen Arbeiten teils explizit teils implizit zugrunde. Die im Text beispielhaft genannten Abhandlungen stammen von *D. Riesman:* Die einsame Masse ..., (New Haven 1950) dt. Hamburg 1958 – Zitat im Text S. 90 f., im Buch S. 61; *M. Mead:* Geschlecht und Temperament ..., Reinbek 1959; *A. Gehlen:* Die Seele im technischen Zeitalter ..., Tübingen 1949, Hamburg [2]1957; *A. Mitscherlich:* Auf dem Wege zur vaterlosen Gesellschaft ..., München 1963; *H. Marcuse:* Der eindimensionale Mensch ..., Neuwied/Berlin 1967 – daraus Zitat im Text S. 91, im Buch S. 22 ff.

Sachlich enge Zusammenhänge zwischen basic personality structure einerseits und *Nationalcharakter, Volkscharakter* usw. sind offenkundig. Über die ältere sogenannte Völkerpsychologie, wie sie etwa von *M. Lazarus* (1864–1903) und *H. Steinthal* (1823–1899) mit ihrer Zeitschrift für Völkerpsychologie vertraten, informieren einschlägige dogmengeschichtliche Abhandlungen. *W. Hellpachs:* Einführung in die Völkerpsychologie, erstmals in Stuttgart 1936 erschienen, wurde 1954 zum dritten Mal aufgelegt. Variationen dieses Themas finden sich in neuerer Zeit beispielsweise auch bei *G. Gorer:* Die Amerikaner. Eine völkerpsychologische Studie, Hamburg 1949. *M. Mead* schrieb über ›National Character‹ in: A. L. Kroeber (Hrsg.), Anthropology To-Day, Chicago 1953. – Neuere grundsätzliche und systematische Arbeiten gibt es von *F. H. Tenbruck:* Geschichte und Gesellschaft, Habilitationsschrift Freiburg 1962 (unveröffentlicht); eine Kurzfassung von Dems.: ›Gesellschaft und Gesellschaften: Gesellschaftstypen‹, in: Die Moderne Gesellschaft, Freiburg 1972; *P. L. Berger, Th. Luckmann:* Die gesellschaftliche Konstruktion der Wirklichkeit . . ., Frankfurt/Hamburg 1969, insbes. III. 2: Internalisierung und Gesellschaftsstruktur sowie III. 3: Gedanken über Identitätstheorien, S. 174 ff., 185 ff.

14. Beim Thema ABWEICHENDE SOZIALISATIONSVORGÄNGE bzw. SOZIALISATIONSSCHÄDEN mischen sich soziologische, kulturanthropologische, sozialpsychologische und sonstige psychologische Aussagen unentwirrbar.

a) Zum Thema *Familien- und Verwandtschaftsstrukturen* vgl. *G. P. Murdock:* Social Structure, New York 1949; *R. König:* ›Familie und Familiensoziologie‹, in: W. Bernsdorf (Hrsg.), Wörterbuch der Soziologie; Ders.: ›Soziologie der Familie‹, in: A. Gehlen, H. Schelsky (Hrsg.), Soziologie. Ein Lehr- und Handbuch zur modernen Gesellschaftskunde, Düsseldorf/Köln 1955, [6]1966, S. 121 ff. (daraus das Zitat im Text S. 92, im Buch S. 146); *F. Neidhardt:* Die Familie in Deutschland, Opladen 1966, [2]1970, Teil II: Definition und Theorie der Familie, S. 6 ff. – Über einzelne Familien- und Verwandtschaftsformen vgl. unter anderem: *F. L. Hsu:* Under the Ancestors Shadow, New York 1948; *A. R. Radcliffe-Brown; D. Forde* (Hrsg.), African Systems of Kinship and Marriage, London 1950; *F. Trappe:* Soziologie der japanischen Familie, Münster 1955; *B. Malinowski:* The Family among the Australian Aborigines, New York 1963; O. *Lewis:* Die Kinder von Sanchez . . ., Düsseldorf 1964; *Ph. Ariès:* L'enfant et la famille, Paris 1960; *L. Schücking:* Die Familie im Puritanismus, Berlin 1929; *M. Horkheimer* (Hrsg.), Studien über Autorität und Familie, Paris 1936.
Zum allgemeinen *Stand der Familiensoziologie* vgl. *R. König:* ›Soziologie der Familie‹, in: Ders. (Hrsg.), Handbuch der empirischen Sozialforschung, Band II, Stuttgart 1969, S. 172 ff.; und *G. Lüschen, E. Lupri* (Hrsg.), Soziologie der Familie. Kölner Zeitschrift für Soziologie und Sozialpsychologie, Sonderheft 14, Opladen 1970. Speziell zu Familie und Autorität vgl. *A. Mohr-Scheuch, G. Feger:* Zum Problemkreis Autorität und Familie in der Familiensoziologie, Soziologische Studien (Institut für Soziologie an der Universität) Freiburg, Nr. 2, [2]1971. Insbesondere über Bedeutung und Funktion der Liebe für Eheschluß und eheliches Zusammenleben informiert *W. J. Goode:* ›The theoretical importance of love‹, in: R. J. Winche u. a. (Hrsg.), Selected Studies in Marriage and Family, New York 1962, S. 455 ff.; Ders.: Die Struktur der modernen Familie, Köln/Opladen 1966, Teil VI: Die moderne Kernfamilie, S. 76 ff. – Zum Thema Überemotionalisierung siehe neuerdings *F. Neidhardt:* ›Strukturbedingungen und Probleme familiärer Sozialisation‹, in: Ders., E. Lupri (Hrsg.), Soziologie der Familie. . ., a. a. O., S. 144 ff.; *D. Claessens, W. Menne:* ›Zur Dynamik der bürgerlichen Familie und ihrer möglichen Alternative‹, in: a. a. O., S. 169 ff.

b) *Kleinfamilie, Liebe* und *Überemotionalisierung* werden meistens zusammen mit dem Funktionsverlust der Familie diskutiert, der mit einer Aufwertung des ehelichen und familiären Binnenraumes einhergeht. Man spricht von Individualisierung der Ehe und von individualistischem Eheideal. Sicherlich gründen Ehen nicht schlechthin und ausschließlich in emotionalen Beziehungen. Worauf es hier aber ankommt, sind mögliche Diskrepanzen zwischen weit verbreitetem Leitbild und Wirklichkeit. Nach wie vor gibt es zahlreiche Umstände, die auf ein weiteres Zusammenleben auch dann hinwirken, wenn die emotionale Basis brüchig geworden ist – mit der Folge von Konflikten als Ausdruck tiefgreifender Spannung zwischen enttäuschten Erwartungen und Verpflichtung. Weiterreichende verallgemeinernde Aussagen sind jedoch kaum möglich, und das betrifft vor allem eventuelle Auswirkungen solcher Konflikte auf Kinder.

Vgl. dazu *G. Bateson, D. D. Jackson, R. D. Laing, Th. Lidz, L. C. Wynne* u. a.: Schizophrenie und Familie, Frankfurt 1970 (Zitat im Text S. 94 a. a. O. S. 108, 109, 110); *J. Habermas:* Thesen zur Soziologie der Sozialisation. Stichworte und Literatur zur Vorlesung im Sommer-Semester 1968 (als Broschüre [Raubdruck?] erhältlich), insbesondere S. 32 ff., 44 ff.; kurze informative Übersicht von *Y. Schütz:* ›Abweichende Sozialisationsvorgänge‹, in: Nachrichtendienst des Deutschen Vereins für öffentliche und private Fürsorge, 1 (1970), S. 13 ff. Hier auch beachtenswert *Neidhardt* sowie von *Claessens, Menne:* a. a. O. Bedeutsam schließlich von *H.-E. Richter:* Eltern, Kind und Neurose. Psychoanalyse der kindlichen Rolle, Stuttgart [2]1967, sowie: Patient Familie. Entstehung, Struktur und Therapie von Konflikten in Ehe und Familie, Reinbek 1970.

c) Über mögliche Auswirkungen eines *Pluralismus* (7.4.4.) sind verallgemeinernde Aussagen sehr problematisch. Der Hinweis im Text S. 96 stammt von *D. Riesmann:* Die einsame Masse..., a. a. O. (S. 36). Dabei ist nicht nur Normpluralismus, sondern auch vorerst vermutlich anhaltender sozialer Wandel zu beachten. Für den Bereich der Handlungsziele und der Legitimierung von Handeln geht es nicht zuletzt um das Verhältnis von inneren und äußeren Kontrollen (schon 7.3.2 und später Anmerkung 15). Nach *Riesman* sind außengeleitete Menschen solche, deren Handeln stärker von äußeren als von inneren Kontrollen beeinflußt ist, statt fester Überzeugungen mehr ad hoc-Orientierung je nach wechselnden Situationen und Anforderungen – was ebenfalls gelernt sein will. Über die Folgen einer vergleichsweisen offenen Sozialisierung ist wenig Gesichertes bekannt. Immerhin gibt es einige Anzeichen für Handlungsunsicherheit angesichts erlebter Normwidersprüche und Normschwäche, die ihrerseits als Momente der Sozialstruktur anzusehen und also auch nicht ohne weiteres aufhebbar sind. – Zitat im Text S. 96 aus *J. Habermas:* a. a. O., S. 22; von *E. K. Scheuch:* ›Bereiten die Studenten den Bürgerkrieg vor?‹, in: Beiträge zur Marktforschung, 5/6 (1968), S. 18; dort auch *J. Habermas:* ›Protestbewegung und Hochschulreform‹, S. 34 ff.

d) Zum Komplex *Ehescheidung* vgl. die einschlägige familiensoziologische Literatur. Zitat im Text S. 97 über Sozialisationsschäden aus *F. Neidhardt:* a. a. O., S. 148, über die Normalität von Ehescheidung *R. Mayntz*: Die moderne Familie, Stuttgart 1955. – In der Abhandlung von *Neidhardt* wird auch auf die komplexe Problematik der außerhäuslichen Erwerbstätigkeit der Mutter hingewiesen. Vgl. dazu auch *E. Pfeil*: Die Berufstätigkeit von Müttern, Tübingen 1961; *A. Myrdal*, *V. Klein*: Die Doppelrolle der Frau in Familie und Beruf, (London 1936) dt. Köln/Berlin [3]1971; *E. M. Kätsch:* Langfristige Bestimmungsgründe der Erwerbsttätigkeit verheirateter Frauen,

Köln/Opladen 1965; *E.-M. Dennebaum*: Berufstätigkeit und Lebensphasen verheirateter Frauen, Diss. Köln 1970.

15. Systematische Abhandlungen zum Thema SOZIALE KONTROLLE unter der Bezeichnung soziale Kontrolle sind selten, obwohl vor allem in der amerikanischen Literatur, insbesondere früher, häufiger als bei uns. Kurze lexikalische Übersicht unter besonderer Berücksichtigung amerikanischer Literatur und der vielfältigen Wortbedeutungen bei *K. H. Wolff*: ›Soziale Kontrolle‹, in: Wörterbuch der Soziologie; *J. R. Pitts, A. Etzioni*: ›Social Control‹, in: International Encyclopedia of Social Sciences, 14 (1968). Systematische Einzelabhandlung von *A. K. Cohen:* Abweichung und Kontrolle, dt. München 1968.

a) Die Ausgrenzung des gemeinten Sachverhalts wirkt unter Umständen (allzu) künstlich, weil ja soziale Kontrolle im menschlichen Zusammenleben auf verschiedenen Ebenen auf vielfältige Weise wirksam ist. Das Thema ist jedenfalls explizit oder implizit überall dort aktuell, wo von Gesellschaft, Gruppe, Rolle, Norm, Recht, Sitte, Brauch, Kultur, Sprache, Religion, Sozialisierung, Resozialisierung, Erziehung, Lernen, Schule, Macht, Herrschaft, Vorurteile, Diskriminierung und anderem mehr die Rede ist, ohne daß in jedem Fall der Terminus soziale Kontrolle benutzt wird. Lesenswert *G. C. Homans*: Theorie der sozialen Gruppe, (New York 1951) dt. Köln/Opladen [3]1968, wo der gemeinte Sachverhalt zwar in einem Kapitel gesondert abgehandelt, aber zugleich in größerem Zusammenhang gesehen wird. Ansonsten zahlreiche Studien, in denen Arten sozialer Kontrolle innerhalb einzelner Lebensbereiche hinsichtlich verschiedener Abweichungen abgehandelt werden. Beachtenswert etwa *E. Goffman*: Stigma. Über Techniken der Bewältigung beschädigter Identität, (New York 1963) dt. Frankfurt 1967. Für das weite Gebiet der Kriminalität und sonstigen Devianz sei hier nur beispielhaft erwähnt *L. Gravenhorst*: Soziale Kontrolle. Fallstudien an weiblichen Insassen eines Arbeitshauses, Frankfurt 1970.

b) Gerade weil das Wort soziale Kontrolle oft zusammen mit solchen Handlungsfeldern benutzt wird, kann man »bei der Untersuchung der sozialen Kontrolle. . .hoffnungslos fehl gehen, wenn man glaubt, daß diese immer in den Händen der Polizei, der Staatsanwälte, der Richter und so weiter liegen muß. Historisch gesehen tritt diese Art der sozialen Kontrolle, die wir als die äußere bezeichnen, erst spät auf« *(Homans*: a. a. O., S. 273). Zwischen *äußeren Kontrollen* und *inneren Kontrollen* zu unterscheiden, empfiehlt sich sehr, will man nicht dem Fehler verfallen, menschliches Handeln als sozial geregeltes Handeln ausschließlich als durch äußeren Zwang bedingt anzusehen, der zudem noch als solcher negativ empfunden wird. Es gibt nämlich wesentlich auch die Hin- und Annahme von Normen im Prozeß der Verinnerlichung. Sicherlich ändert das Einverständnis mit gesellschaftlichen Ansprüchen nichts an deren verpflichtenden Charakter. Dennoch gibt es diese Einverständnisse, und ein bestimmtes Maß von Verinnerlichung ist sicherlich eine Bedingung für menschliche Existenz. Andererseits gilt natürlich auch, daß menschliches Handeln nachteilig beeinflußt ist, wenn das Gefühl negativ empfundener gesellschaftlicher Ansprüche im Sinne von Zumutungen überwiegt. Wie dem aber auch im einzelnen sein mag: jedenfalls das »Individuum wird von der Gesellschaft nicht [nach Art äußerer Kontrollen bloß] äußerlich domestiziert und beherrscht, sondern als Person erst ermöglicht, (weshalb) Selbstverständnis wie Handlungsspielraum fundamental strukturiert sind« *(F. H. Tenbruck*: ›Soziale Kontrolle‹, in: Staatslexikon, Freiburg 7 [1962]). Sieht man das, was mit dem Begriff innere

Kontrolle im Kern gemeint ist, auf dem Hintergrund der unaufhebbaren sozialen Formung des Menschen, die eben nicht bloße Domestikation und Dressur, sondern Aufbau der Person und Grundlegung für Handlungssicherheit bedeutet, dann zeigt sich, wie wenig es einbringt, ausschließlich oder vorwiegend auf Zwang und auf subjektiv empfundene Zumutungen abzuheben. Gesellschaft muß eben nicht schlechthin die »ärgerliche Tatsache« sein, wie *R. Dahrendorf* meinte (Homo Sociologicus ...), und die Sache wird auch keineswegs deutlicher, wenn man nun auch noch die »Sanktionszuweisungen [als] die ›ärgerlichen Taten der Gesellschaft‹« bezeichnet *(K. F. Schumann:* Zeichen der Unfreiheit. Zur Theorie und Messung sozialer Sanktionen, Freiburg 1968, S. 11).

c) Es sind natürlich gesellschaftliche Zustände denkbar, in denen auffällig vielen Menschen die Normen fragwürdig erscheinen und bei denen das Konflikterlebnis überwiegt. In anderem Zusammenhang heißt es bei *A. Gehlen*: »Man beobachtet heute eine Allgegenwart, Stärke und zugleich Verunsicherung des Geltungsbedürfnisses, die wohl historisch ohne Vergleiche sind...Aber man darf nicht vergessen, daß die anscheinend allgegenwärtige Selbstwert-Problematik der individuelle Reflex einer soziologischen Tatsache ist, nämlich das Fehlen als selbstverständlich hingenommener sozialer Ränge, bei deren Vorhandensein eine individuelle Selbstwertproblematik gar nicht möglich wäre« (Die Seele im technischen Zeitalter. Sozialpsychologische Probleme in der industriellen Gesellschaft, Tübingen 1949, Hamburg ²1957, S. 65). Über Einzelheiten dieser These läßt sich sicherlich streiten, nur: das Interesse an veränderter Wirklichkeit, an fehlenden eindeutigen und verbindlichen Maßstäben, an Identitätskrisen und an Handlungsunsicherheit zeichnet soziologisches Denken seit seinen Anfängen aus. Und das mag ein wesentlicher Grund dafür sein, daß der hier verhandelte Sachverhalt mit dem Wort ›Kontrolle‹ bezeichnet wird, das zugleich oftmals jenen Beigeschmack hat, wonach selbst Handeln aus Einverständnis, Gesinnung und Überzeugung als pure Selbsttäuschung erscheint, dessen man sich gefälligst bewußt werden sollte, um zu sich selbst kommen zu können.

16. Das Thema UNIVERSALITÄT VON ABWEICHUNGEN bzw. NORM UND ABWEICHUNG ist in der philosophischen Diskussion über Freiheit seit eh und je zentral.

a) Die Soziologie verdankt *E. Durkheim* (1858–1917) entscheidende Vorarbeiten und Einsichten: Regeln der soziologischen Methode ..., Neuwied 1961, insbesondere drittes Kapitel: ›Regeln für die Unterscheidung des normalen und des pathologischen‹, S. 141 ff. Daraus stammen die Hinweise auf individuellen Organismus (S. 159) und das Klosterbeispiel (S. 158). Letzteres ist eingebettet in weiterführende Überlegungen bezüglich Kriminalisierung der Mißachtung persönlicher Würde wie Verleumdungen, Beleidigungen, Ehrabschneidung und Betrug, was alles im Zusammenhang mit einer Abnahme von Gewalttätigkeit gegen Personen gesehen wird. Mit der Kriminalisierung bislang nicht kriminalisierter Handlungen (im Text 8.2.1) ist ein grundsätzliches Thema angeschnitten, nämlich die zunehmende Bedeutung der (Straf-)Rechtsnormen. Darüber sowie über verschiedene wissenschaftliche Ansichten und Erklärungsversuche neuerdings zusammenfassend *F. Sack:* ›Probleme der Kriminalsoziologie‹, in: R. König (Hrsg.), Handbuch der empirischen Sozialforschung, Band II, Stuttgart 1969, S. 961 ff. Daraus der auf S. 103 erwähnte Ausspruch von *S. H. Kadish:* »Krise der Überkriminalisierung«.

b) Hinzunehmen sollte man allerdings den *Einfluß der Wissenschaften* und die unter 8.2.3 erwähnte »Abdrängung des Täters in die Kategorie des Kranken, des Nicht-Verantwortlichen« *(F. Sack:* a. a. O., S. 988). Die »medicalisation of deviance« ist zwar verständlich, sie könnte aber auch weiterreichende Auswirkungen haben.
In der Diskussion über Soziologie und Praxis interessiert unter anderem das Thema latente und manifeste Funktionen. Zur Verdeutlichung dieser auf *R. K. Merton* (Social Theory and Social Structure: Toward Codification of Theory and Research, Glencoe/Ill. 1949, [9]1966) zurückgehenden Unterscheidung kann man trennen zwischen Handlungsmotiven und Handlungsfolgen. Die manifeste, d. h. gewollte und beabsichtigte Funktion beispielsweise der Familie ist Zeugung und Sozialisierung – die latente, d. h. von den Beteiligten als solche nicht notwendig wahrgenommene und beabsichtigte Funktion ist die Stabilisierung der Gesellschaft oder einer sonstigen sozialen Gruppe nebst ihrer Normen und Sinngehalte. Indem die Soziologie solche Handlungsfolgen untersucht, macht sie latente Funktionen bewußt. Die Auswirkungen müssen nicht schlechthin negativ sein. Zu beachten ist jedoch, daß »die latenten Funktionen dem Menschen ein Element der subjektiven Handlungssicherheit gerade dadurch sind, daß sie der Reflexion entzogen und damit aus der Komplexität von Entscheidungssituationen herausgenommen sind« *(H. Braun, A. Hahn:* ›Entwicklung der Wissenschaften von der Gesellschaft‹, in: Die Moderne Gesellschaft, Freiburg 1972). In dem hier interessierenden Zusammenhang ist nun zu beachten, daß mehr und mehr psychischen Vorgängen ein immer größeres Gewicht beigemessen wird, was in wissenschaftlicher Sicht auch sinnvoll, vertretbar und notwendig erscheint. Die Konfrontation zahlreicher Menschen mit solchem wissenschaftlichen Wissen kann aber auch zum Nachdenken bei jenen Menschen anregen, die – gemessen an bisherigen Maßstäben – als vergleichsweise ›normal‹ und ›gesund‹ gelten. Damit ist einem psychologisierenden Rätseln über sich selbst Tür und Tor geöffnet. Bisherige Einstellungen und Handlungen erscheinen fragwürdig und bisherige, nach Art latenter Funktionen wirksame Sinndeutungen illegitim. Bis hin zum Gefühl, selbst krank zu sein, ist dann vielleicht manchmal nur noch ein kleiner Schritt. – Im übrigen muß irgendwelches wissenschaftliches Wissen über psychische Zustände und Vorgänge nicht notwendig eine Einstellungsänderung zur Folge haben, die den als psychisch krank definierten Menschen verständnisvoll hinnimmt. Das Wissen über Ursachen solcher Krankheit in Verbindung mit der möglichen Furcht, ebenfalls krank bzw. wegen selbstdiagnostizierter krankhafter Züge entdeckt zu werden, könnte durchaus zu einer verstärkt negativ-ablehnenden Haltung führen – und zwar sowohl sich selbst als auch anderen psychisch kranken Menschen gegenüber. Schließlich ist sogar denkbar, daß der bisher ›normale‹ Mitmensch nunmehr sorgfältig beobachtet und auf psychologisierende Weise interpretiert wird. Bekannt sind ja jene psychoanalytisch/psychotherapeutisch analysierten/behandelten Menschen, die Mitmenschen pausenlos einreden, auch längst fällig zu sein. In der Überzeugung, seine eigene Unangepaßtheit verstanden zu haben und rechtfertigen zu können, hält man sich für berechtigt, den anderen mitleidig-wissend ihre angeblich nichtbewußte Unangepaßtheit bewußt zu machen. Das ist eine Übertragung unter umgekehrten Vorzeichen: Nicht der Patient überträgt positive oder negative Zuwendungen auf den Therapeuten, sondern selbsternannte Quasi-Therapeuten prostituieren ihr scheinbar heiles Inneres in missionarischer Gesinnung. Im übrigen sind die ›Opfer‹ ausgesprochen nützlich, erlauben sie es doch den ›Geheilten‹, sich immer erneut zu bestätigen.

c) Zu der unter 8.2.4 erwähnten *exzentrischen Positionalität* lese man *H. Plessner:* Die Stufen des Organischen und der Mensch, Berlin/

Leipzig 1928, Berlin ²1965 (Zitat im Text S. 106, im Buch S. 311). Sinngemäß (3), (5.1), (5.4), (5.5). Wichtig vor allem die Arbeit von *P. L. Berger, Th. Luckmann:* Die gesellschaftliche Konstruktion ..., dt. Frankfurt/Hamburg 1969, insbesondere Teil II: Gesellschaft als objektive Wirklichkeit, S. 49 ff. Hier wird (unter anderem) ausdrücklich auf *Plessner* verwiesen und die anthropologische Bedeutung der Exzentrizität behandelt. Durch Externalisierung wird Gesellschaft als objektive Wirklichkeit zu Gesellschaft als subjektiver Wirklichkeit (Teil II, S. 139 ff.), wobei jedoch zu beachten ist, daß die »Internalisierung von Gesellschaft, Identität und Wirklichkeit nicht ein für allemal (gilt). Sozialisierung ist niemals total und niemals zu Ende« (S. 148). Es gibt Bewahrung und Verwandlung subjektiver Wirklichkeit. So gesehen beschäftigt sich die Soziologie mit »Gesellschaft als Teil einer menschlichen Welt, geschaffen von Menschen, bewohnt von Menschen, und in unaufhörlichem Prozeß wiederum an Menschen schaffend« (S. 201). – Das belegen unter anderem die im Text auf S. 107 erwähnten Häretiker, Revolutionäre usw. (Zitat aus *R. K. Merton:* a. a. O., S. 183.) Die Geschichte ist angefüllt mit Menschen, die einen »subjektiv gemeinten Sinn« (*M. Weber*) ins Spiel bringen und über die Gesellschaft als subjektive Wirklichkeit die Gesellschaft als objektive Wirklichkeit verändern. Vgl. dazu auch *L. A. Coser:* ›Einige Funktionen abweichenden Handelns und normative Flexibilität‹, in: F. Sack, R. König (Hrsg.), Kriminalsoziologie, Frankfurt 1968, S. 21 ff., insbesondere S. 30 ff., 37.

d) Die schon in 5.5 und Anmerkung 10 erwähnte sowie hier (8.2.4) erneut angesprochene Sinnfrage spielt eine zentrale Rolle in den soziologischen Überlegungen bezüglich *Religion* und Kirche in der Gegenwart. Dieses äußerst schwierige Thema kann hier nicht einmal ansatzweise behandelt werden. Verwiesen wird deshalb auf einige Abhandlungen, deren Lektüre als Einstieg dienen kann – ohne daß mit dieser Titelauswahl irgendeine Vorentscheidung beabsichtigt ist. Neue zusammenfassende Übersichten über verschiedene Positionen von *F. X. Kaufmann:* ›Fragen der Soziologie an die christliche Theologie‹, in: H. Vorgrimler, R. V. Gucht (Hrsg.), Bilanz der Theologie, Bd. 1, Freiburg 1969, S. 246 ff.; *A. Hahn:* ›Religion‹, in: Die Moderne Gesellschaft, Freiburg 1972. Eine Einführung in die Religionssoziologie in zwei Bänden gibt *J. Matthes*, Reinbek 1967. Zentral für die grundsätzliche soziologische Argumentation auf jeden Fall *Th. Luckmann:* Das Problem der Religion in der modernen Gesellschaft, Freiburg 1963. Die Gesamtproblematik greift neuerdings wieder auf *F. H. Tenbruck:* ›Geschichtserfahrung und Religion in der heutigen Gesellschaft‹, in: Ders., G. Klein, E. Jüngel, A. Sand: Spricht Gott in der Geschichte? Freiburg 1972.

17. Bei dem unter 8.3 und 8.4 behandelten Thema NORMALITÄTSBEGRIFFE geht es um wissenschaftliche Probleme der Bestimmung von Normalität und Anormalität und um das Verhältnis von Wissenschaft und Praxis. Beide Problemkreise sind hier besonders aktuell, weil ja die Art und Weise, wie normgerechtes und normverletzendes Handeln und in Verbindung damit Normalität und Anormalität begriffen werden, Ziele und Mittel der Praxis wesentlich beeinflussen bzw. beeinflussen können.

a) Versteht man im Zusammenhang mit dem sogenannten *ontologisch-normativen Theoriebegriff* unter Wissenschaft eine Disziplin, deren Vertreter ausgehen von einem vorgegebenen, bei richtiger Besinnung zwar einsehbaren, auf verengt empirische Weise jedoch nicht erfaßbaren, unwiderruflich-unaufhebbaren Sein, das im Sinne einer objektiven Wahrheit zugleich als natürlich, gut und schön näher charakterisiert wird, woraus sich dann auch

verbindliche, weil der Natur entsprechende Handlungsanweisungen ableiten lassen, dann ist die unter 8.3.1 skizzierte naturrechtliche Betrachtungsweise verständlich. Derartige Auffassungen haben in der abendländischen Geistesgeschichte eine lange Tradition. Die im Text erwähnten Beispiele sind entnommen dem Artikel ›Naturrecht‹, Staatslexikon, Freiburg 5 (1960), Sp. 964, 971, 977 f. Dabei werden zugleich Probleme einer – wie es heißt – ontologisierend und normativ verfahrenden Betrachtungsweise sichtbar. *A. M. Knoll* beispielsweise hat in seinem nachgelassenen Werk: Katholische Gesellschaftslehre zwischen Glauben und Wissenschaft, Wien/Frankfurt/Zürich 1966, zeigen können, welche unterschiedlichen Einstellungen und Handlungen unter Berufung auf die Natur und Gott als allgemein verbindlich zu rechtfertigen versucht worden sind. Davon betroffen sind alle Soziallehren, wenn sie mit dem Anspruch absoluter Gültigkeit verkündet werden. Begriffe wie Sein und Natur werden dann zu Leerformeln, wenn »die betreffenden empirischen oder normativen Sätze, für die man eine absolute Wahrheit oder Geltung beansprucht, so formuliert werden, daß sie mit jedem empirischen Sachverhalt oder mit jeder möglichen Wertung bzw. Handlungsanweisung vereinbar sind – was aber bedeutet, daß sie selbst keinen empirischen oder werthaft normativen Gehalt besitzen« *(E. Topitsch:* ›Sprachlogische Probleme der sozialwissenschaftlichen Theoriebildung‹, in: Ders. [Hrsg.], Logik der Sozialwissenschaften, Köln/Berlin 1965, S. 24). Der im Text S. 109 erwähnte Vergleich zwischen naturrechtlichen Legitimierungsversuchen und den diversen Trieblisten – vgl. dazu *P. R. Hofstätter:* Einführung in die Sozialpsychologie, Stuttgart 1954, ^{4}1966, S. 213 – ist nicht weit hergeholt; historische und kulturvergleichende Studien ergeben jedenfalls ein bemerkenswertes naturrechtliches Potential.
Als Folge einer Verabsolutierung gesellschafts- bzw. kulturspezifischer Vorstellungen kommt es leicht zu *Realitätsverschätzungen,* woraus Probleme für Praktiker dann entstehen, wenn sie sich »an antiquierten Tatsachenvorstellungen und Tatsachendeutungen des Sozialen (orientieren), die ihre Stützung nur im Normativen des Wollens, nicht aber in der vorhandenen Realität mehr finden« (*H. Schelsky:* Ortsbestimmung der deutschen Soziologie, Düsseldorf/Köln 1959, ^{3}1967, S. 126). Die Grenzen einer weitreichenden normativen Verneinung dieser Wirklichkeit zeigen sich in der Gegenwart überall dort, wo die Verteidiger mancher Überlieferungen zu kognitiven Minderheiten mit allen Konsequenzen werden, die Minderheiten auszeichnet. Beobachtbar ist aber auch eine weitreichende Anpassung, die allenthalben und auf breiter Front – und wie es scheint – vielfach unvermeidbar geschieht.

b) In dem Zusammenhang ist schon der sogenannte *empirisch-analytische Theoriebegriff* bedeutsam. Danach geht es in den (empirischen) Wissenschaften ausschließlich um systematische Beschreibung und Erklärung direkt oder indirekt beobachtbarer Wirklichkeit, nicht dagegen um den Versuch, irgendwelche Handlungsziele wissenschaftlich-verbindlich aufzuweisen, von irgendeiner zeitlos verbindlich-geltenden Ordnung auszugehen, eine Tugendlehre zu begründen und ähnliches mehr. Vgl. *H. Albert:* ›Probleme der Wissenschaftslehre in der Sozialforschung‹, in: R. König (Hrsg.), Handbuch der empirischen Sozialforschung, Band I, Stuttgart 1967, S. 38 ff. Thesen und Gegenthesen siehe in *Th. W. Adorno* u. a.: Der Positivismusstreit in der deutschen Soziologie, Neuwied/Berlin 1969, und schon Anmerkung 7.
Bedenkt man die erfahrungswissenschaftlich aufweisbaren und nach Raum und Zeit höchst unterschiedlichen Wirklichkeiten und Wirklichkeitsvorstellungen, dann fällt es in der Tat schwer, zu bestimmen, was normal und anormal ›an sich‹ und ›eigentlich‹ ist (Zitat im Text auf S. 110 von *K. Mollenhauer:* ›Sozialpädagogik‹, in: Pädagogik, Frankfurt 1964, S. 291). Schon

deswegen kann es in den Wissenschaften unterschiedliche Normalitätsbegriffe geben. Vgl. dazu *E. Durkheim:* a. a. O., S. 141 ff. Zusammenfassend *S. Hofstra:* ›Der Begriff des Normalen in der Soziologie‹ (Vortrag 1950), in: J. Matthes (Hrsg.), Soziologie und Gesellschaft in den Niederlanden, Neuwied/Berlin 1965, S. 303 ff.; *P. R. Hofstätter:* ›Normalitätsbegriffe‹, in: Ders. (Hrsg.), Psychologie, Frankfurt 1957, S. 217 ff. (Zitat im Text S. 114 im Buch S. 220) und ausführlicher *H. P. Dreitzel:* Die gesellschaftlichen Leiden und das Leiden an der Gesellschaft ..., Stuttgart 1968, vor allem S. 74 ff. Wichtig übrigens der Hinweis *Durkheims:* »Daraus, daß ein Verbrechen eine normale Erscheinung der Soziologie ist, folgt nicht, daß der Verbrecher vom biologischen und psychologischen Gesichtspunkt aus normal ist« (a. a. O., S. 157). Welche Schwierigkeiten es auch in anderen Humanwissenschaften gibt, belegt unter anderem der Beitrag von *F. C. Redlich:* ›Der Gesundheitsbegriff in der Psychiatrie‹, in: A. Mitscherlich u. a. (Hrsg.), Der Kranke in der modernen Gesellschaft, Köln/Berlin 1967, S. 88 ff. Wichtig dort die Bemerkung, daß eine klare Abgrenzung und Gegenüberstellung von normal und anormal, gesund und krank nicht möglich sei.

Die in Anwendung solcher Normalitätsbegriffe gewonnenen Erkenntnisse müssen als solche die Ziele und Mittel praktischen Handelns nicht unbedingt festlegen. Andererseits sind gewisse Sachgesetzlichkeiten unübersehbar – sicherlich ein problematisches Wort, das nicht selten vorschnell zur Rechtfertigung von Zuständen und Entwicklungen benutzt wird. Damit ist ein weites Problemfeld angeschnitten, innerhalb dessen unter anderem unterschiedliche *Modelle angewandter Soziologie* in Verbindung mit unterschiedlichen erkenntnis- und wissenschaftstheoretischen Positionen zur Diskussion stehen. Über ›technokratisches‹, ›dezisionistisches/sozialtechnologisches‹ und ›pragmatisches‹ Modell vgl. *J. Habermas:* ›Verwissenschaftlichte Politik in einer demokratischen Gesellschaft‹, in: H. Krauch u. a. (Hrsg.), Forschungsplanung ..., München/Wien 1966, S. 130 ff.; Ders.: Verwissenschaftlichte Politik und öffentliche Meinung‹, in: Ders., Technik und Wissenschaft als ›Ideologie‹, Frankfurt [4]1970. Eine brauchbare Zusammenfassung gibt *K. Lompe:* Wissenschaftliche Beratung der Politik. Ein Beitrag zur Theorie anwendender Sozialwissenschaften, Göttingen 1966. Dort wird das Wort »Sachgesetzlichkeiten« mit Anführungsstrichen versehen, »weil es sich nicht um positive Determination, sondern um Unausweichlichkeit von Konsequenzen handelt« (a. a. O., S. 39). Das ist sicherlich sinnvoll, denn nicht jede wissenschaftlich festgestellte Tatsache ist unbedingt auch ein Schicksal. Andererseits stellt sich die »Nichtbeachtung der Zivilisationserfordernisse« in der Praxis oft gar nicht, eben weil es (zumindest zeitweise) bestimmte Handlungsgrenzen als Ausdruck strukturell und kulturell verankerter Rahmenbedingungen praktischen Handelns gibt. Zu der komplexen Problematik vgl. neuerdings *C. Koch, D. Senghaas* (Hrsg.), Texte zur Technokratiediskussion, Frankfurt 1970, sowie *W. R. Glaser:* Soziales und instrumentales Handeln. Probleme der Technologie, Stuttgart 1972; speziell unter dem Aspekt der Planung und sehr grundsätzlich *F. H. Tenbruck:* Zur Kritik der planenden Vernunft, Freiburg 1972. Einige solcher ›sachgesetzlich‹ wirkender, sich auf Vorstellungen über Normalität und Anormalität direkt auswirkender sowie Ziele und Mittel praktischen Handelns beeinflussender Tatsachen sind vor allem unter 8.4 erwähnt worden. Die auf S. 114 erwähnte These von *P. R. Hofstätter*, wonach häufige Übertretung einer Norm deren Gültigkeit beeinflußt, findet sich in: ›Normalitätsbegriffe‹, in: Ders. (Hrsg.), Psychologie, Frankfurt 1957, S. 220. Zum Thema Bevölkerung und allem, was damit zusammenhängt (8.3.4, 8.4.1), ist nach wie vor informativ *G. Mackenroth:* Bevölkerungslehre, Theorie, Soziologie und Statistik der Bevölkerung, Berlin 1953. Beachtenswert auch *D. Riesman:* Die einsame

Masse . . ., (New Haven 1950) dt. Hamburg 1958, wo versucht wird, sachliche Zusammenhänge zwischen Bevölkerungsweisen sowie sozialkulturellen Zuständen und Vorgängen aufzuzeigen. Zum Thema außerhäusliche Erwerbstätigkeit der Frau (8.4.1) vgl. schon früher 7.4.6 und die in Anmerkung 14 genannte Literatur. Zitat im Text S. 116 aus *E. M. Kätsch:* Langfristige Bestimmungsgründe für die Erwerbstätigkeit verheirateter Frauen, Köln/Opladen 1965, S. 90. Über den Zusammenhang zwischen Monogamie und Prostitution (8.4.2) siehe *H. Schelsky:* Soziologie der Sexualität. Über Beziehungen zwischen Geschlecht, Moral und Gesellschaft, Hamburg 1955, S. 39 ff. (Zitat im Text S. 119 im Buch S. 42.)

c) Das breite Spektrum der Meinungen belegt nicht nur Normpluralismus, nicht nur Realitätsverschätzungen, nicht nur fatalistische Hinnahme von Tatsachen – sondern auch Auseinandersetzung in Form »aktiver Anpassung« *(R. König)* mit überlieferten Vorstellungen und Wirklichkeiten.
Allerdings reicht vielen Praktikern der Hinweis auf Handlungsmöglichkeiten nicht aus. Man möchte wissen, was man tun soll. Hier gewinnt der *dialektisch-historische Theoriebegriff* Bedeutung, wonach es die Aufgabe der einschlägigen Wissenschaften ist, die Analyse (1) von Tatsachen und den ihnen zugrundeliegenden Zusammenhängen, (2) von Handlungsmöglichkeiten und (3) von Handlungsnotwendigkeiten miteinander zu verbinden, wobei sich letztere aus einer kritischen Analyse gegenwärtiger Verhältnisse ergeben, die aber keineswegs auf zeitlos gültige Normen abhebt, sondern bewußt im Kontext von Geschichte und Geschichtlichkeit verbleibt. Nicht als ob deswegen jede x-beliebige Entscheidung zu rechtfertigen wäre. Letztlich sind die aufweisbaren Handlungsmöglichkeiten daran zu messen, was sie für die nun freilich als feststehend geltende Norm einbringen, nämlich eine menschlichere Welt, eine humanere Gesellschaft zu schaffen, in der die Menschen ihren Anlagen und Möglichkeiten entsprechend über sich selbst bestimmen. Literatur vgl. Anmerkung 7; Thesen und Gegenthesen *Th. W. Adorno:* Der Positivismusstreit . . .

18. Über Arten ABWEICHENDEN HANDELNS und Bereiche SOZIALER KONTROLLE vgl. beiläufig schon 8.3 und 8.4 sowie einige Literaturhinweise in den Anmerkungen 16 und 17.

a) Die umfassende Definition von sozialer Kontrolle im Text S. 120 (vgl. *H. P. Dreitzel:* Die gesellschaftlichen Leiden und das Leiden an der Gesellschaft. . ., Stuttgart 1968, S. 90) braucht hier nicht im einzelnen umfassend konkretisiert zu werden. Die Beschränkung in 8.5.1 auf *gesamtgesellschaftliche Werte* bzw. *herrschende Normen* birgt allerdings große Probleme in sich. Ein Grundproblem besteht darin, welche Menschen mit welcher Legitimation unter Berufung auf welche Interessen Handeln normieren, es kontrollieren und abweichendes Handeln (gegebenenfalls) negativ sanktionieren. Das sind eminent wichtige politische Fragen, und die Art ihrer Beantwortung wirkt sich auf viele Praxisbereiche oft unmittelbar aus. Der mögliche Hinweis auf die vom Parlament erlassenen einschlägigen Gesetze reicht nicht (mehr) ohne weiteres aus, was die heftige Diskussion über Demokratie, parlamentarische Demokratie, außerparlamentarische Demokratie, Radikaldemokratie, Rätedemokratie usw. belegt. Besondere Beachtung verdient in diesem Zusammenhang natürlich die interne Differenzierung der modernen Gesellschaft unter besonderer Berücksichtigung von Subkulturen und Kontergesellschaften. Die Auseinandersetzung wird auf verschiedenen Ebenen geführt. Vgl. beispielsweise: *E. K. Scheuch* (Hrsg.), Die Wiedertäufer in der Wohlstandsgesellschaft; Eine kritische Untersuchung der ›Neuen Linken‹

und ihrer Dogmen, Köln 1968; neuerdings den Versuch einer explizit an politischen Veränderungen orientierten Zusammenfassung von *R. Schwendter:* Theorie der Subkultur, Köln/Berlin 1971 mit dem abschließenden Entwurf einer Strategie in Form von ›Gegenökonomie‹, ›Gegeninstitutionen‹, ›Gegenhäuser‹, ›Gegenmedien‹, ›Gegen-Krankenhaus‹. Grundsätzlicher *D. O. Arnold* (Hrsg.), The Sociology of Subcultures, Berkeley 1970; *F. Sack:* ›Die Idee der Subkultur‹, in: Kölner Zeitschrift ..., 2 (1971), S. 261 ff.

b) Auf dem Hintergrund dieser komplexen Wirklichkeit erweist sich auch vorbeugendes und nachträglich korrigierendes praktisches Handeln in dem unter 8.5.2 skizzierten Kontrollbereich *Kriminalität* als problematisch.
Über verschiedene Kriminalitätstheorien informiert kurz und bündig und leicht verständlich *H. Schellhoss:* ›Wie man Verbrecher wird. Was weiß man über die Ursachen der Kriminalität?‹, in: Der Bürger im Staat, 3 (1970), S. 139 ff. Ausführlicher in Verbindung mit der im Text beiläufig erwähnten Jugendkriminalität *T. Moser:* Jugendkriminalität und Gesellschaftsstruktur. Zum Verhältnis von soziologischen, psychologischen und psychoanalytischen Theorien der Verbrechen, Frankfurt 1970. Zum Stand der Kriminalsoziologie vgl. *F. Sack:* ›Probleme der Kriminalsoziologie‹, in: Handbuch der empirischen Sozialforschung, Zweiter Band, Stuttgart 1969, S. 961 ff.; Ders., R. König (Hrsg.), Kriminalsoziologie, Frankfurt 1968.
Der Begriff *Anomie* – im Text unter 8.5 beiläufig erwähnt – spielt in den einschlägigen Wissenschaften seit *E. Durkheim* (De la division du travail social, Paris 1893) eine zentrale Rolle. Unter anderen *R. K. Merton* hat in seinem Buch: Social Theory and Social Structure ..., Glencoe/JU. 1949, [9]1966, das Anomiekonzept erweitert; vgl. deutsche Übersetzung des entsprechenden Kapitels ›Sozialstruktur und Anomie‹, in: F. Sack, R. König (Hrsg.), Kriminalsoziologie, Frankfurt 1968, S. 283 ff. Über die Brauchbarkeit und Grenzen verschiedener Anomiekonzepte vgl. in der deutschsprachigen Literatur beispielsweise *K. D. Opp:* Kriminalität und Gesellschaftsstruktur. Eine kritische Analyse soziologischer Theorien abweichenden Handelns, Neuwied/Berlin 1968; *H. P. Dreitzel:* Die gesellschaftlichen Leiden und das Leiden an der Gesellschaft ..., Stuttgart 1968, insbesondere S. 92 ff. und Kapitel VI mit der bezeichnenden Überschrift ›Anomie und Entfremdung – Zur Rollenanalyse der Verhaltensstörungen‹ (S. 305 ff.).

c) Begrenzt bleiben die Hinweise auf die unter 8.5.4 erwähnte *sonstige Devianz.* Das Zitat im Text S. 126, in dem in der angedeuteten Weise zwischen kriminalisierter und nicht kriminalisierter Devianz unterschieden wird, stammt aus *F. Sacks* zusammenfassender Übersicht: ›Abweichendes Handeln‹, in: Die Moderne Gesellschaft, Freiburg 1972. Über Selbstmord gibt es vor allem seit *E. Durkheims* bedeutendem Werk (Le suicid, Paris 1897) eine reichhaltige Literatur. Kurze lexikalische Übersicht von *A. Bellebaum:* ›Selbstmord‹, in: Staatslexikon, Freiburg 7 (1962), Sp. 42 ff. Neuere systematische Einzelabhandlungen von *E. Stengel:* Selbstmord und Selbstmordversuch, (Middle Essex 1964) dt. Frankfurt 1969; *Ch. Braun:* Selbstmord. Soziologie – Sozialpsychologie – Psychologie, München 1971. Zum Thema Alkoholismus und sonstige Süchte sowie zu dem komplexen Phänomenbereich Geisteskrankheiten vgl. die angegebene Literatur, frühere Literaturangaben (z. B. Anm. 14b) und die einschlägige Speziealliteratur.

19. Zum Verständnis der Ausführungen über FUNKTIONEN ABWEICHENDEN HANDELNS und SOZIALER KONTROLLE reicht hier der Hinweis, daß es um Wirkungsanalyse und nicht Ursachenanalyse geht (vgl. später nochmals 9.2).

a) Hinsichtlich *abweichendem Handeln und Strafe* geht die Analyse ihrer Funktionen in 8.6.1 nach Art einer Normverdeutlichung zurück auf *E. Durkheim:* Regeln der soziologischen Methoden ... (daraus Zitat im Text S. 128, im Buch S. 181), und De la division du travail sociale, Paris 1893. – Die knappen Hinweise im Text unter 8.6.2 über Gruppenarten und Funktionen von Abweichungen orientieren sich im wesentlichen an *L. A. Coser:* ›Einige Funktionen abweichenden Handelns und normativer Flexibilität‹, in: F. Sack, R. König (Hrsg.), Kriminalsoziologie, Frankfurt 1968 (daraus auch die beiden Zitate über Verbrecher und Nichtkonformisten auf S. 130 im Text, im Original S. 30 f., S. 31).
Es sei abschließend erneut ausdrücklich darauf hingewiesen, daß es sich bei der funktionalen Betrachtungsweise um Wirkungsanalysen handelt, nicht um moralischen Bewertungen. Für *E. Durkheim* ist die Sache jedenfalls klar: »Übrigens folgt daraus, daß das Verbrechen eine normale Tatsache der normalen Soziologie ist, keineswegs, daß man es nicht verabscheuen soll. Der Schmerz ist ebenfalls wenig wünschenswert; daß Individuum scheut ihn gerade so, wie die Gesellschaft das Verbrechen scheut, und dennoch ist er ein normales physiologisches Phänomen. Nicht nur wurzelt er in der Anlage der Lebewesen, er spielt auch im Leben eine nützliche Rolle, in welcher er nicht ersetzt werden kann. Es hieße, unsere Lehre verzerren, wollte man sie als eine Apologie des Verbrechens hinstellen. Wir würden gar nicht daran denken, eine solche Interpretation zurückzuweisen, wüßten wir nicht, welch seltsamen Beschuldigungen man sich aussetzt, sofern man es unternimmt, die moralischen Tatsachen objektiv zu erforschen und in einer Sprache darüber zu sprechen, die nicht die herkömmliche ist« (in: Die Regeln der soziologischen Methode ..., S. 161). Man kann übrigens auch *K. Marx* zitieren, der durchaus funktional zu denken verstand: »Der Verbrecher produziert einen Eindruck, teils moralisch, teils tragisch, je nachdem, und leistet so der Bewegung der moralischen und ästhetischen Gefühle des Publikums einen ›Dienst‹ «; *(K. Marx, Fr. Engels:* Werke, Bd. 26, I. Teil, Berlin 1965, S. 363).

b) Hinsichtlich verschiedener *Arten sozialer Kontrolle* bereitet die funktionale Betrachtung vermutlich keine großen Verständnisschwierigkeiten. Zumindest die gewollten Wirkungen bestimmter Einrichtungen sind klar, jedenfalls was Ausschluß, Reintegration und Vorbeugung betrifft. Die Verhältnisse sind allerdings komplexer als die wenigen Hinweise im Text über Reform des Strafvollzugs, Resozialisierung, soziale Reform usw. anzunehmen nahelegt.
Zunächst verdient darauf hingewiesen zu werden, daß *Resozialisierung* in einem weiteren Sinne des Wortes schon deshalb ein normaler Vorgang ist, weil absolut gelungene Sozialisierung sowieso anthropologisch nicht möglich ist (6.4.4). Vgl. *P. L. Berger, Th. Luckmann:* Die gesellschaftliche Konstruktion der Wirklichkeit ..., insbesondere S. 168 ff., 172 ff.; *P. L. Berger:* Einladung zur Soziologie. Eine humanistische Perspektive, (New York 1963) Frankfurt 1969, vor allem Kap. 3: ›Exkurs. Lebenslauf und Lebensläufe: Vergangenheit nach Maß und von der Stange‹, S. 64 ff. – Obwohl solche Vorgänge nicht unwichtig sein dürften, konzentriert sich die Diskussion begreiflicherweise auf die Beseitigung herkömmlicher Einrichtungen, die primär dem Ausschluß dienen; auf Bedingungen der Resozialisierung straffällig gewordener Menschen; auf Methoden vorbeugender Maßnahmen und deren Legitimierung und ähnliches mehr. Abschließende Literatur steht kaum zur Verfügung. Wichtig für die Wirkung vieler herkömmlicher Gefängnisse/Zuchthäuser unter anderem *E. Goffmann:* ›On the Characteristics of Total Institutions‹, in: Ders., Asylums. Essays on the Social Situations of Mental Patients and other Inmates, Chicago 1961. Für Verhältnisse im Arbeitshaus sieht *L. Gravenhorst:* Soziale Kontrolle abweichenden Verhaltens.

Fallstudien an weiblichen Insassen eines Arbeitshauses, Frankfurt 1970. – Zusammenfassende deutschsprachige Übersichten über Resozialisierungseinrichtungen, Resozialisierungsmaßnahmen und Resozialisierungserfolge gibt es nicht. Ansonsten ist die in- und ausländische Literatur unübersehbar. Erwähnenswerte Einzelabhandlungen beispielsweise: *St. Harbordt:* Die Subkultur des Gefängnisses. Eine soziologische Studie zur Resozialisierung, Stuttgart 1967; *L. Rosenmayr* u. a. (Hrsg.), Gefährdung und Resozialisierung Jugendlicher, Wien 1968; *F. Schaffstein,* O. *Miehe:* Wege und Aufgaben des Jugendstrafrechts, Darmstadt 1968; *G. Deimling:* Theorie und Praxis des Jugendstrafvollzugs in pädagogischer Sicht, Neuwied/Berlin 1969.
Das Zitat im Zusammenhang mit vorbeugenden Maßnahmen stammt aus *H. Peters:* Moderne Fürsorge und ihre Legitimation. Eine soziologische Analyse der Sozialarbeit, Köln/Opladen 1968, S. 114. Im Kapitel VII ›Die Fürsorge – eine Instanz sozialer Kontrolle‹ (S. 108 ff.) weist Peters auf die gesellschaftlichen Verhältnisse in der Gegenwart hin, die eine solche Vorverlagerung fürsorgerischer Eingriffe nach Art indirekter Kontrollen sozusagen ›erzwingen‹ und den Fürsorgeorganisationen nahelegen, sich entsprechend zu verhalten.

20. Von ENTWICKLUNGSGESETZEN und SOZIALEM WANDEL war schon anläßlich Kultur beiläufig die Rede (5.5 und Anmerkung 10). Folgende Hinweise mögen genügen.

a) Ob und in welchem Ausmaß etwa die Fürsorge eine Agentur sozialer Innovation ist bzw. sein kann, ist strittig. Das Zitat im Text S. 133 stammt aus *H. Peters:* Moderne Fürsorge und ihre Legitimation . . ., S. 118, der Ausdruck ›soziales Flickmittel‹ aus *J. van Doorn:* ›Über den Funktionswandel der Sozialarbeit‹, in: J. Matthes (Hrsg.), Soziologie und Gesellschaft in den Niederlanden, Neuwied 1965, S. 324.

b) Zum Thema *Krisen und geschichtsphilosophisches Fragen* informiert gut und weit in die Geschichte zurückgreifend in umfassender Weise *P. A. Sorokin:* Kulturkrise und Gesellschaftsphilosophie, Stuttgart/Wien 1954. Vgl. auch schon 1.2 und Anmerkung 1, 5.2 und Anmerkung 7. –Was speziell *K. Marx* betrifft, so sei auf die Karl-Marx-Studienausgabe verwiesen, Hrsg. J. Lieber, Stuttgart 1960. Die im Text S. 135 f. erwähnten Zitate stammen aus *K. Marx:* Der historische Materialismus. Die Fruhschriften, hrsg. v. S. Landshut und I. P. Meyer, Leipzig 1936, Bd. I, S. 274 und Bd. II, S. 574 (Neuausgabe in einem Band Stuttgart 1962). Es fällt schwer, *die* entscheidende Literatur über Marx zu nennen, weil es teilweise sehr unterschiedliche Auslegungen gibt. Es empfhiehlt sich, Originale und verschiedene Interpretationen zu lesen, die es in reichhaltiger Auswahl gibt. Das im Text S. 136 gebrachte Zitat von *A. Künzli* ist einem Aufsatz aus der Frankfurter Rundschau vom 4. 5. 1968 entnommen.
Zum Thema *sozialbiologischer Evolutionismus* vgl. schon Anmerkung 6. Die bedeutende Arbeit von *Ch. R. Darwin* (1809–1882): Über die Entwicklung der Arten durch die natürliche Zuchtauswahl (2 Bde., London 1859, Neudruck 1951) ist ins Deutsche übersetzt. Das in dem Zusammenhang wichtige Werk von *H. Spencer* (1820-1903), der wesentliches zur Popularisierung Darwinscher Gedanken in Anwendung des biologischen Evolutionismus auf gesellschaftliches Leben beitrug, ist sein umfängliches Werk: A Study of Synthetic Philosophy, 10 Bde., London/New York 1862/1893. In der neueren Soziologie übt Spencer kaum noch Einfluß aus. – Repräsentativ unter Einschluß rassistischer Auffassungen ist für den Sozialdarwinismus vor allem *E. Haekkel* (1834-1919). Über die Auswirkungen des Sozialdarwinismus vgl.

H. Conrad-Martius: Utopien der Menschenzüchtung; Der Sozialdarwinismus und seine Folgen, München 1955.
Fortschrittsideen werden dezidiert vor allem von Geschichtsphilosophen, Enzyclopädisten und Physiokraten in der Zeit der Aufklärung vertreten. Aber schon bei *J. J. Rousseau* (1712–1778) wird »die Theorie des Naturzustandes ergänzt durch die Kulturkritik, die dem Menschen die Augen öffnet über das Elend seiner Gegenwart. Hatten die frühen Aufklärer ihr Ziel darin gesehen, Behagen und Heiterkeit in der Zivilisation zu verbreiten, so wird es jetzt Pflicht, Unbehagen und Verdüsterung zu säen« (*J. Jonas:* Geschichte der Soziologie I. . ., Reinbek 1968, S. 54). Zurück zur Natur im Sinne des ursprünglichen Naturzustandes ist unmöglich – und insofern ist die Vergesellschaftung nicht mehr aufhebbar. Möglich und nötig ist aber eine »(Begründung) des Gesellschaftsverhältnisses als eines Naturverhältnisses, in dem (der Mensch) als einzelner untergeht« (a. a. O., S. 55). In Verbindung mit dem Glauben an das Gute, Natürliche im Menschen erscheint somit auch für *Rousseau* sozialer Fortschritt nicht grundsätzlich aufgehoben, sondern möglich und nötig hinsichtlich einer Humanisierung der Gesellschaft, die nicht nur als Idealvorstellung, sondern als Ziel – und zwar als erreichbares Ziel gesetzt ist. Mit teilweise unterschiedlichen Akzenten und Deutungen von Teilen bisheriger Menschheitsgeschichte finden sich entsprechende Vorstellungen über einen universalen Fortschritt bei Aufklärern, im deutschen Idealismus, in der Romantik, im Sozialismus/Kommunismus/Marxismus. – In Form eines unilinearen Evolutionismus erscheinen Fortschrittsideen vor allem in der Ethnologie/Völkerkunde des 18./19. Jahrhunderts, wobei Namen wie *L. H. Morgan* (1818–1881), *E. B. Tylor* (1832–1917), *J. J. Bachofen* (1815–1887) besondere Erwähnung verdienen.

c) Als zusammenfassende Abhandlung sei hier nur erwähnt *H. P. Dreitzel* (Hrsg.), Sozialer Wandel, Zivilisation und Fortschritt als Kategorien der soziologischen Theorie, Neuwied/Berlin 1967. Allgemein über *sozialen Wandel: W. E. Moore*: ›Social Change‹, in: International Encyclopedia of the Social Sciences, 14 (1968); *R. Dahrendorf:* ›Sozialer Wandel‹, in: Evangelisches Staatslexikon, Stuttgart 1966. Systematische Einzelabhandlungen unter anderem von *W. E. Moore*: Strukturwandel der Gesellschaft, (New Jersey 1963) dt. München 1967; *W. Zapf* (Hrsg.), Theorien des sozialen Wandels, Köln/Berlin 1969; sehr umfassend neuerdings *K. H. Tjaden*: Soziales System und sozialer Wandel. Untersuchung zur Geschichte und Bedeutung zweier Begriffe, Stuttgart 1969.

21. Erörterungen über STRUKTUR UND FUNKTION sowie über STRUKTUR-KONFLIKT-WANDEL sind zwar nicht erst neueren Datums, aber die Diskussion ist gegenwärtig wieder besonders aktuell, vor allem in Verbindung mit der Systemtheorie, zu der ihrerseits ein ganzes Bündel von Begriffen, Hypothesen und Theorien gehört, wie etwa Kommunikationstheorie, Informationstheorie, Entscheidungstheorie, Spieltheorie, (Sozial-)Kybernetik.

a) Im Text unter 9.2 und 9.3 war nur von *Struktur*, nicht von *System* die Rede. *R. Mayntz* begreift unter System ein Ganzes, »dessen Elemente miteinander in wechselseitigen Beziehungen stehen, und zwar derart, daß jede Veränderung eines Elements auf andere Elemente im System fortwirkt«, wobei es dann in der strukturell-funktionalen Theorie darum geht, »die Funktionen struktureller Elemente innerhalb sozialer Systeme zu untersuchen« (›Soziales System‹, ›Strukturell-funktionale Theorie‹, in: Wörterbuch der Soziologie . . .). So wurde auch auf S. 142 von der Sozialstruktur als dem inneren Gefüge einer Gesellschaft, genauer: eines sozialen Systems, gesprochen. – Zu der komplexen Problematik, vgl. beispielsweise *E. R. Leach, St. H. Udy,* Jr.: ›Social Structure‹ in: Internationale Encyclopedia of Social Sciences, 14 (1968); *W.-D. Narr:* Theoriebegriffe und Systemtheorie, Stuttgart 1969, vor allem S. 89 ff.; (speziell in Anwendung auf einen bestimmten Theoretiker, aber dennoch weitergreifend) *B. Sievers:* ›System-Organisations-Gesellschaft. Niklas Luhmanns Theorie sozialer Systeme‹, in: Jahrbuch für Sozialwissenschaft, 22 (1971), S. 24 ff. Vgl. auch Anm. 13 b.

b) Die Notwendigkeit gesellschaftstypologisch/gesamtgesellschaftlich orientierter Betrachtungsweise (9.2.2) wurde schon früh gesehen, vor allem als man die Grenzen entwicklungsgeschichtlicher-evolutionistischer-monokausaler Theorien erkannte. Kurze lexikalische Übersicht bei *R. König*: ›Struktur›, in: Ders. (Hrsg.), Soziologie . . ., S. 314 ff. – *Th. W. Adornos* Hinweise im Text S. 141 aus: ›Soziologie und empirische Sozialforschung‹, in: Wesen und Wirklichkeit der Menschen. Festgabe für H. Plessner, Göttingen 1957, S. 97, *R. Königs* Bemerkung auf S. 141 stammt aus seiner Einleitung zu Durkheims Regeln der soziologischen Methode . . ., S. 70. Bedeutender Vertreter strukturell-funktionaler Betrachtung in der amerikanischen Soziologie vor allem *T. Parsons.* Erwähnt seien hier nur The Social System, Glencoe/JU. 1951, ²1964, sowie *D. Rüschemeyer* (Hrsg.), Beiträge zur soziologischen Theorie, Neuwied/Berlin 1964. Von der umfangreichen Literatur über, für und gegen Struktur-Funktionalismus vgl. *N. J. Demerath* III.: *R. A. Peterson* (Hrsg.), Systems, Change und Conflict, a Reader on Contemporary Sociological Theory and the Debate over Functionalism, New York/London 1967; *R. Dahrendorf*; ›Struktur und Funktion. Talcott Parsons und die Entwicklung der soziologischen Theorie‹, in: Ders.: Pfade aus Utopia . . ., Gesammelte Abhandlungen I, München 1968, S. 213 ff.; von seiten der Frankfurter Schule beispielsweise *J. E. Bergmann:* Die Theorie des Sozialen Systems bei Talcott Parsons. Eine kritische Analyse, Frankfurt 1967; sehr instruktive Übersicht von *H. Hartmann*: ›Stand und Entwicklung der amerikanischen Soziologie‹, in: Ders. (Hrsg.), Moderne amerikanische Soziologie. Neuere Beiträge zur Soziologischen Theorie, Stuttgart 1967, S. 1 ff.
In der neueren Zeit gewinnt *N. Luhmann* mit seiner Theorie sozialer Systeme an Bedeutung, die in sachlich engem Zusammenhang mit dem Struktur-Funktionalismus-Konzept steht. Versuch einer Zusammenfassung von *B. Sievers*: ›System-Organisation-Gesellschaft. . .‹, Vgl. neuerdings auch *J. Habermas*, *N. Luhmann*: Theorie der Gesellschaft oder Sozialtechnologie – Was leistet die Systemforschung?, Frankfurt 1971. – Zusammen behandelt werden kybernetische Steuerungstheorie, Entscheidungstheorie, Kommunikationstheorie und Machttheorie bei *Fr. Naschold*: Systemsteuerung, Stuttgart 1969.

c) In den genannten Arbeiten wird auch schon Bezug genommen auf die im Text unter 9.3 nochmals ausdrücklich erwähnte komplexe Problematik *sozialer Konflikt, Strukturmodell, Konfliktmodell.* Der Hinweis S. 148 auf die Bedeutung des jeweils gewählten Standpunktes ist entnommen aus *I. Seger*: Knaurs Buch der modernen Soziologie, München/Zürich 1970, S. 135. Die gleiche Tatsache ist eben auch bei einer grundsätzlichen Deutung von Struktur/System und Wandel zu beachten, wie sie *R. Dahrendorf* vorlegt (Zitat im Text S. 148 aus: ›Struktur und Funktion . . .‹, S. 74). Hinzunehmen sollte man von *Dahrendorf:* ›Pfade aus Utopia. Zu einer Neuorientierung der soziologischen Analyse‹, ›Die Funktion sozialer Konflikte‹ (daraus Zitat im Text S. 149, im Original S. 276) sowie ›Karl Marx und die Theorie des sozialen Wandels‹, alle in: Pfade aus Utopia . . ., S. 242 ff., 263 ff., 277 ff.

Wichtig im Zusammenhang mit der Kritik am Struktur-Funktionalismus von Parsons ist *L. A. Coser:* Theorie sozialer Konflikte, (Glencoe/Ill., 1956) dt. Neuwied/Berlin 1965. Beachtenswert in einem weiteren Zusammenhang auch *H. Schoeck:* Der Neid. Eine Theorie der Gesellschaft, Freiburg/München 1966.
Der Hinweis auf eine Differenz zwischen *Geschichte* und dem, womit sich Soziologen unter der Bezeichnung *sozialer Wandel* beschäftigen, stammt von *F. H. Tenbruck*: ›Über den gesellschaftlichen Wandel‹, in: G. Kadelbach (Hrsg.), Wissenschaft und Gesellschaft, Frankfurt 1967, S. 324 ff. Das Zitat S. 151 ist entnommen aus *K. H. Tjaden:* Soziale Systeme und sozialer Wandel. . ., S. 276. – Die Problematik verdeutlicht auch der Hinweis von *F. Tönnies* (aus: ›Wege und Ziele der Soziologie‹, in: Soziologische Studien und Kritiken II, Jena 1927, S. 128 f.) und *I. Seger* (a. a. O., S. 134). Sie vermerkt zusätzlich, nach beiden Seiten hin kritisierend: »Wenn es stimmt, daß das Parsonsche ›System im Gleichgewicht‹ politisch konservativ macht und die auf Veränderung hin wirkenden, im Konflikt stehenden Kräfte unterschätzt, dann ist es eben so wahr, daß ein Denkmodell, das die Gesellschaft mit den Begriffen ›Konflikt, Herrschaft, Zwang, Druck, Gegendruck, Wandel‹ begreift, nicht nur ein sehr seltsames Bild von einer polynesischen Insel-Gesellschaft zeichnet oder der Darstellung einer Ehe in Strindbergschen Dramen gleicht, sondern auch dazu neigt, die Möglichkeiten der Reduzierung von Zwang, Schmerz, Entfremdung zu unterschätzen oder zu übersehen und vermeidbare Konflikte zu verschärfen« (a. a. O.).

d) Die skizzierten Verhältnisse bilden den Hintergrund, auf dem der *Strukturalismus* möglich ist. Grundlegend und Ausgangspunkt *Cl. Lévi-Strauss:* Strukturale Anthropologie, (Paris 1958) dt. Frankfurt 1967; Les structures élementaires de la paranté, Paris 1949, ²1967. Man beachte auch *W. Lepenius, H. H. Ritter* (Hrsg.): Orte des wilden Denkens. Zur Anthropologie von Cl. Lévi-Strauss, Frankfurt 1970.
Insbesondere in Frankreich ist der Strukturalismus en vogue, Gegenstand philosophischer Auseinandersetzungen, heftig befehdet unter anderem von Sartre, in die Marxismus-Diskussion miteinbezogen. Vgl. *G. Schiwy*: Der französische Strukturalismus – Mode, Methode, Ideologie, Reinbek 1969. Brauchbar auch *U. Jaeggi:* Ordnung und Chaos.Strukturalismus als Methode und Mode, Frankfurt 1968. Kurze Übersicht von *W. Hädeke:* ›Strukturalismus – Ideologie des Status quo?‹, in: Neue Rundschau, 1 (1971), S. 45 ff., dem der Strukturalismus ebenfalls als »Ideologie der Auslöschung des Individuums erscheint, Ideologie eines neuen ›homme machine‹, des geheimnislosen, manipulierten, von übermächtigen Ordnungen niedergehaltenen Menschen, des winzigen Rads im allgemeinen System . . .« (a. a. O., S. 59).

22. Die Tatsache der SOZIALEN SCHICHTUNG ist in einem Ausmaß im menschlichen Leben und Zusammenleben durchgängig wirksam, daß das besondere Interesse an Schichtungsfragen nicht verwundert.

a) Das Standardwerk nach wie vor *R. Bendix, S. M. Lipset* (Hrsg.), Class, Status and Power, Glencoe/Ill. 1953, ² 1967. Beachtenswert die Übersicht von *B. Barber* u.a.: ›Social Stratification‹, in: International Enzyclopedia of the Social Sciences, 15 (1968). Übersichtlich und sehr leicht verständlich *N. Martin:* ›Soziale Schichtung‹, in: Die Moderne Gesellschaft, Freiburg 1972. Umfassender etwa *C. Bauer:* ›Gesellschaft‹ (IV), in Staatslexikon, Freiburg (⁶1959). Einschlägige Information bieten die verschiedenen Lexika, Handbücher und sonstigen Arbeiten gelegentlich auch unter Stichworten wie beziehungsweise im Zusammenhang mit (soziale) Überordnung

und Unterordnung, Sozialstruktur und natürlich soziale Mobilität, sozialer Aufstieg, sozialer Abstieg. Zusammenfassende Übersichten über den Forschungsstand von *K. M. Bolte:* ›Vertikale Mobilität‹ und *K. Horstmann:* ›Horizontale Mobilität‹, in: R. König (Hrsg.), Handbuch der empirischen Sozialforschung, Band II, Stuttgart 1969, S. 1 ff., 43 ff. In dem Zusammenhang beachtenswert sind auch die schon früher erschienenen theoretischen und empirischen Beiträge in: D. V. Glass, R. König (Hrsg.), Soziale Schichtung und soziale Mobilität. Sonderheft 5 der Kölner Zeitschrift ..., Köln/Opladen [2] 1965. Die Definition von Schichtung im Text S. 155 von *K. M. Bolte:* ›Schichtung‹, in: R. König (Hrsg.), Soziologie, Frankfurt 1967. Systematische, auch empirisch untermauerte Einzelabhandlungen bzw. Aufsätze mit ganz oder teilweise unterschiedlichen Positionen und Interpretationen vor allem hinsichtlich der Verwendung der Begriffe *Klasse und Schichtung,* der Deutung der modernen Gesellschaft als Klassen- oder nivellierte Mittelstandsgesellschaft usw. unter anderen von: *Th. Geiger:* Die Klassengesellschaft im Schmelztiegel, Köln/Opladen 1949; *R. Dahrendorf:* Soziale Klassen und Klassenkonflikt in der industriellen Gesellschaft, Stuttgart 1957; *H. Kluth:* Sozialer Status und Sozialprestige, Stuttgart 1957; *H. Popitz, H. P. Bahrdt, E. A. Jüres, H. Kesting:* Technik und Industriearbeit. Soziologische Untersuchungen in der Hüttenindustrie, Tübingen 1957, [2]1964; Dies.: Das Gesellschaftsbild des Arbeiters, Soziologische Untersuchungen ..., Tübingen 1957, [3]1967; *H. Popitz:* ›Zum Begriff der Klassengesellschaft‹, in: Hamburger Jahrbuch für Wirtschafts- und Gesellschaftspolitik, III (1958); *K. M. Bolte:* Sozialer Aufstieg und Abstieg, Stuttgart 1959; *R. Mayntz:* Soziale Schichtung und sozialer Wandel in einer Industriegemeinde, Stuttgart 1958; *H. Schelsky:* ›Die Bedeutung des Schichtbegriffs für die Analyse der gegenwärtigen deutschen Gesellschaft‹, ›Gesellschaftlicher Wandel‹, ›Die Bedeutung des Klassenbegriffs für die Analyse unserer Gesellschaft‹, (neu) in: Ders., Auf der Suche nach der Wirklichkeit. Gesammelte Aufsätze, Düsseldorf 1965, S. 331 ff., 337 ff., 352 ff.; *T. B. Bottomore:* Die sozialen Klassen in der modernen Gesellschaft, (London 1965) dt. München 1967; *B. Seidel, S. Jenkner* (Hrsg.), Klassenbildung und Sozialschichtung, Darmstadt 1968; (sich vor allem mit Dahrendorf auseinandersetzend, aber doch den Gesamtkomplex streifend) *B. Sieverts:* ›Herrschaft und Ungleichheit. Zur Kritik der Dahrendorfschen Ungleichheitstheorien und ihrer Deduktion‹, in: Jahrbuch für Sozialwissenschaft, 20 (1969), S. 318 ff. – Speziell zur funktionalen Schichtungstheorie vor allem bei T. Parsons, K. Davis und W. E. Moore vgl. die kritische Übersicht von *E. Wiehn:* Theorien der sozialen Schichtung. Eine kritische Diskussion, München 1968, S. 16–99. Kritik am Funktionalismus auch bei *M. M. Tumin:* Schichtung und Mobilität, (Englewood Cliffs, N. J. 1967) dt. München 1968.
Detailliertere Informationen über *konkrete Schichtungsverhältnisse* beispielsweise *Th. Geiger:* Die soziale Schichtung des deutschen Volkes. Soziographischer Versuch auf statistischer Grundlage, Stuttgart (1932) Nachdruck 1967; *R. Dahrendorf:* ›Die soziale Schichtung des deutschen Volkes‹, in: Ders.: Gesellschaft und Demokratie in Deutschland, S. 94 ff.; *K. M. Bolte, D. Kappe, Fr. Neidhardt:* Soziale Schichtung, Opladen 1966, insbesondere S. 52 ff.; *W. Zapf* (Hrsg.), Beiträge zur Analyse der deutschen Oberschicht, München 1965; verschiedene Beiträge in D. V. Glass, R. König (Hrsg.), Soziale Schichtung und soziale Mobilität ...

b) In grundsätzlichen Ausführungen über Schichten und/oder Klassen ist in der Regel das Thema *soziale Ungleichheit, Macht und Herrschaft* mit angesprochen.
Auf der einen Seite geht man aus von der Universalität einer durch soziale

Schichtung bedingten Ungleichheit – und man versucht entweder, diesen Tatbestand zu erklären, oder man kritisiert ihn. Kurz und bünding *K. Davis:* »Er (Tumin) bietet keine Erklärung für die Universalität von geschichteter Ungleichkeit. Er argumentiert während seiner ganzen Kritik nur, daß Schichtung nicht zu sein hat, statt zu verstehen, warum sie ist« (zitiert nach E. Wiehn: a. a. O., S. 46). Hinsichtlich der Ursprünge geschichteter Ungleichheit gibt es verschiedene Erklärungsversuche (und eine Unmenge von Literatur). Informative Zusammenfassung über funktionalen Ansatz und nicht-funktionale Konzepte (Norm, Sanktion, Herrschaft, Macht) bei *E. Wiehn:* Theorien der sozialen Schichtung ..., insbesondere S. 100 ff. – Die Diskussion ist in Deutschland zu Beginn der 60er Jahre erneut angeregt worden vor allem durch *R. Dahrendorf:* Über den Ursprung der Ungleichheit unter den Menschen, Tübingen 1961, ^{2}1966. Im Anschluß daran eine bis heute anhaltende Diskussion unter ganz oder teilweise unterschiedlichen Aspekten. Erwähnt seien hier nur: *R. König:* Rezension zu Dahrendorf R., Über den Ursprung ..., in: Kölner Zeitschrift ..., 13 (1961), S. 497 ff.; *R. M. Lepsius:* ›Ungleichheit zwischen Menschen und soziale Schichtung‹, in: D.-V. Glass, R. König (Hrsg.), Soziale Schichtung und soziale Mobilität ... ^{2}1965; *R. Dahrendorf:* ›Die gegenwärtige Lage der Theorie der sozialen Schichtung‹, in: Ders.: Pfade aus Utopia ..., München 1967, S. 336 ff.; *B. Sieverts:* ›Herrschaft und Ungleichheit ...‹, a. a. O. (1969), insbesondere S. 329 ff. – Für den ganzen Komplex (zumindest indirekt) bemerkenswert *H. Popitz:* Prozesse der Machtbildung, Tübingen 1968, ^{2}1969.
kenswert *H. Popitz:* Prozesse der Machtbildung, Tübingen 1968, ^{2}1969.
Auf der anderen Seite geht man zwar auch aus von der Universalität einer durch soziale Schichtung bedingten Ungleichheit, es interessiert aber mehr, ob überhaupt und wenn ja wie und mit welchen Folgen diese Ungleichheit von den Betroffenen gesehen, erlebt, empfunden wird. Das ist seinerseits ein komplexes Feld. Zum einen geht es um die wissenschaftliche Bestimmung von Schichten und Schichtzugehörigkeit, zum anderen um die Schichtvorstellungen der Gesellschaftsmitglieder und deren Einstellungen zur Schichtung (vgl. angegebene Lit.). Was den einen vielleicht als gottgewollte hierarchische Anordnung erscheint – gilt den anderen eventuell als Ausdruck nackter Interessen herrschender Gruppen. Verweisen die einen bedauernd auf Diskrepanzen zwischen objektiver Klassenlage einerseits und ideologischem Bewußtsein andererseits – beschwören die anderen auch im Zusammenhang mit Schichten und/oder Klassen die Notwendigkeit zur Identifikation als einer Voraussetzung für Handeln. Verbinden die einen mit ihren Untersuchungen der Ursachen von Ungleichheit zugleich eine konkrete Utopie in aufklärerischer Gesinnung – so haben es die anderen unter Umständen mit den Folgen popularisierter Erkenntnisse über tatsächliche oder bloß vermeintliche egoistische Interessen der Herrschenden zu tun, etwa in Form relativer Deprivation und deren weiterreichenden individuellen Wirkungen. Sehen die einen gerade darin die Chance einer Revolutionierung der Gesellschaft – vermuten die anderen (mit Heraklit), daß man nicht zweimal in denselben Fluß steigt, will heißen: daß zumindest bisher viele jener Menschen, die konkrete Ungleichheiten beseitigten, zugleich neue Ungleichheiten schufen, die sie entweder überhaupt nicht sahen oder an deren Beseitigung sie unter gar keinen Umständen interessiert waren.

c) Selbst eine bloße Skizze über den Problemkreis soziale Schichtung, Ungleichheit, Macht und Herrschaft bliebe unvollständig, würde nicht auf *Eliten* zumindest hingewiesen. Es sind ausgewählte Personenmengen nach Art von Sozialkategorien bzw. sozialen Gruppen, die als in dieser oder jener Weise Bevorzugte und Bevorrechtigte besonderen Einfluß ausüben, primär entscheidungsbefugt sind, Macht- und Herrschaftspositionen einnehmen und dergleichen mehr. Systematische Abhandlung *H. P. Dreitzel:* Elitebegriff und Sozialstruktur. Eine soziologische Begriffsanalyse, Stuttgart 1962 (hier auch ausreichende Informationen über wichtige Theoretiker wie Mosca, Pareto, Michels). Studien über Eliten beispielsweise von *C. W. Mills:* Die amerikanische Elite. Gesellschaft und Macht in den Vereinigten Staaten, (New York 1956) dt. Hamburg 1962; *W. Zapf:* Wandlungen der deutschen Eliten. Ein Zirkulationsmodell deutscher Führungsgruppen 1911–1961, München 1965, [2]1966; *R. Dahrendorf:* ›Wandlungen der deutschen Elite‹, in: Ders.: Gesellschaft und Demokratie in Deutschland, München 1965.

d) Aus der Fülle von Untersuchungen, in denen der *Einfluß der Schichtzugehörigkeit* vorrangig interessiert, sei hier für den speziellen Zweck dieser Einleitung nur beispielhaft erwähnt: *T. Moser:* Jugendkriminalität und Gesellschaftsstruktur ..., Frankfurt 1970, darin vor allem Teil III: Jugendkriminalität und Sozialstruktur, S. 283 ff.

23. Zum Komplex ARTEN UND FORMEN SOZIALEN WANDELS vgl. die allgemeine Literatur über sozialen Wandel (Anmerkung 20). Die Bemerkung über Nativismus im Text S. 161 aus *W. E. Mühlmann:* Chiliasmus und Nativismus. Studien zur Psychologie, Soziologie und historischen Kasuistik der Umsturzbewegungen, Berlin [2]1964, S. 11 f.

Personenregister

Sachregister